VOX
Diccionario
ESCOLAR
de la
LENGUA
ESPAÑOLA

**Vox School Dictionary
of the Spanish Language**

National Textbook Company
a division of *NTC Publishing Group* • Lincolnwood, Illinois USA

1992 Printing

Copyright ©1987 by National Textbook Company,
a division of NTC Publishing Group,
4255 West Touhy Avenue
Lincolnwood (Chicago), Illinois 60646-1975 U.S.A.

Library of Congress Catalog Number: 86-63258

1 2 3 4 5 6 7 8 9 AG 9 8 7 6 5

ISBN 0-8442-7981-1 (Softcover Edition)
ISBN 0-8442-7980-3 (Hardcover Edition)

PREFACE

The *Vox Diccionario Escolar de la Lengua Española* is a fully illustrated dictionary created especially for Spanish-speaking students. Compiled by a committee of experts in the fields of language and education, this volume offers definitions, in Spanish, of the 2,000 most commonly used terms in everyday speech and writing. Providing all the features of a larger, adult dictionary, the *Diccionario Escolar* helps students develop valuable reference-book skills as they increase their mastery of the Spanish language.

Entries in this dictionary offer users the following features: A) an exact definition of the word in question; B) an example sentence in which the word is used in context; C) multiple meanings if they exist; D) listings of synonyms and antonyms; E) a list of related words; and F) grammar information concerning the word defined. The entry for **calma** illustrates these elements:

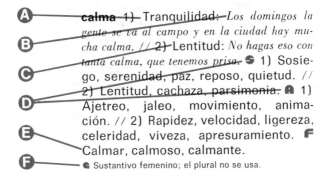

> **A** **calma 1)** Tranquilidad: *Los domingos la gente se va al campo y en la ciudad hay mucha calma.* **B** **// 2)** Lentitud: *No hagas eso con tanta calma, que tenemos prisa.* **C** 1) Sosiego, serenidad, paz, reposo, quietud. // 2) Lentitud, cachaza, parsimonia. **D** 1) Ajetreo, jaleo, movimiento, animación. // 2) Rapidez, velocidad, ligereza, celeridad, viveza, apresuramiento. **E** Calmar, calmoso, calmante.
> **F** Sustantivo femenino; el plural no se usa.

Verb entries contain an additional element—references to model verb conjugations found at the back of the dictionary. See item G below in the entry for the verb **asegurar:**

asegurar 1) Decir que se sabe algo con certeza: *Te aseguro que a 2 kms. hay una gasolinera.* // 2) Poner una cosa de manera que no se pueda mover o caer: *Asegura bien la maleta.* // 3) **Asegurarse:** Pensar bien cómo hay que hacer una cosa para que salga como queremos o ver que todo está como debe: *He llevado el coche al taller, para asegurarme de que en el viaje no nos fallará.* ⮂ 1) Afirmar, confirmar, garantizar. // 2) Fijar, sostener, consolidar. // 3) Preveer, prevenir, cerciorarse. ⮀ 1) Negar, dudar. // 2) Dejar flojo, dejar a medias. ⮂ Seguro, seguridad, asegurado.

⮂ Verbo en infinitivo. Se conjuga como *amar* (modelo n.° 1).   — Ⓖ

The conjugation-model references provide students with a concise, convenient key to the major verb patterns of the Spanish language.

To facilitate use of this dictionary, the distinctive parts of a typical entry are highlighted by a variety of type styles, so that students will not confuse, for example, the definition of a word with the example sentence that illustrates its use. In addition, synonyms, antonyms, and related words are each identified by a characteristic symbol in color that reveals at a glance the nature of the language material presented.

The numerous illustrations in this dictionary comprise another prominent feature of the *Diccionario Escolar.* Each page offers users an average of four drawings in the margin of the text, each of which serves a vital language function. Some illustrations, for example, help to clarify pictorially the meanings of words already defined verbally in separate entries. Other drawings, however, serve as definitions themselves—defining in concise, graphic form those terms that would require long, involved verbal definitions. The word **engranaje,** for example, is probably best defined by a picture, rather than by complicated terms that may confuse more than they inform.

ENGRANAJE
(piezas que encajan)

As previously mentioned, the word list for this dictionary aims at presenting the 2,000 most frequently used words in the Spanish language. The choice of terms reflects both the traditional interests and concerns of Hispanic culture, along with the styles and innovations of modern life. Terms ranging from **guitarra** to **satélite** are thus defined in these pages. Users will notice that words beginning with the letters *ch, ll, ñ,* and *w* have not been included, since such terms are either so common as to require no definition (**llorar, chocolate,** etc.) or so rare as to go beyond the scope of this dictionary.

The clarity of its presentation and the practical variety of the materials it offers make the *Vox Diccionario Escolar de la Lengua Española* an ideal dictionary for young Spanish-speakers. Used at school or at home, it offers students an invaluable key to the riches of the Spanish language.

VOX
Diccionario
ESCOLAR
de la
LENGUA
ESPAÑOLA

SÍMBOLOS CONVENCIONALES

Se han utilizado en el cuerpo del diccionario una serie de abreviaturas, en forma de símbolos gráficos:

S: palabras sinónimas, o sea aquellas de significado idéntico o parecido.

A: palabras antónimas, o sea aquellas de significado contrario.

F: palabras familiares, es decir, aquellas que tienen alguna relación con el significado de la palabra que se define.

C: abreviatura utilizada para indicar que a continuación se explica la categoría gramatical de la palabra u otra indicación de interés. Por ejemplo, ortografía, conjugación de verbos, etc...

aA

abandonar Irse de un sitio o separarse de una persona, animal o cosa: *Cuando le dieron vacaciones abandonó la ciudad y se fue al campo.* ⬥ Dejar, apartarse de. ⬥ Abandono.

⬥ Verbo en infinitivo. Se conjuga como *amar* (modelo n.º 1).

abanico Utensilio semicircular y plegable, que se usa para darse aire cuando hace calor. ⬥ Abanicar.

⬥ Sustantivo singular masculino; plural: *abanicos*.

abeja Insecto parecido a las moscas que vive en sociedad, le saca el jugo a las flores y fabrica miel y cera. ⬥ Abejorro.

⬥ Sustantivo singular femenino; plural: *abejas*.

abrazar 1) Estrechar a alguien con los brazos en señal de cariño: *Al bajar del tren, abrazó a su hermano que le estaba esperando.* // 2) Coger algo entre los brazos: *Para trepar a un árbol hay que abrazarse bien a él.* ⬥ 1) Dar un abrazo. // 2) Agarrar, coger. ⬥ Abrazo, abrazado.

⬥ Verbo en infinitivo. Se conjuga como *amar* (mo-

ABANDERADO

ABANICO

ABEJA

ABETO

ABROJÍN
(caracol marino)

ABUBILLA

delo n.° 1). Cambia z por c cuando le sigue -e: *abracé.*

abreviar Hacer algo más corto o breve. ⊜ Acortar, reducir, aligerar, apresurar, acelerar. ⋒ Alargar, ampliar, tardar, aumentar. ⊩ Abreviado, abreviatura, abreviación.

⊴ Verbo en infinitivo. Se conjuga como *amar* (modelo n.° 1).

abril Cuarto mes del año. Va después de marzo y antes que mayo.

⊴ Sustantivo singular masculino; plural: *abriles.*

abundante Que tiene mucho de algo: *Estos árboles son muy abundantes en frutos.* ⊜ Rico, copioso, pródigo. ⋒ Pobre, escaso. ⊩ Abundar, abundancia, abundantemente.

⊴ Adjetivo invariable en género; plural: *abundantes.*

acabar Terminar algo que se está haciendo: *Acaba de arreglarte, que es muy tarde.* ⊜ Terminar, finalizar. ⋒ Empezar. ⊩ Acabado.

⊴ Verbo en infinitivo. Se conjuga como *amar* (modelo n.° 1).

acaecer Ocurrir:*Lo que he contado acaeció en una pequeña ciudad de Colombia.* ⊜ Suceder, ocurrir, pasar. ⊩ Acaecimiento.

⊴ Verbo en infinitivo. Se conjuga como *nacer* (modelo n.° 16).

acampar Quedarse en un sitio para comer, dormir, etc., cuando se hace una excursión por el campo o cuando los

soldados van a la guerra: *Los enemigos acamparon muy cerca de la ciudad.* ⮂ Instalarse. ⮗ Acampado, campamento, acampada.
⮚ Verbo en infinitivo. Se conjuga como *amar* (modelo n.° 1).

Rama de
ACEBO

acaparar Coger todo lo que se pueda para uno: *A veces mi hermano se acapara todos los lapiceros y yo no sé con qué escribir.* ⮂ Abarcar, recoger. ⮗ Acaparamiento, acaparación, acaparador.
⮚ Verbo en infinitivo. Se conjuga como *amar* (modelo n.° 1).

acariciar Tocar a una persona, animal o cosa suavemente: *Juan acaricia al perro.* ⮂ Hacer caricias. ⮘ Golpear, pegar. ⮗ Caricia, acariciador.
⮚ Verbo en infinitivo. Se conjuga como *amar* (modelo n.° 1).

ACEITUNAS

acatar Aceptar. ⮂ Obedecer, aceptar, consentir. ⮗ Acato, acatamiento, desacato, desacatar.
⮚ Verbo en infinitivo. Se conjuga como *amar* (modelo n.° 1).

aceptar 1) Estar de acuerdo: *Luis aceptó ir al colegio.* // 2) Recibir algo voluntariamente: *María aceptó el regalo que le hicieron.* ⮂ Admitir, aprobar, consentir. ⮘ Rechazar.
⮚ Verbo en infinitivo. Se conjuga como *amar* (modelo n.° 1).

ACEÑA
(molino de agua)

acera Parte de la calle construida para que anden por ella las personas. Está

ACERA

ABEJAR
o colmenar

ACICHE
(herramienta
del cantero)

ACÓLITO
(monaguillo)

más alta que la calzada y se prohíbe que los coches anden por ella.
🖙 Sustantivo singular femenino; plural: *aceras.*

acercar Poner una cosa o una persona cerca de donde está otra: *Acerca esa silla a la mesa para sentarte.* 🖙 Aproximar, arrimar. 🖙 Alejar.
🖙 Verbo en infinitivo. Se conjuga como *amar* (modelo n.° 1). Cambia la *c* por *qu* cuando le sigue *-e: acerqué.*

acometer 1) Empezar una cosa: *Esta mañana se ha acometido la construcción de un nuevo puente sobre el río.* // 2) Atacar, meterse con alguien: *El perro acometió al ladrón.* 🖙 1) Arremeter, emprender. // 2) Agredir, asaltar, embestir. 🖙 Acometida, acometedor.
🖙 Verbo en infinitivo. Se conjuga como *temer* (modelo n.° 2).

acomodador Persona que se encarga de colocar a la gente en un cine, teatro, circo, etc.
🖙 Sustantivo masculino; femenino: *acomodadora;* plural: *acomodadores, acomodadoras.*

acomodar Colocar a cada uno en su sitio o de manera que estén a gusto: *El profesor nos dijo al entrar a clase que cuando estuviéramos acomodados comenzaría a explicar.* 🖙 Colocar, ordenar, situar. 🖙 Descolocar, desordenar. 🖙 Cómodo, incómodo, acomodador.
🖙 Verbo en infinitivo. Se conjuga como *amar* (modelo n.° 1).

acompañar 1) Estar con alguien: *Como María estaba sola en casa, llamó a su amiga para que fuera a acompañarla.* // 2) Ir con alguien: *Si me acompañas a casa te enseño la bicicleta.* // 3) Tocar un instrumento de música mientras alguien canta: *Luis canta muy bien y José M.ª sabe acompañarlo con la guitarra.* ⮱ 1), 2) Hacer compañía. // 3) Participar. ♠ 1), 2) Dejar, abandonar.
⮫ Verbo en infinitivo. Se conjuga como *amar* (modelo n.° 1).

ACONDICIONADOR
de aire

acontecer Ocurrir: *Al día siguiente aconteció lo que te voy a contar...* ☛ Acontecimiento.
⮫ Verbo en infinitivo. Se conjuga como *nacer* (modelo n.° 16).

ACORAZADO
(buque de guerra)

acordar 1) Ponerse de acuerdo en algo: *Los reyes acordaron firmar la paz.* // 2) **Acordarse:** Llegar a la memoria una cosa: *Me acuerdo de que, el año pasado, el día de mi cumpleaños llovió mucho.* ⮱ 1) Decidir, determinar, pactar, quedar en. // 2) Recordar. ♠ 2) Olvidar. ☛ Acuerdo.
⮫ Verbo en infinitivo. Se conjuga como *jugar* (modelo n.° 9).

Hoja de forma
ACORAZONADA

acostarse Echarse: *Los sábados nos acostamos tarde porque al día siguiente no hay que madrugar.* ⮱ Echarse, ir a dormir, tumbarse, ir a la cama. ♠ Levantarse.
⮫ Verbo en infinitivo. Se conjuga como *contar* (modelo n.° 8).

acrecentar Aumentar*. ⮱ Acrecentamiento.

ACORDEÓN
(instrumento musical)

ACUEDUCTO
(construcción antigua
para la conducción
de agua)

ACUMULADOR
eléctrico

🔵 Verbo en infinitivo. Se conjuga como *acertar* (modelo n.º 4).

actividad Trabajo, movimiento, viajes, etcétera, que hace una persona: *Julio nunca está parado, siempre lo verás en actividad.* 🔵 Acción, movimiento. 🔵 Inactividad, ocio, inmovilidad. 🔵 Activo, activar, inactivo, inactividad.
🔵 Sustantivo femenino; plural: *actividades.*

acto Lo que hace una persona: *Robar es un mal acto.* 🔵 Actuar, actuación, acción, actividad, activo.
🔵 Sustantivo singular masculino; plural: *actos.*

actual Que existe o que ocurre en estos momentos. 🔵 Presente, contemporáneo. 🔵 Actualidad, actualmente.
🔵 Adjetivo singular invariable en género; plural: *actuales.*

acudir 1) Ir a algún sitio para hacer algo: *Juan acudió en seguida para ayudar a su amigo.* // 2) Ir a ver a alguien con alguna intención: *Cuando se le estropeó la bicicleta, acudió a su hermano para que se la arreglara.* 🔵 1) Asistir, ir, llegar. // 2) Recurrir, apelar, valerse de.
🔵 Verbo en infinitivo. Se conjuga como *partir* (modelo n.º 3).

acuerdo Decisión tomada por dos o más personas: *Ana, María y Luis se pusieron de acuerdo para ir al cine.* 🔵 Resolución, determinación, decisión.
🔵 Sustantivo singular masculino; plural: *acuerdos.*

acumular Amontonar o amontonarse: *La nieve se acumuló sobre los tejados dejándolos todos blancos.* ⊜ Juntar, amontonar, apilar, almacenar, aglomerar. ⟊ Acumulación.

⬤ Verbo en infinitivo. Se conjuga como *amar* (modelo n.° 1).

acusar 1) Echar la culpa de algo a alguien: *Antonio me acusa de haber roto ese cristal, pero yo no he sido.* // 2) Darse cuenta de algo: *El maestro acusó la falta de tres alumnos.* // 3) Decirle a alguien que otra persona ha hecho algo malo: *Si rompes ese cuaderno te acuso a papá.* ⊜ 1) Achacar, imputar. // 2) Notar, percatarse. // 3) Soplar, denunciar, delatar, revelar. ⟊ Acusado, acusación, acusador, acusar, acusica.

⬤ Verbo en infinitivo. Se conjuga como *amar* (modelo n.° 1).

adaptar 1) Arreglar una cosa de manera que nos valga para lo que la queremos: *Cuando somos muchos en casa adaptamos el sofá para cama.* 2) Acostumbrarse a algo: *Cuando pasé de la escuela al instituto, me costó mucho adaptarme.* ⊜ 1) Acomodar, aplicar, apropiar, ajustar. // 2) Familiarizarse, habituarse, acostumbrarse. ⟊ 1), 2) Adaptación, adaptado, inadaptado.

⬤ Verbo en infinitivo. Se conjuga como *amar* (modelo n.° 1).

adelantar 1) Pasar delante de alguien: *En la carrera, José adelantó a Fernando y llegó*

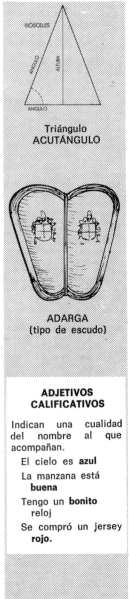

Triángulo
ACUTÁNGULO

ADARGA
(tipo de escudo)

ADJETIVOS CALIFICATIVOS

Indican una cualidad del nombre al que acompañan.

El cielo es **azul**

La manzana está **buena**

Tengo un **bonito** reloj

Se compró un jersey **rojo.**

ADELFA

primero a la meta. // Mover las agujas de un reloj para que marque más hora de la que marcaba: *Adelantó el reloj 10 minutos porque estaba atrasado.* ☞ 1) Aventajar, ganar terreno, tomar la delantera. 2) Atrasar, retrasar.

Verbo en infinitivo. Se conjuga como *amar* (modelo n.º 1).

adelgazar Perder quilos de peso: *Mi madre está muy contenta porque ha adelgazado cinco quilos.* ☞ Enflaquecer. Engordar. Adelgazamiento, delgadez, delgado.

Verbo en infinitivo. Se conjuga como *amar* (modelo n.º 1). Cambia la *z* por *c* cuando le sigue *-e: adelgacé.*

ademán Gesto: *Hice ademán de pegarle, pero estábamos de broma y no llegué a tocarlo.* ☞ Gesto, actitud, seña.

Sustantivo masculino; plural: *ademanes.*

adivinar Acertar algo que no se sabía: *María adivinó que dentro del bote había un grillo.* ☞ Predecir, pronosticar, presentir, acertar, describir. Adivinanza, adivino.

Verbo en infinitivo. Se conjuga como *amar* (modelo n.º 1).

administración Sitio en que se llevan las cuentas de una empresa. ☞ Oficina. Administrar, administrador.

Sustantivo femenino; plural: *administraciones.*

admirar 1) Ver con gusto una cosa: *Antonio estuvo admirando los juguetes que había*

ADJETIVOS DETERMINATIVOS

Especifican o determinan el sentido en que se toma el nombre.

Posesivos:
Mi libro
Vuestro padre.

Demostrativos:
Este lápiz
Aquel sillón.

Numerales:
Tres mesas
Tercer piso.

Indefinidos:
Algún día.

ADOQUINADO
de una calle

en el escaparate. // Gustarle a uno cómo es una persona: *María admira a su hermana mayor porque ya va al colegio.* ⮂ 1) Ver, contemplar. // 2) Elogiar. ⬥ 1) y 2) Admirable, admiración, admirado.

⬤ Verbo en infinitivo. Se conjuga como *amar* (modelo n.° 1).

adobe Especie de ladrillo, hecho de barro dejado secar al sol, que se usa en sitios pobres para hacer casas pequeñas, pocilgas de cerdos, gallineros, etc.

⬤ Sustantivo masculino; plural: *adobes.*

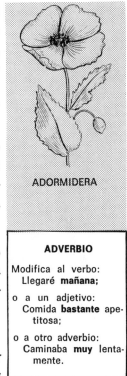

ADORMIDERA

adorno Cosa que sirve para que algo esté más bonito: *La mesa quedó muy bien con un adorno de flores.* ⬥ Adornar, adornado.

⬤ Sustantivo singular masculino; plural: *adornos.*

adquirir Conseguir algo para uno: *Hoy he adquirido el único cromo que me faltaba para completar la colección.* ⮂ Obtener, lograr. ⬥ Adquisición.

⬤ Verbo en infinitivo. Modelo n.° 7.

ADVERBIO

Modifica al verbo:
Llegaré **mañana;**

o a un adjetivo:
Comida **bastante** apetitosa;

o a otro adverbio:
Caminaba **muy** lentamente.

adulto Persona mayor.

⬤ Sustantivo o adjetivo masculino; femenino, *adulta;* plural, *adultos, adultas.*

aeronave Vehículo para viajar por el espacio: *La llegada a la Luna de la primera aeronave fue un gran acontecimiento.*

⬤ Sustantivo femenino; plural: *aeronaves.*

aeropuerto Sitio preparado para que los aviones despeguen y aterricen y para

AERONAVE
o astronave

ADV

🔹 Sustantivo masculino; plural: *aeropuertos*.

adversario Enemigo*. 🔹 Adverso, adversidad.

🔹 Sustantivo masculino; femenino: *adversaria*; plural: *adversarios, adversarias*.

afable Simpático y cariñoso: *El cartero de mi barrio es un hombre muy afable.* 🔹 Agradable, muy tratable, simpático, amable. 🔹 Intratable, antipático. 🔹 Afabilidad.

🔹 Adjetivo invariable en género; plural: *afables*.

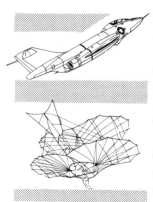

AEROPLANOS

afán Empeño en hacer una cosa: *El maestro tiene mucho afán en que aprendamos.* 🔹 Ganas, empeño, ilusión, tesón. 🔹 Desgana, dejadez, indiferencia. 🔹 Afanarse, afanoso.

🔹 Sustantivo masculino; plural: *afanes* (poco usado).

AFEITADORA
(máquina para afeitar)

afición 1) Gusto por una cosa: *Cada día hay más afición por los deportes.* // 2) Lo que gusta hacer aparte del trabajo: *Mi mayor afición es coleccionar sellos.* 🔹 1) Gusto, inclinación, apego, propensión. 🔹 1) Despego, indiferencia. 🔹 Aficionado, aficionarse.

🔹 Sustantivo femenino; plural: *aficiones*.

aficionado Persona a la que le gusta mucho algo: *Yo soy muy aficionado a la pesca.* 🔹 Afición, aficionarse.

🔹 Sustantivo o adjetivo singular masculino; femenino: *aficionada*; plural: *aficionados, aficionadas*.

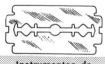

Instrumentos de
AFEITAR

afilar Sacarle punta a un lapicero, dejar bien delgado el filo de una navaja, un cuchillo, etc. ⟳ Afinar. ⊫ Afilado, afiládor, filo.

● Verbo en infinitivo. Se conjuga como *amar* (modelo n.º 1).

afirmar Asegurar* algo: *Enrique afirmó que había estado en el cine.* ⟳ Asentir, asegurar, garantizar. ⟲ Negar. ⊫ Afirmación, afirmativo.

● Verbo en infinitivo. Se conjuga como *amar* (modelo n.º 1).

agarrar Coger algo: *En el autobús hay que agarrarse a la barra para no caerse.* ⟳ Coger, asir, sujetar. ⟲ Soltar. ⊫ Agarrado.

● Verbo en infinitivo. Se conjuga como *amar* (modelo n.º 1).

agenda Libreta con calendario en la que se van apuntando las cosas que hay que hacer para que no se olviden. ⟳ Dietario.

● Sustantivo femenino; plural: *agendas.*

agitar 1) Mover una cosa muy de prisa: *Muchas medicinas hay que agitarlas antes de tomarlas // 2)* **Agitarse:** Ponerse nerviosa una persona o inquietarse la gente: *Al pitar el árbitro un falso penalty, se agitaron mucho los "hinchas" del equipo que salía perdiendo.* ⟳ 1) Mover, sacudir. // 2) Intranquilizarse, alterarse, excitarse, inquietarse. ⟲ 2) Calmarse, tranquilizarse. // ⊫ Agitador, agitado, agitación.

MESES DEL AÑO

Enero (31 días)
Febrero (28 días)
Marzo (31 días)
Abril (30 días)
Mayo (31 días)
Júnio ((30 días)
Julio (31 días)
Agosto (31 días)
Setiembre (30 días)
Octubre (31 días)
Noviembre (30 días)
Diciembre (31 días)

SULFATADOR

HOZ

CEDAZO

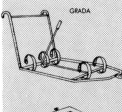

GRADA

Herramientas
AGRÍCOLAS

◆ Verbo en infinitivo. Se conjuga como *amar* (modelo n.° 1).

agosto Octavo mes del año. Va después de julio y antes de septiembre.

◆ Sustantivo singular masculino; plural: *agostos*, (poco usado).

agradable Que agrada*: *Es muy agradable dar un paseo cuando hace buen tiempo.* ⬳ Grato, atractivo. ◧ Desagradable, molesto. ⊩ Agradar, agradablemente.

◆ Adjetivo invariable en género; plural: *agradables*.

agradar Gustar a alguien una persona o cosa: *Me agrada mucho que entre el sol por la ventana.* ⬳ Gustar, complacer, satisfacer, caer en gracia. ◧ Desagradar, molestar. ⊩ Agradable, agradablemente.

◆ Verbo en infinitivo. Se conjuga como *amar* (modelo n.° 1).

agradecer Dar las gracias o sentirse contento con alguien que le ha hecho un favor o un regalo a uno: *Manolo agradeció a su primo que le invitara al cine.* ◧ Desagradecer. ⊩ Agradecimiento, agradecido.

◆ Verbo en infinitivo. Se conjuga como *nacer* (modelo n.° 16).

agravio Ofensa*. ⊩ Agraviar, agraviado, desagraviar.

◆ Sustantivo masculino; plural: *agravios*.

agregar Añadir algo a una cosa: *Tuvimos que agregar caldo a la sopa, si no no ha-*

bía para todos. ⇆ Añadir, sumar. ⬤ Quitar, deducir, restar, sacar. ☛ Agregación, agregado.

⬤ Verbo en infinitivo. Se conjuga como *amar* (modelo n.º 1). Cuando detrás de la g- va una -e hay que poner entre las dos una -u: *agregué.*

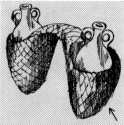

AGUADERAS

agricultor Persona que trabaja en el campo: *El padre de Luis es agricultor.*

⬤ Adjetivo masculino; femenino: *agricultura;* plural: *agricultores.*

agricultura Trabajo que hacen los campesinos para que la tierra dé frutos. ☛ Agricultor, agrícola.

⬤ Sustantivo femenino singular; plural: *agriculturas,* poco usado.

agrupar Reunir*. ☛ Grupo, agrupación, desagrupar.

⬤ Verbo en infinitivo. Se conjuga como *amar* (modelo n.º 1).

AGUAMANIL
(jarro lavamanos)

aguantar 1) Sujetar algo: *Aguanta la escalera de mano para que no se mueva.* // 2) Sufrir con paciencia las molestias de otras personas o cosas: *A Joaquinito no hay quien lo aguante.* ⇆ 1) Sujetar, sostener. // 2) Soportar, resistir, conformarse, resignarse. ⬤ 1) Soltar, dejar.

⬤ Verbo en infinitivo. Se conjuga como *amar* (modelo n.º 1).

AGUILA

aguinaldo Dinero o licores y golosinas que se regalan por Navidad.

⬤ Sustantivo singular masculino; plural: *aguinaldos.*

aguja 1) Barra de acero muy delgada que sirve para coser. Por un lado acaba

AGUJA

AGUJAS
de reloj

AJO

ALAS

en punta y por el otro tiene un agujero para meter el hilo. // 2) Rail que puede moverse para cambiar los trenes de vía. // Barritas que marcan la hora en los relojes. Se llaman también manecillas.

◖ Sustantivo femenino; plural: *agujas.*

ahogar 1) Matar a alguien haciendo que no pueda respirar: *La gallina se cayó al pozo y, como no podía respirar, se ahogó.* // 2) Apagar: *El fuego de la chimenea se ahogó porque echamos demasiada leña.* ◗ 1) Asfixiar. // 2) Sofocar, extinguir, amortiguar. ◖ Ahogo.

◖ Verbo en infinitivo. Se conjuga como *amar* (modelo n.° 1). Cuando detrás de la g- va una -e hay que poner entre las dos una -u: *ahogué.*

aislado Solo: *Yo vivo en una casa aislada en el campo.* ◗ Retirado, solitario, solo. ◖ Isla, aislar, aislante.

◖ Adjetivo masculino; femenino: *aislada;* plural: *aislados, aisladas.*

ajo Tallo de una planta. Es redondo y se usa para dar sabor a las comidas.

◖ Sustantivo singular masculino; plural: *ajos.*

ala 1) Miembro que tienen las aves y algunos otros animales (como las moscas, las abejas, los mosquitos...), y les sirve para volar. // 2) Parte del avión parecida a las alas de las aves. // 3) Parte de los sombreros que sobresale alrededor de la cabeza. // 4) Parte lateral de un edificio: *En el ala derecha del colegio está el comedor.*

🦅 Sustantivo femenino; en singular, se usa con artículo masculino para que no suene mal: *El ala* o *un ala;* plural: *las alas, unas alas.*

alambre Hilo de metal: *Mi madre tiende la ropa en un alambre forrado de plástico.*

🦅 Sustantivo singular masculino; plural: *alambres.*

alcalde Autoridad* que preside el ayuntamiento: *El alcalde de mi pueblo ha prometido hacer un parque infantil.* **F** Alcaldía.

🦅 Sustantivo singular masculino; femenino: *alcaldesa;* plural: *alcaldes, alcaldesas.*

alcanzar 1) Llegar hasta donde está una persona o una cosa: *Luis echó a correr y alcanzó enseguida a su hermano.* // 2) Poder tocar o coger algo que no está cerca: *Hemos puesto los libros ahí arriba para que mi hermano el pequeño no alcance a cogerlos.* // 3) Ser suficiente una cosa para hacer algo: *Esta tela no alcanza para unos pantalones.* 🦅 Llegar, dar alcance.

🦅 Verbo en infinitivo. Se conjuga como *amar* (modelo n.º 1). Cambia la *z* por *c* cuando le sigue *-e: alcancé.*

aldea Pueblo pequeño y sin ayuntamiento.

🦅 Sustantivo singular femenino; plural: *aldeas.*

alegre 1) Contento: *Me puse muy alegre cuando me regalaron la bicicleta.* // 2) Persona o cosa que produce alegría: *Esta habitación es muy alegre porque le da el sol todo el día.* 🦅 1) Contento, satisfecho. //

ALAMBRADA

ALBATROS
(ave)

ALCANCÍA
(Hucha donde se echan monedas)

ALCUZA
(aceitera)

ALDABA
(picaporte)

ALFABETO

A, a	M, m
B, b	N, n
C, c	Ñ, ñ
CH, ch	O, o
D, d	P, p
E, e	Q, q
F, f	R, r
G, g	S, s
H, h	T, t
I, i	U, u
J, j	V, v
K, k	W, w
L, l	X, x
LL, ll	Y, y
	Z, z

ALFOMBRA

ALFORJAS
(bolsas para llevar cosas)

ALJABA
(para guardar flechas)

2) Gracioso, divertido, animado. 🐘 Triste. 📕 Alegría, alegrar.

🗨 Adjetivo invariable en género; plural: *alegres*.

alemán 1) Persona o cosa de Alemania. // 2) Lengua que se habla en Alemania.

🗨 Sustantivo o adjetivo; femenino: *alemana;* plural: *alemanes, alemanas*.

alfombra Tejido de lana, cuerda, etc., que se pone en el suelo para aislar del frío o para que haga bonito: *En el comedor de mi casa han puesto una alfombra muy bonita para que podamos jugar en el suelo sin coger frío.*

🗨 Sustantivo singular femenino; plural: *alfombras*.

almacén Local en el que se guardan cosas en gran cantidad: *En el almacén de quesos estaban cargando un camión.* 📕 Almacenar.

🗨 Sustantivo singular masculino; plural: *almacenes*.

almanaque Calendario en forma de libro. Cada hoja está dedicada a un día y pone el santo que es, el tiempo que es posible que haga, qué clase de luna habrá, etc.: *El almanaque que tiene mi padre encima de la mesa está abierto por el día 6 de enero, sábado, fiesta de Epifanía, en que los reyes magos fueron a Belén.*

🗨 Sustantivo singular masculino; plural: *almanaques*.

almuerzo Comida poco abundante que se hace a media mañana. En algunos sitios se llama almuerzo a la comida de mediodía: *El almuerzo que me ha preparado hoy mi madre es un bocadillo de pan con chocolate.* ⫷ Almorzar.

◖ Sustantivo singular masculino; plural: *almuerzos.*

ALMEJA

alrededor 1) Quiere decir que una cosa rodea algo que está cerca (V. rodear): *La casa de Guillermo tiene alrededor un jardín muy bonito.* // 2) Cerca: *Este libro cuesta alrededor de 100 ptas.* ⬗ En torno a. // 2) Más o menos. ⫷ Alrededores*.

◖ Adverbio.

ALONDRA

alrededores Sitios próximos a algo: *En los alrededores de mi casa hay muchas tiendas.* Los alrededores de una ciudad se llaman también afueras, arrabales o extrarradio. ⬗ Cercanías, inmediaciones, proximidades. ⫷ Alrededor*.

◖ Sustantivo masculino plural. No tiene singular, porque el singular sólo se usa como adverbio.

ALPARGATA

alumbrar Dar luz: *El sol alumbra la tierra cuando es de día y por la noche las bombillas alumbran las casas.* ⬗ Iluminar. ◖ Oscurecer. ⫷ Alumbrado.

◖ Verbo en infinitivo. Se conjuga como *amar* (modelo n.° 1).

ALTAVOZ

alumno 1) Persona que va a un sitio a aprender cosas: *Yo soy alumno de la escuela.* // 2) Persona que aprende lo que le enseña otra: *Yo soy alumno de mi maes-*

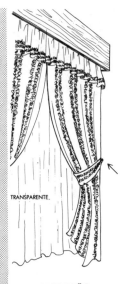

TRANSPARENTE.

ALZAPAÑO

---

tro. 🖙 Discípulo, estudiante, educando. 🏳 Alumnado.

🖙 Sustantivo singular masculino; femenino: *alumna;* plural: *alumnos, alumnas.*

alzar 1) Levantar algo: *Alza esa silla, que quiero estirar la alfombra.* // 2) Construir algo: *En la plaza mayor han alzado un monumento.* // 3) **Alzarse:** sublevarse: *Los marineros se alzaron contra el capitán.* 🖙 1) Levantar, elevar, aupar, subir. // 2) Construir, edificar, erigir. // 3) Sublevarse, amotinarse, rebelarse. 🏴 1) Bajar. // 2) Destruir, demoler, tirar. // 3) Apaciguar. 🏳 Alzamiento.

🖙 Verbo en infinitivo. Se conjuga como *amar* (modelo n.º 1). Cambia la *z* por *c* cuando le sigue *e: alcé.*

Grados del adjetivo
AMABLE

Positivo:
Luis es **amable.**

Comparativo:
Luis es más **amable** que Pedro

Luis es tan **amable** como Pedro

Luis es menos **amable** que Pedro.

Superlativo:
Luis es muy **amable**

Luis es **amabilísimo.**

---

amable Persona a la que le gusta ayudar a los demás: *Luis fue muy amable al ayudar a tu primo a llevar los paquetes a casa.* 🖙 Complaciente, atento, cordial. 🏴 Antipático, egoísta. 🏳 Amabilidad.

🖙 Adjetivo invariable en género; plural: *amables.*

amanecer 1) Salir el sol: *Salimos de excursión al amanecer, porque teníamos que hacer muchos Kms. y queríamos llegar a la hora de comer.* // 2) Tiempo en que amanece: *El amanecer que se ve desde la playa es muy bonito.* // 3) Despertarse: *Yo suelo amanecer a las 8 de la mañana.* 🖙 1) Salir el sol, alborear, despuntar el alba, rayar el día. // 2) Amanecida, alborada, alba, aurora. // 3) Despertarse, levantarse. **A** 1) Oscurecer, ponerse el sol. // 2) Puesta del sol. // 3) Acostarse, dormirse. **F** Amanecida.

C 1), 3) Verbo en infinitivo. Se conjuga como *nacer* (modelo n.º 16). // 2) Sustantivo singular masculino; plural: *amaneceres.*

amapola Flor con pétalos* rojos y tallo muy fino que sale en el campo sin que haya que sembrarla: *Vimos un campo de trigo en el que habían salido muchas amapolas.*
C Sustantivo singular femenino; plural: *amapolas.*

amarillo Color del limón, de la paja seca, de los plátanos maduros, etc.
C Sustantivo o adjetivo masculino; femenino: *amarilla;* plural: *amarillos, amarillas.*

amarrar Atar o sujetar fuertemente: *Cuando los barcos llegan al puerto hay que amarrarlos.* **S** Atar, sujetar, unir, asegurar, ligar. **A** Desatar, soltar. **F** Amarra, amarradero, amarrado.
C Verbo en infinitivo. Se conjuga como *amar* (modelo n.º 1).

ambiente 1) Aire que rodea a las personas o a las cosas: *Todo el mundo fuma mucho y el ambiente está muy cargado.* // 2) Manera de ser que tienen las personas que viven alrededor de uno: *En el colegio hay ambiente de compañerismo.*
C Sustantivo masculino; plural: *ambientes.*

ambos Uno y otro, los dos: *Esta tarde he visto dos películas y ambas me han gustado mucho.* **S** El uno y el otro. **A** Ninguno.
C Adjetivo plural; no tiene singular; femenino: *ambas.*

AMARRADERO
o argolla

AMASADORA
(máquina para amasar)

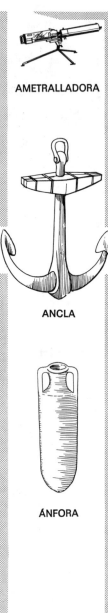

AMETRALLADORA

ANCLA

ÁNFORA

americano Persona o cosa de América.

🔹 Adjetivo o nombre; femenino: *americana;* plural: *americanos, americanas.*

amigo Persona que no es de la familia y se le tiene mucho cariño: *Julio, Luis e Ignacio son amigos míos desde que éramos muy pequeños.* Cuando con un amigo se tiene más confianza que con ningún otro, y se le cuentan todas las cosas, se le llama **amigo íntimo.** // 2) Aficionado: *Jesús es muy amigo de coleccionar sellos.* 🔺 1) Enemigo. 🔹 Amigable, amigablemente.

🔹 1), 2) Adjetivo masculino; femenino: *amiga;* plural: *amigos, amigas.*

amo Persona que es dueña de algo: *El amo de esta casa es el tío de Ángel.* 🔹 Dueño, jefe, propietario.

🔹 Sustantivo masculino; femenino: *ama;* plural: *amos, amas.*

amplio Que es espacioso o grande: *Esta habitación es muy amplia. María ha adelgazado y los vestidos le quedan muy amplios.* 🔹 Extenso, vasto, grande, ancho. 🔺 Pequeño. 🔹 Amplitud, ampliar, ampliación, ampliamente.

🔹 Adjetivo masculino; femenino: *amplia;* plural: *amplios, amplias.*

anciano Persona a la que, por tener muchos años, se le ha puesto el pelo blanco, la piel arrugada y le cuesta trabajo andar: *Los ancianos se reúnen a tomar el* *sol en la plaza de la iglesia.* 🗨 Viejo, abue-lo. 🅰 Joven, niño. 🇫 Ancianidad.

🄴 Adjetivo o sustantivo; femenino: *anciana;* plural: *ancianos, ancianas.*

anotar Apuntar algo en algún sitio: *Juan pidió que lo anotaran para ir de excur-sión.* 🗨 Apuntar, tomar nota, poner (en la lista). 🅰 Borrar, eliminar. 🇫 Nota, anotación, anotado.

🄴 Verbo en infinitivo. Se conjuga como *amar* (mo-delo n.° 1).

anticipar 1) Ocurrir una cosa antes de tiempo: *Este año el invierno se ha anticipa-do.* // 2) Hacer o decir algo antes que otros: *Esta casa la quería comprar mi pa-dre, pero se le ha anticipado un señor y nos quedamos sin ella.* 🗨 1) Adelantar. // 2) Anteponer, adelantarse. 🅰 Retrasar-(se). 🇫 Anticipado, anticipación, an-ticipo.

🄴 Verbo en infinitivo. Se conjuga como *amar* (mo-delo n.° 1).

antiguo Cosa pasada de moda o que ya no se usa: *A mucha gente le gustan más las cosas antiguas que las modernas.* 🗨 An-ticuado, viejo, usado, pasado de moda. 🅰 Nuevo, actual, moderno. 🇫 Antigüe-dad, anticuado, anticuario.

🄴 Adjetivo calificativo masculino; femenino: *anti-gua;* plural: *antiguos, antiguas.*

anunciar 1) Decir algo a alguien para que lo sepa: *El primer ministro anunció que el rey había muerto.* // 2) Poner algo en

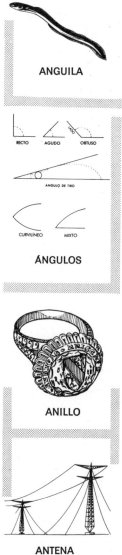

ANGUILA

RECTO AGUDO OBTUSO

ANGULO DE TIRO

CURVILINEO MIXTO

ÁNGULOS

ANILLO

ANTENA

AÑA

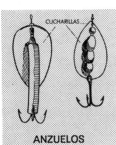

ANZUELOS

Rama de
AÑIL

APARADOR

los periódicos, las revistas, carteles, etcétera, o decirlo por la radio o la televisión para que se entere la gente: *En el periódico de hoy anuncian el programa de las fiestas del pueblo.* ⬤ 1) Decir, comunicar, participar, revelar. // 2) Publicar, participar, comunicar, proclamar. ⬤ Callar, ocultar. ⬤ Anuncio, anunciante.

⬤ Verbo en infinitivo. Se conjuga como *amar* (modelo n.º 1).

añadir Poner o ponerse una persona o cosa en un sitio en el que ya hay otra: *Añádele sal a la comida. Julio se añadió al equipo para jugar al fútbol.* ⬤ Agregar, echar, sumar, adicionar. ⬤ Quitar, restar, disminuir. ⬤ Añadido, añadidura.

⬤ Verbo en infinitivo. Se conjuga como *partir* (modelo n.º 3).

año Tiempo que tarda la tierra en dar una vuelta alrededor del sol. El año tiene 365 días, 52 semanas y 12 meses. // 2) **año bisiesto:** Año que tiene un día más (el que se añade al mes de febrero): *En los años bisiestos el mes de febrero tiene 29 días y esto pasa cada 4 años.* ⬤ Anual, anualidad.

⬤ Sustantivo masculino; plural: *años.*

aparecer 1) Llegar alguien a un sitio: *Cuando estábamos comiendo apareció Luis.* // 2) Estar en un sitio una persona o una cosa que buscábamos: *Estuve mucho rato buscando el bolígrafo y por fin apareció debajo*

del sillón. 🢔 1) Presentarse, llegar, surgir. // 2) Encontrarse, hallarse. 🢐 1) Desaparecer, ocultarse, esconderse. // 2) Desaparecer, perderse. 🢒 Aparición.
🢔 Verbo en infinitivo. Se conjuga como *nacer* (modelo n.° 16).

apreciar 1) Querer: *Manolo aprecia mucho a sus amigos.* // 2) Darse cuenta de cómo son las personas o las cosas: *María no sabe apreciar lo bonito que es tu jersey nuevo.* 🢔 Querer, estimar, amar. // 2) Considerar, calificar, valorar, juzgar. 🢐 1) Despreciar, odiar, tener manía. 🢒 Apreciable, apreciado, aprecio, apreciación.
🢔 Verbo en infinitivo. Se conjuga como *amar* (modelo n.° 1).

aprender 1) Estudiar algo para entenderlo: *Te apuesto lo que quieras a que me aprendo la lección en 10 minutos.* // 2) Darse cuenta de algo: *El día en que me caí de la bicicleta, aprendí que hay que ir más despacio en las curvas.* 🢔 1) Estudiar, instruirse. // 2) Darse cuenta, enterarse. 🢒 Aprendizaje, aprendiz.
🢔 Verbo en infinitivo. Se conjuga como *temer* (modelo n.° 2).

aprovechar 1) Utilizar algo todo lo que se pueda: *Aprovecha bien ese lapicero porque no tengo más.* // 2) **Aprovecharse:** Utilizar algo para el beneficio de uno, aunque perjudique a otro: *Se aprovechó de que yo no estaba y se comió los dos pasteles.*

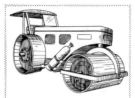

APISONADORA
(para apretar la tierra)

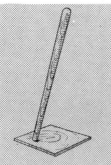

APLANADERA
(para alisar el suelo)

ARAÑA

🔩 1) Utilizar, explotar. // 2) Servirse de, valerse de, beneficiarse. 🅰 Desaprovechar, derrochar, desperdiciar. 🄵 Aprovechamiento, aprovechable, aprovechado.

🅴 Verbo en infinitivo. Se conjuga como *amar* (modelo n.° 1).

ARCA
(caja de caudales)

aproximadamente Poco más o menos: *Había aproximadamente 50 personas.*

🅴 Adverbio de cantidad.

apuntar: 1) Anotar*. // 2) Señalar con el dedo algo. // 3) Prepararse para disparar una escopeta, un arco, una pistola, etc. 🔩 2) Señalar, radicar. // 3) Encañonar, dirigir.

🅴 Verbo en infinitivo. Se conjuga como *amar* (modelo n.° 1).

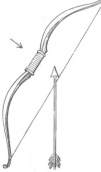

ARCO

arco 1) Arma que sirve para disparar flechas. // 2) Construcción que tiene forma de media circunferencia y suele. hacerse en la parte de arriba de puertas o ventanas.

🅴 Sustantivo masculino; plural: *arcos.*

ardilla Animal parecido al conejo, pero más pequeño y con una cola muy grande y peluda.

🅴 Sustantivo femenino; plural: *ardillas.*

aritmética Parte de las matemáticas que estudia las operaciones que se pueden hacer con los números y las cantidades.

🅴 Sustantivo femenino; no tiene plural.

ARDILLA

arrancar 1) Poner en marcha un motor: *Este coche no arranca ni empujándolo.* // 2) Sacar una planta de la tierra, un clavo de una tabla, etc.: *Para hacer la calle tuvieron que arrancar varios árboles.* ➡ 1) Funcionar, andar, marchar. // 2) Descepar, desenterrar, despegar, desclavar.

◖ Verbo en infinitivo. Se conjuga como *amar* (modelo n.° 1). Cambia la *c* por *qu* cuando le sigue *-e*: *arranqué.*

arrastrar 1) Mover alguna cosa por el suelo tirando de ella o empujándola: *Como no podía levantarlo, he traído el saco arrastrándolo.* // 2) Hacer que alguien haga algo: *El ejemplo de los de la otra clase nos arrastró a decorar la nuestra.* // 3) **Arrastrarse:** Moverse uno tocando el suelo con el cuerpo: *Encontramos una cueva con una entrada tan estrecha que tuvimos que arrastrarnos para entrar en ella.* ➡ 1) Tirar, remolcar. // 2) Influir, atraer, obligar, persuadir. ◄ Arrastre, arrastrado.

◖ Verbo en infinitivo. Se conjuga como *amar* (modelo n.° 1).

arreglar 1) Ordenar*. // 2) Hacer que funcione algo que se ha estropeado: *Esta tarde ha venido un señor a arreglar el calentador de agua.* // 3) Unir los trozos de algo que se ha roto, despegado, desclavado, etc.: *Mi padre arregló una silla que se había desencolado.* // 4) Solucionar algo: *Ya está arreglado el problema de los billetes del tren.* // 5) **Arreglárselas:** Ha-

ARMADURA

ARMÓNICA
(instrumento musical)

ARPA
(instrumento musical)

ARPÓN
para la pesca

Caballo con
ARREOS

ARTE: escultura

cer lo que se puede: *Arréglatelas como quieras, pero tienes que ir esta tarde.* ⏺ 2), 3) Componer, apañar. // 4) Zanjar, solucionar. // 5) Componérselas. ⏺ Estropear. ⏺ Arreglado, arreglo.

⏺ Verbo pronominal. Se conjuga como *amar* (modelo n.° 1). Añadiendo los pronombres *me, se* y el pronombre *las.*

arrojar 1) Tirar algo a algún sitio con fuerza: *Los lanzadores de peso arrojan la bola lo más lejos que pueden.* // 2) Echar* a alguien de un sitio. ⏺ 1) Tirar, echar, lanzar. // 2) Echar, despedir, expulsar. ⏺ 1) Recoger, guardar. // 2) Recibir, hacer entrar. ⏺ Arrojo, arrojado.

⏺ Verbo en infinitivo. Se conjuga como *amar* (modelo n.° 1).

arroyo Corriente pequeña de agua: *Junto a la carretera de mi pueblo corre un arroyo.*

⏺ Sustantivo masculino; plural: *arroyos.*

arroz Planta que da un fruto blanco, en forma de grano, que se come cocido: *A mí me gusta mucho el arroz con leche.*

⏺ Sustantivo masculino; plural: *arroces.*

arte Habilidad para hacer cosas bonitas, como cuadros, esculturas, poesías, canciones, etc.: *Mi hermano Antonio tiene mucho arte para tocar la armónica.* Las principales artes son: la Música, la Escultura, la Pintura, la Arquitectura y la Literatura.

⏺ Sustantivo masculino; plural: *artes.*

artículo Escrito corto que aparece en un periódico o una revista: *En el periódico de hoy viene un artículo sobre los perros.*

🔹 Sustantivo masculino; plural: *artículos.*

artista Persona que tiene una habilidad especial para pintar, cantar, escribir, hacer música, etc.: *Goya es uno de los más grandes artistas de la pintura.* 🔹 Virtuoso.

🔹 Sustantivo invariable en género; sólo se distingue por el artículo: *el.* artista, *la* artista; plural: *los artistas, las artistas.*

asegurar 1) Decir que se sabe algo con certeza: *Te aseguro que a 2 kms. hay una gasolinera.* // 2) Poner una cosa de manera que no se pueda mover o caer: *Asegura bien la maleta.* // 3) **Asegurarse:** Pensar bien cómo hay que hacer una cosa para que salga como queremos o ver que todo está como debe: *He llevado el coche al taller, para asegurarme de que en el viaje no nos fallará.* 🔹 1) Afirmar, confirmar, garantizar. // 2) Fijar, sostener, consolidar. // 3) Preveer, prevenir, cerciorarse. 🔹 1) Negar, dudar. // 2) Dejar flojo, dejar a medias. 🔹 Seguro, seguridad, asegurado.

🔹 Verbo en infinitivo. Se conjuga como *amar* (modelo n.º 1).

asiento 1) Parte de una silla, un banco, etc., sobre la que se sienta uno. A veces se llama también asiento a toda la silla, todo el banco, etc. // 2) Parte de abajo de una caja, cesta, bote, etc.: *No cargues mucho esa caja que tiene el asiento*

Rama de
ARTEMISA

ARTÍCULO

Determinado: el, la, lo, los, las
El libro.

Indeterminado: un, una, unos, unas
Una mesa.

Contracto: al, del
Libro **del** maestro
Voy **al** monte.

ASA

ASIENTO

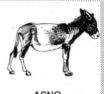

ASNO

ASPA

ASPIRADOR

muy flojo. // 3) **Tomar asiento:** Sentarse. ⬅ 2) Fondo, base. ⬅ Asentar, sentarse.

⬅ Sustantivo masculino; plural: *asientos.*

asignatura Cada una de las ciencias que se estudian, como las Matemáticas, la Lengua, la Religión, etc.: *La asignatura que más me gusta es Lengua.* ⬅ Materia.

⬅ Sustantivo femenino; plural: *asignaturas.*

asistir 1) Estar presente en un sitio en el momento en que allí ocurre o se hace algo: *A todos los que asistimos al partido, nos regalaron un banderín del equipo.* // 2) Cuidar a alguien que está enfermo o le pasa algo: *A mi abuela en la clínica la asistía una enfermera.* ⬅ 1) Ir, acudir, estar, presentarse. // 2) Ayudar, auxiliar, cuidar, socorrer. ⬅ Asistente, asistencia.

⬅ Verbo en infinitivo. Se conjuga como *partir* (modelo n.° 3).

asociación Grupo de personas que se unen para hacer un negocio, practicar un deporte, hacer obras benéficas, etc.: *Mi tío pertenece a la Asociación de Cazadores.* ⬅ Sociedad, corporación, entidad, institución, compañía. ⬅ Asociado, asociar, sociedad, socio.

⬅ Sustantivo femenino; plural: *asociaciones.*

aspecto Forma en que una persona o cosa se presenta ante los demás: *El balón de rugbi tiene aspecto de melón.* ⬅ Pre-

sencia, apariencia, facha, pinta, físico.
🖝 Sustantivo masculino; plural: *aspectos.*

asunto 1) Lo que se trata en una conversación, un libro, una película, etc.: *Aquí, el asunto es que queremos ir al cine y necesitamos dinero.* // 2) Negocio, trabajo: *Mi tío quedó en venir a vernos, pero no ha podido porque tenía que solucionar un asunto muy importante.* 🖝 1) Cuestión, tema, argumento, trama. // 2) Negocio, empresa, proyecto.
🖝 Sustantivo masculino; plural: *asuntos.*

atender 1) Estar en un sitio, preocupado por enterarse bien de lo que pasa o de lo que se dice: *Atiende, si quieres entender lo que estoy explicando.* // 2) Cuidar a una persona o a una cosa: *Atiende la comida, que tengo que salir.* 🖝 1) Prestar atención, escuchar, oír, mirar. // 2) Cuidar, velar, vigilar. 🖝 1) Desatender. // 2) Distraerse. 🖝 Atención, atento, atentamente.
🖝 Verbo en infinitivo. Se conjuga como *entender* (modelo n.° 5).

atraer 1) Hacer que algo o alguien venga hacia donde uno está: *El azúcar atrae a las moscas.* // 2) Gustar a uno algo: *Me atraen mucho las películas de dibujos animados.* 🖝 1) Llamar la atención, arrastrar. // 2) Entretener, distraer. 🖝 1) Repeler. // 2) Aburrir. 🖝 Atracción, atrayente, atractivo.
🖝 Verbo en infinitivo. Se conjuga como *traer.**

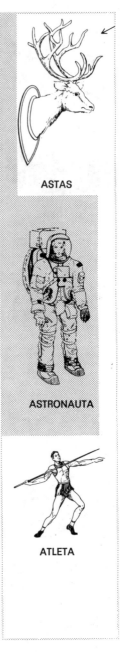

ASTAS

ASTRONAUTA

ATLETA

ATR

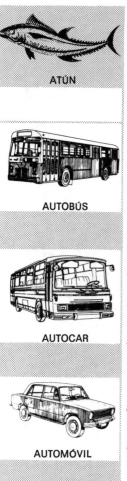

ATÚN

AUTOBÚS

AUTOCAR

AUTOMÓVIL

atreverse Ser capaz de hacer algo: *Yo no me atrevo a presentarme a un examen sin haber estudiado.* 💲 Ser capaz, arriesgarse, aventurarse, osar. 📭 Atrevido, atrevimiento, atrevidamente.
📧 Verbo en infinitivo. Se conjuga como *temer* (modelo n.° 2).

aumentar Hacer o hacerse algo más grande de lo que era: *La fabricación de coches ha aumentado mucho en los últimos años.* 💲 Incrementar, subir, crecer, ampliar. 🅰 Disminuir, decrecer, bajar. 📭 Aumento, aumentativo
📧 Verbo en infinitivo. Se conjuga como *amar* (modelo n.° 1).

autobús Automóvil grande en el que caben muchas personas: *Desde mi pueblo hasta la capital hay un autobús cada dos horas.* 💲 Autocar.
📧 Sustantivo masculino; plural: *autobuses.*

automóvil Vehículo con motor y cuatro ruedas hecho para viajar personas. 💲 Auto, coche.
📧 Sustantivo masculino; plural: *automóviles.*

autor Persona que ha hecho una cosa: *Cervantes es el autor del Quijote.*
📧 Sustantivo masculino; femenino: *autora;* plural: *autores, autoras.*

autoridad 1) Persona que tiene un cargo importante: *El alcalde es una autoridad.* // 2) Posibilidad de mandar: *Los maestros tienen autoridad sobre nosotros.* 💲 2)

Poder, dominio, mando, potestad. ➡ Autoritario, autorizar, autorización.

🔹 Sustantivo femenino: plural: *autoridades.*

avanzar Moverse hacia adelante: *Al llegar al paso a nivel, no pudimos avanzar porque la barrera estaba cerrada.* // 2) Adelantar en algo que se está haciendo: *Ya hemos avanzado mucho en los ensayos de la comedia que estamos preparando para las fiestas.* ➡ 1) Andar. // 2) Adelantar, prosperar, progresar. ➡ Estancarse, retroceder. ➡ Avanzado.

🔹 Verbo en infinitivo. Se conjuga como *amar* (modelo n.° 1). Cambia la *z* por *c* cuando le sigue -*e:* *avancé.*

AVE

ave Animal con el cuerpo cubierto de plumas, tiene dos patas y dos alas y pone huevos: *Los pájaros, las gallinas, los patos, etc., son aves.*

🔹 Sustantivo femenino. Para que no suene mal, en vez de decir *una ave* o *la ave,* se dice *un* ave y *el* ave. Plural: *las aves.*

avenida Calle ancha y con árboles a los lados: *Al salir de clase, siempre dábamos un paseo por la Avenida.*

🔹 Sustantivo singular femenino; plural: *avenidas.*

Rama de
AVENA

aventura 1) Serie de cosas que le pasan a una persona. // 2) Historia que cuenta las cosas que le pasan a una o varias personas: *Estoy leyendo una aventura de piratas.* ➡ Hazaña, hecho, suceso, episodio, incidente, andanza. ➡ Aventurero, aventurar, aventurado.

🔹 Sustantivo singular femenino; plural: *aventuras.*

AVENTADOR
(para avivar el fuego)

AVESTRUZ

AZADA
(instrumento del labrador)

AZAFRÁN

aventurar 1) Decir o hacer algo sin pensarlo bien: *Paco aventuró una opinión que luego dio buen resultado.* // 2) **Aventurarse:** Arriesgarse a hacer o decir algo: *No te aventures a salir, porque es peligroso viajar cuando hay nieve.* ⬕ 1) Probar, exponer, arriesgar. // 2) Exponerse, arriesgarse, atreverse, lanzarse. ⬔ Aventura, aventurado, aventurero.

⬕ Verbo en infinitivo. Se conjuga como *amar* (modelo n.° 1).

averiguar Conseguir enterarse de una cosa que no se sabe: *Por fin he averiguado donde esconde mi hermano los caramelos.* ⬕ Enterarse, indagar, descubrir, investigar. ⬔ Averiguación.

⬕ Verbo en infinitivo. Se conjuga como *amar* (modelo n.° 1).

avión Vehículo inventado y construido por el hombre para viajar por el aire.

⬕ Sustantivo masculino; plural: *aviones.*

ayudar Unirse a otro para hacer una cosa que él solo no puede o no sabe hacer (v. unir): *Por favor, ayúdame a hacer este problema, que no me sale.* ⬕ Colaborar, cooperar, secundar, contribuir. ⬕ Entorpecer, dificultar, impedir. ⬔ Ayudante.

⬕ Verbo en infinitivo. Se conjuga como *amar* (modelo n.° 1).

azúcar Sustancia blanca que se usa para endulzar las cosas: *A mí me gusta la leche sin azúcar.*

🍬 Sustantivo masculino; plural: *azúcares.*

azul. Color del cielo cuando no hay nubes.

🍬 Sustantivo masculino: *El azul me gusta mucho,* o adjetivo: *Este jersey azul es muy bonito;* plural: *azules.*

AVIONES

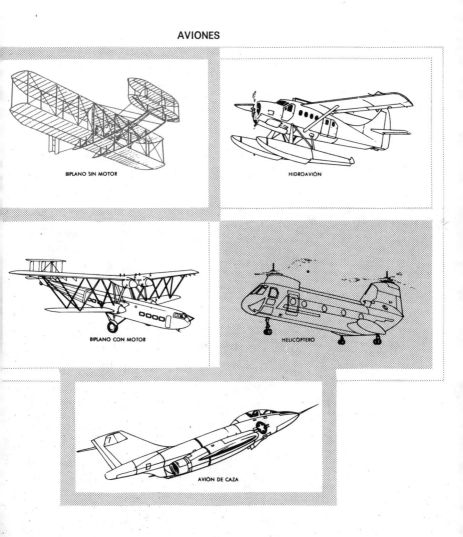

BIPLANO SIN MOTOR

HIDROAVIÓN

BIPLANO CON MOTOR

HELICÓPTERO

AVIÓN DE CAZA

BALANZA

BALCÓN

BALONCESTO

bailar Moverse al son de la música: *A María le gusta mucho bailar.* ⬭ Danzar. ⬭ Baile, bailarín, bailarina, bailador.

⬭ Verbo en infinitivo. Se conjuga como *amar* (modelo n.° 1).

bajar 1) Ir de un sitio alto a uno más bajo: *Cuando llega el invierno, los pastores bajan de la montaña al valle.* // 2) Disminuir algo: *Por favor, baja el volumen de la radio que es muy tarde.* ⬭ 1) Descender. // 2) Disminuir, reducir, decrecer. ⬭ 2) Aumentar. ⬭ Bajada, baja.

⬭ Verbo en infinitivo. Se conjuga como *amar* (modelo n.° 1).

balcón Especie de ventana que vista por dentro de la casa llega hasta el suelo y tiene una barandilla por fuera para no caerse: *Hemos visto el desfile desde el balcón de casa.*

⬭ Sustantivo masculino; plural: *balcones.*

baloncesto Deporte que se juega entre dos equipos y gana el que más veces mete el balón en un aro con una red que se llama cesta o canasta.

🔹 Sustantivo masculino; no se usa el plural.

BALSA
de madera

banco Asiento largo en el que caben varias personas: *En el parque hay 10 bancos de madera y 15 de piedra.* // 2) Negocio que consiste en guardar el dinero de unos y prestárselo a otros.

🔹 Sustantivo masculino; plural: *bancos.*

BANCO

bandera Trozo de tela de uno o varios colores que representa a un país, a una provincia, a un equipo deportivo o a cualquier asociación. 🔹 Enseña, pabellón.

🔹 Sustantivo femenino; plural: *banderas.*

bañar 1) Cubrir un metal con otro: *Este anillo es de cobre bañado en oro.* // 2) Meter a una persona o una cosa en un líquido: *Me gusta el melocotón bañado en almíbar.* // 3) **Bañarse:** Meterse en el agua para hacer deporte o para lavarse entero. 🔹 Sumergirse, mojar, empapar, inundar.

🔹 Verbo en infinitivo. Se conjuga como *amar* (modelo n.º 1).

BANDERA

baraja Serie de tarjetas de cartulina que se llaman cartas. Por un lado tienen todas el mismo dibujo y por el otro lado cada una es distinta a las demás; sirve para jugar al tute, al póquer y a muchas cosas más: *La baraja española tiene 40 cartas que se dividen en 4*

Cuarto de
BAÑO

BARCO

palos de 10 cartas cada uno y son oros, copas, espadas y bastos.

☞ Sustantivo femenino; plural: *barajas.*

barato Que cuesta poco dinero: *Me he comprado unas zapatillas muy baratas.*

☞ Adjetivo masculino; femenino: *barata;* plural: *baratos, baratas.*

BARRA
de pan

barco Vehículo construido por el hombre para andar por el agua: *El otro día fui a Palma de Mallorca en barco.* ☞ Buque, navío, embarcación.

☞ Sustantivo masculino; plural: *barcos.*

barrer 1) Limpiar el suelo con una escoba. // 2) Arrastrar: *El viento barrió todas las hojas que había en la calle.* ☞ 1) Limpiar. // 2) Dispersar, despejar, arrastrar. ☞ Barrida.

☞ Verbo en infinitivo. Se conjuga como *temer* (modelo n.º 2).

BARRACA
(estilo valenciano)

barril Cuba*: *En la bodega había 10 barriles de cerveza.* ☞ Cuba, tonel, pipa.

☞ Sustantivo masculino; plural: *barriles.*

barrio Parte de una ciudad: *Mi abuela vive en el mismo barrio que nosotros.*

☞ Sustantivo masculino; plural: *barrios.*

BARRIL

barro Mezcla de tierra y agua: *Al salir de la escuela estaba lloviendo y en el camino hasta casa se nos llenaron las botas de barro.* ☞ Lodo, fango. ☞ Barrizal.

☞ Sustantivo masculino; plural: *barros.*

base Parte de un objeto en la que éste se apoya: *La base de una silla son las patas.* // 2) Lo más importante de una idea de una teoría, etc.: *La base de la religión cristiana es el amor.* ⬤ 1) Apoyo, pie, soporte, cimiento, fundamento. // 2) Origen, raíz, principio, fundamento. ⬤ Basar, basarse.

⬤ Sustantivo femenino; plural: *bases.*

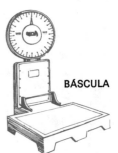
BÁSCULA

bastar No hacer falta más: *Con un trozo de pan y una pastilla de chocolate me basta para desayunar.* ⬤ Ser suficiente. ⬤ Ser insuficiente. ⬤ Bastante.

⬤ Verbo en infinitivo. Se conjuga como *amar* (modelo n.º 1).

basura Lo que sobra de algo y se tira porque estorba y no vale para nada. ⬤ Desperdicios, restos, sobras, inmundicias, porquería, suciedad. ⬤ Basurero.

⬤ Sustantivo femenino; plural: *basuras.*

BATA

batalla Lucha entre dos ejércitos. ⬤ Lucha, combate, contienda, pelea. ⬤ Batallar, batallón.

⬤ Sustantivo femenino; plural: *batallas.*

BATINTÍN
o gong

baúl Cajón de madera muy grande y fuerte que se usa para guardar cosas: *Para cambiarnos de casa llevamos la ropa en un baúl y los juguetes en otro.* ⬤ Arca.

⬤ Sustantivo masculino; plural: *baúles.*

bebé Niño recién nacido o de muy pocos meses.

⬤ Sustantivo masculino; plural: *bebés.*

BAÚL

BELLOTAS

BERGANTÍN

BESUGO

BICICLETA

beber Tragar un líquido: *En cada comida me bebo un vaso de leche.*

◖ Verbo en infinitivo. Se conjuga como *temer* (modelo n.º 2).

becerro Toro pequeño.

◖ Sustantivo masculino; plural: *becerros.*

bello Todo lo que es agradable* de ver o de oír. *Cuando hace sol, el cielo está muy bello.* ● Agradable, bonito, hermoso. ▲ Feo, horrible, desagradable. ◆ Belleza.

◖ Adjetivo singular masculino; femenino: *bella;* prural: *bellos, bellas.*

beneficio 1) Lo que se hace en favor propio o de otro: *La lluvia produce grandes beneficios al campo.* // 2) Lo que se saca de un negocio: *La tienda de enfrente de casa le da al dueño mucho beneficio.* ● 1) Favor, servicio. // 2) Ganancia, provecho, rendimiento, fruto. ▲ Perjuicio, mal. ◆ Beneficiar, beneficioso, benéfico.

◖ Sustantivo masculino; plural: *beneficios.*

biblioteca Sitio en el que hay muchos libros, ordenados para que sea fácil encontrarlos y que los prestan para leerlos: *Mi colegio tiene una estupenda biblioteca.*

◖ Sustantivo femenino; plural: *bibliotecas.*

bicicleta Vehículo de dos ruedas que anda dándole a los pedales.

◖ Sustantivo femenino; plural: *bicicletas.*

bien 1) Que está como se debe: *Ese problema está muy bien hecho.* // 2) **Bienes:** cosas de valor: *En mi pueblo vive una condesa que tiene muchos bienes.* ➲ 1) Perfectamente, correctamente, convenientemente, justamente. // 2) Dinero fortuna, propiedades. ▣ 1) Mal. ☞ Bienestar, bienaventurado, bienhechor.

◖ 1) Adverbio de modo (invariable en género y número); 2) sustantivo plural masculino; en singular casi no se usa con este significado.

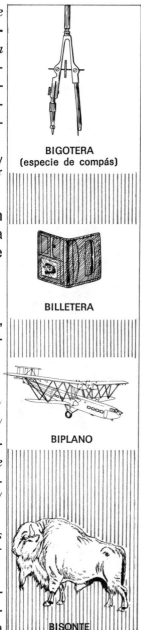

BIGOTERA
(especie de compás)

billetera Cartera pequeña que cabe en el bolsillo de una chaqueta y sirve para llevar billetes de banco, el carné de identidad, etc. ☞ Billete.

◖ Sustantivo femenino; plural: *billeteras.*

BILLETERA

bizcocho Pasta de pan, con sabor dulce, que suele tomarse con el café con leche o con el chocolate.

◖ Sustantivo masculino; plural: *bizcochos.*

blanco 1) Color que tiene la nieve. // 2) Cualquier persona de raza blanca. // 3) Sitio u objeto contra el que se dispara un tiro, una flecha, etc.: *Esta tarde en la feria he conseguido tres tiros en el blanco y me han dado tres regalos.* ➲ 1) Albo. // 2) Objetivo. ☞ Blancura.

BIPLANO

◖ Sustantivo masculino: *El blanco de la nieve es muy brillante,* o adjetivo: *Tengo un vestido blanco;* femenino: *blanca;* plural: *blancos, blancas.*

boca 1) Abertura por la que se introduce el alimento. // 2) Cualquier agujero que sirve de entrada o de salida a

BISONTE

BOD

BOINA

BOLA
de un aplique

BOLSA

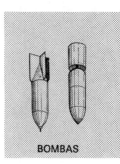

BOMBAS

un sitio: *En la montaña había una gran boca por la que se entraba a la cueva.* ● 1) Abertura, agujero.

● Sustantivo femenino; plural: *bocas.*

boda Ceremonia en la que se casan un hombre y una mujer. Cuando hace 25 años que se han casado celebran las **bodas de plata** y a los 50 las **bodas de oro.** ● Casamiento, matrimonio, desposorio, unión, esponsales, enlace.

● Sustantivo femenino; plural: *bodas.*

bola 1) Cosa redonda: *En Navidad se ponen bolas de cristal como adorno.* // 2) Mentira: *Eso que me has contado es una bola.* ● 1) Esfera. // 2) Mentira, trola, embuste, engaño, invención.

● Sustantivo femenino; plural: *bolas.*

bolsa Especie de saco pequeño, hecho de tela, piel, lona, papel, plástico, etc.: *En algunas tiendas, cuando compras algo te regalan una bolsa para que lo puedas llevar mejor.*

● Sustantivo femenino; plural: *bolsas.*

bolsillo Especie de bolsa pequeña que se hace en la ropa de vestir para poder llevar cosas más necesarias (como el dinero, la pluma o el bolígrafo, el mechero, el tabaco, etc.).

● Sustantivo masculino; plural: *bolsillos.*

bomba 1) Aparato que se usa para mover líquidos de un sitio a otro a través

de tubos y cañerías: *Hemos comprado una bomba para sacar agua del pozo.* // 2) Aparato usado en la guerra que al hacer explosión produce muchos daños.
🐟 Sustantivo femenino; plural: *bombas.*

bombero 1) Persona que tiene por oficio apagar fuegos y está especialmente preparado para ello. // 2) **Cuerpo de Bomberos:** Grupo de personas que en cada ciudad están siempre preparados por si hay algún fuego, apagarlo. // 3) **Parque de bomberos:** Sitio en el que están los bomberos con sus coches, camiones, etc.
🐟 Sustantivo masculino; plural: *bomberos.*

bombilla Bola de cristal dentro de la cual hay unos hilillos que, al pasar la corriente eléctrica por ellos, se encienden y dan luz. 🍬 Lámpara.
🐟 Sustantivo femenino; plural: *bombillas.*

bombón Dulce de chocolate muy suave.
🐟 Sustantivo masculino, plural: *bombones.*

bombona Botella grande en la qué, generalmente, se almacena algún gas: *Debajo de la cocina hay una bombona de butano.*
🐟 Sustantivo singular femenino; plural: *bombonas.*

bondad Lo que tienen las personas o cosas que son buenas: *Mi padre es un hombre lleno de bondad.* 🍬 Benignidad. 🅰 Maldad. 🇫 Bondadoso.

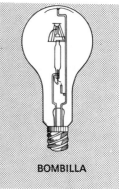

BOMBILLA

BOMBÍN

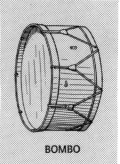

BOMBO

BONETE
(usado por los
eclesiásticos)

BOQUILLA

Sustantivo femenino; el plural, *bondades* se usa muy poco.

bonito Lo que le gusta a uno ver u oír: *He oído una canción muy bonita.* ⬡ Lindo, bello. ⬡ Feo.

Adjetivo masculino; femenino: *bonita;* plural: *bonitos, bonitas.*

BORCEGUÍ

borde Orilla o sitio donde acaba una cosa: *El lapicero está tan al borde de la mesa que, si lo empujas un poco, se cae.* ⬡ Margen, extremo, canto, orilla. ⬡ Bordear.

Sustantivo masculino; plural: *bordes.*

borrador Lo que se escribe antes de pasarlo a limpio: *No me pierdas el borrador de la carta, que todavía no la he escrito.*

Sustantivo masculino; plural: *borradores.*

BOTA

borrar 1) Hacer desaparecer lo que se ha escrito o dibujado en un sitio: *He borrado el dibujo porque me había salido mal.* // 2) Quitar algo o alguien de un sitio: *Borra a Ángel de la lista, porque tiene gripe y no puede ir a la excursión.* ⬡ Quitar, suprimir, tachar. ⬡ Poner.

Verbo en infinitivo. Se conjuga como *amar* (modelo n.° 1).

bosque Lugar en el campo lleno de árboles.

Sustantivo masculino; plural: *bosques.*

BOTE

botar 1) Subir después de chocar con el suelo: *Tengo un balón que bota mucho.* //

BRA

2) Echar al agua una embarcación: *Hay pescadores que botan las barcas al amanecer.* ⮜ 1) Saltar, brincar, levantarse. ⮞ Bote.

◉ Verbo en infinitivo. Se conjuga como *amar* (modelo n.º 1).

bote 1) Envase de hojalata usado sobre todo para frutas o vegetales en conserva: *Vete a la tienda y compra un bote de melocotón en almíbar.* // 2) Barco pequeño que se mueve remando. // 3) Salto: *Cuando iba por la calle se me cayó una peseta, dio tres botes y se metió por una alcantarilla.* ⮜ 1) Lata. // 2) Barca, lancha. // 3) Brinco, salto, tumbo. ⮞ Botar.

◉ Sustantivo masculino; plural: *botes.*

bravo 1) Animal que ataca enseguida: *De los seis toros que se lidiaron en la corrida, dos eran muy bravos.* // 2) Persona decidida y valiente: *Un grupo de 10 bravos soldados se apoderó de un tanque enemigo.* ⮜ 1) Furioso, de muchos bríos. // 2) Valiente, valeroso, audaz, decidido, animoso. ⦿ 1) Manso. // 2) Indeciso. ⮞ Bravura, bravío, embravecido, embravecer.

◉ Adjetivo masculino; femenino: *brava;* plural: *bravos, bravas.*

brazo 1) Parte del cuerpo que va desde el hombro hasta el final de la mano. // 2) Trozo estrecho y alargado de alguna cosa: *Un estrecho es un brazo de mar entre dos tierras.*

BOXEO

BOYA

BRASERO

BRAZO

BRILLANTE

BRÚJULA

BÚHO

⬤ Sustantivo masculino; plural: *brazos*.

breve 1) Lo que ocupa poco tiempo o poco espacio: *El profesor nos dio una explicación muy breve, pero todos lo entendimos.* // 2) **En breve:** Muy pronto: *En breve podré ver a mis tíos.* ⬤ 1) Conciso, corto, reducido, limitado. // 2) Dentro de poco, muy pronto, enseguida. ⬤ Largo, extenso, amplio. // 2) A largo plazo, tarde. ⬤ Brevedad, abreviar.

⬤ 1) Adjetivo invariable en género; plural: *breves.* // 2) Adverbio de tiempo.

brillante Cosa que reluce: *Me he dado betún en los zapatos y me han quedado muy brillantes.* ⬤ Resplandeciente, radiante, reluciente, centelleante, lustroso. ⬤ Apagado, sin brillo. ⬤ Abrillantar, brillantez.

⬤ Adjetivo invariable en género; plural: *brillantes.*

brincar Saltar*. ⬤ Brinco.

⬤ Verbo en infinitivo que se conjuga como *amar* (modelo n.° 1). Cambia la *c* por *qu* cuando le sigue -*e: brinqué.*

brindar Levantar una copa con licor en alto y decir que se desea algo bueno a alguna persona o cosa: *Después de la comida brindamos por el triunfo de nuestro equipo.* ⬤ Brindis.

⬤ Verbo en infinitivo. Se conjuga como *amar* (modelo n.° 1).

brisa Aire que sopla durante el día desde el mar hacia la tierra y durante la noche desde la tierra al mar. ⮂ Aire-cillo.

⮐ Sustantivo femenino; plural: *brisas*.

bueno 1) Persona que hace el bien a los demás. // Cosa que vale mucho para algo, que va bien para la salud o que gusta: *¡Qué buenas son estas manzanas!* ⮂ 1) Bondadoso, servicial, bienhe-chor. // Útil, provechoso, conveniente, sano, sabroso, agradable. ⛨ Malo, ma-licioso. ⮎ Bondad.

⮐ Adjetivo masculino; femenino: *buena*; plural: *buenos, buenas*.

bulto 1) Inflamación que sale en algu-na parte del cuerpo: *El otro día me caí y me ha salido un bulto en la rodilla.* // 2) Cada uno de los paquetes o cosas suel-tas que se llevan: *Cuando fuimos a Anda-lucía, yo llevaba 3 bultos; una maleta, una bolsa y la guitarra.* ⮂ 2) Paquete. ⮎ Abultar.

⮐ Sustantivo masculino; plural: *bultos*.

burlar 1) Engañar a alguien: *Los ladro-nes burlaron a la policía y se escaparon.* // 2) **Burlarse:** Reírse de alguien: *No te burles de otro porque no se sepa la lección.* ⮂ 1) Escapar, evitar, eludir. // 2) Mo-farse, reírse. ⮎ Burla.

⮐ Verbo en infinitivo. Se conjuga como *amar* (mo-delo n.° 1).

burro Uno de los animales que el hom-bre utiliza para cargarlo y que es algo

Grados del adjetivo BUENO

Positivo: bueno
　Las manzanas son **buenas.**

Comparativo: mejor
　El pastel es **mejor** que el pan.

Superlativo: óptimo
　Tu examen es **óp-timo.**

BUITRE

BULTO
(portamantas)

BUZO

más pequeño que el caballo. ⬓ Asno, borrico, jumento, pollino.

⬓ Sustantivo masculino; femenino: *burra;* plural: *burros, burras.*

buscar Tratar de encontrar a alguien o algo: *Estoy buscando a Carlos, pero como es domingo ha salido y no sé dónde puede estar.* ⬓ Indagar. ⬚ Busca, búsqueda, rebusca, rebuscar.

⬓ Verbo en infinitivo. Se conjuga como *amar* (modelo n.° 1). Cambia la *c* por *qu* cuando le sigue *-e: busqué.*

SUBMARINISMO

INVESTIGACIÓN SUBMARINA

PLANEADOR

REMONTAR

DESCENDER

ALTO ESPERA

TODO VA BIEN

NO PUEDO ABRIR LA RESERVA

CÓDIGO INTERNACIONAL DE COMUNICACIÓN

SIGNO PARA LLAMAR LA ATENCIÓN

NO ME SIENTO BIEN

SEÑAL DE PELIGRO

cC

caballero 1) Señor, hombre: *En esta tienda sólo venden ropa de caballero.* // 2) Persona que se porta bien con los demás: *Manuel es un verdadero caballero.* ⬒ 1) Señor, hombre. // 2) Noble, leal. 🅰 Descortés, grosero, sinvergüenza. 🅵 Caballerosidad, caballerete.

⬒ Sustantivo masculino; plural: *caballeros.*

CABALLETE
de un pintor

caballo Uno de los animales grandes, de cuatro patas, que el hombre utiliza sobre todo para montar en él. 🅵 Caballeriza, caballería.

⬒ Sustantivo masculino; plural: *caballos.*

cabello Pelo: *Inés tiene el cabello muy negro.* ⬒ Pelo. 🅵 Cabellera.

⬒ Sustantivo masculino; plural: *cabellos.*

CABALLO

caber Poder entrar una cosa en otra o en un sitio: *Tiene la boca tan grande que le cabe dentro el puño.* ⬒ Alcanzar, coger, entrar.

⬒ Verbo en infinitivo de conjugación irregular: **Indicativo: Presente:** *quepo, cabes, cabe, cabemos, cabéis, caben.* // **Pretérito imperfecto:** *cabía, cabías,*

CABAÑA

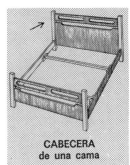

CABECERA
de una cama

Brazo en
CABESTRILLO

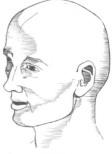

CABEZA

CABINA
de mandos

cabía, cabíamos, cabíais, cabían. // **Pretérito indefinido:** *cupe, cupiste, cupo, cupimos, cupisteis, cupieron.* // **Futuro imperfecto:** *cabré, cabrás, cabrá, cabremos, cabréis, cabrán.* // **Condicional:** *cabría, cabrías, cabría, cabríamos, cabríais, cabrían.* // **Subjuntivo: Presente:** *quepa, quepas, quepa, quepamos, quepáis, quepan.* // **Imperfecto:** *cupiera o cupiese, cupieras o cupieses, cupiera o cupiese, cupiéramos o cupiésemos, cupierais o cupieseis, cupieran o cupiesen.* // **Futuro imperfecto:** *cupiere, cupieres, cupiere, cupiéremos, cupiereis, cupieren.* // **Imperativo:** *cabe, quepa, quepamos, cabed, quepan.* // **Participio:** *cabido.* // **Gerundio:** *cabiendo.*

cabeza 1) Parte del cuerpo del hombre y de los animales que está unida al tronco por el cuello. En la cabeza está el sentido de la vista (ojos), el del gusto (boca), el del olfato (nariz) y el del oído (oreja). // 2) Persona o animal: *Tocamos a un libro por cabeza.* // 3) Principio de una cosa: *Mi padre se sienta siempre a la cabeza de la mesa.* // 4) Persona que dirige algo: *A la cabeza de la excursión va el director de la escuela.* // 5) **Tener cabeza:** Saber hacer algo bien: *Este chico no tiene cabeza para ir por la calle, siempre se mete en los charcos.* ♦ 2) Principio, comienzo. // 4) Organizador, director, jefe, superior. ♠ Final. ♦ 1) Cabezazo, cabezonada, cabezota, cabezal. ♦ Sustantivo femenino; plural: *cabezas.*

cabo 1) Punta de tierra que se mete en el mar. // 2) En el ejército, es una persona que manda más que el soldado y menos que el sargento. // 3) Trozo de cuerda o el hilo: *Jesús, dame un cabo para atar este paquete.* // 4) Parte final de una cosa: *Al cabo de la calle encontrarás una tienda, pues en esa misma casa vivo yo...* ⬛ 1) Lengua de tierra, punta. // 3) Cable, cuerda, hilo. // Punta, extremo, final, límite. ⬛ 1) Golfo. // 4) Principio.

⬛ Sustantivo masculino; plural: *cabos.*

CABRA

cabra Animal de cuatro patas, de tamaño mediano y con cuernos, que utiliza el hombre para sacarle leche. **Cabra montesa:** La que vive suelta por las montañas y no es de nadie.

⬛ Sustantivo femenino; plural: *cabras.*

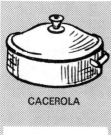

CACEROLA

cadena 1) Compuesto de anillas unidas una detrás de otra: *Durante el día, el perro está atado a un árbol con una cadena.* // 2) Conjunto de cosas o personas puestas una detrás o al lado de otra: *Nos pusimos en cadena para jugar al corro.* // 3) **Cadena de montañas:** Cordillera. ⬛ Encadenamiento, encadenado.

⬛ Sustantivo femenino; plural: *cadenas.*

caer Llegar algo desde un sitio alto a uno más bajo sin que se quiera: *Mi hermano el pequeño se cayó desde la mesa al sofá y no se hizo daño.* ⬛ Caída, decaimiento, caído.

CACTOS

⬛ Verbo en infinitivo. Su conjugación es muy irregular: **Indicativo: Presente:** *caigo, caes, cae, caemos, caeis, caen.* // **Pretérito imperfecto:** *caía, caías, caía, caíamos, caíais, caían.* // **Pretérito indefinido:** *caí, caíste, cayó, caímos, caísteis, cayeron.* // **Futuro imperfecto:** *caeré, caerás, caerá, caeremos, caeréis, caerán.* // **Condicional:** *caería, caerías, caería, caeríamos, caeríais, caerían.* // **Subjuntivo: Presente:**

CADENAS

caiga, caigas, caiga, caigamos, caigáis, caigan. // **Imperfecto:** cayera o cayese, cayeras o cayeses, cayera o cayese, cayéramos o cayésemos, cayerais o cayeseis, cayeran o cayesen. // **Futuro imperfecto:** cayere, cayeres, cayere, cayéremos, cayereis, cayeren. // **Imperativo:** cae, caiga, caigamos, caed, caigan. // **Participio:** caído. // **Gerundio:** cayendo.

CAFETERA

CAFETERÍA

café 1) Semilla de un árbol, llamado café o cafeto, que luego se muele y se cuece con agua para hacer una bebida. // 2) Bebida que se hace con la semilla del cafeto: *Yo siempre desayuno café con leche.* // 3) Sitio en el que sirven bebidas: *Mi padre ha quedado con unos amigos en verse en el café de la plaza.*

🔹 Sustantivo masculino; plural: *cafés.*

CALABAZA
(fragmento)

calabaza Planta que se cultiva en las huertas y tiene un fruto muy grande de color naranja o amarillo, con muchas pepitas blancas, redondeadas y planas que son las semillas. Al fruto también se le llama calabaza.

🔹 Sustantivo femenino; plural: *calabazas.*

CALAMAR

caldero Cubo que se usa sobre todo para llevar agua de un sitio a otro. 🔹 Caldera, tina, cubo.

🔹 Sustantivo masculino; plural: *calderos.*

CALDERO

calentar Hacer que una cosa se ponga caliente: *Para desayunar, calentamos la leche.* 🔹 Enfriar. 🔹 Caliente, calentador, calentura, calentamiento.

🔹 Verbo en infintivo. Se conjuga como *acertar* (modelo n.° 4).

calidad Manera de estar hecha una cosa y clase de material con que se ha hecho: *Este vestido es de mala calidad; al lavarlo se le ha quitado el color.* ⬗ Clase, categoría.

⬗ Sustantivo femenino; plural: *calidades.*

CALZADOR

calma 1) Tranquilidad: *Los domingos la gente se va al campo y en la ciudad hay mucha calma.* // 2) Lentitud: *No hagas eso con tanta calma, que tenemos prisa.* ⬗ 1) Sosiego, serenidad, paz, reposo, quietud. // 2) Lentitud, cachaza, parsimonia. ⬗ 1) Ajetreo, jaleo, movimiento, animación. // 2) Rapidez, velocidad, ligereza, celeridad, viveza, apresuramiento. ⬗ Calmar, calmoso, calmante.

⬗ Sustantivo femenino; el plural no se usa.

CAMA antigua

CAMALEÓN

callar 1) Dejar de hablar, de cantar, de vocear, de tocar un instrumento: *Por favor, cállate, que no son horas de tocar el tambor.* // 2) Hacer que los demás no se enteren de algo: *Antonio calló a sus padres que se le había roto el faro de la bicicleta.* ⬗ 1) Enmudecer. // 2) Ocultar, tapar, omitir, silenciar, pasar por alto. ⬗ 1) Hablar, hacer ruido. // 2) Decir, contar, explicar. ⬗ Callado, calladamente.

⬗ Verbo en infinitivo. Se conjuga como *amar* (modela n.° 1).

CÁMARA
fotográfica

cámara 1) Goma redonda, hueca por dentro y llena de aire. La llevan los coches, las bicicletas y las motos en sus ruedas, para que sean más blandas. //

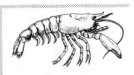

CAMARÓN

2) Máquina de hacer fotos o cine. // 3) **Cámara frigorífica:** Especie de habitación que está siempre muy fría y se usa para guardar cosas que se estropean con el calor; una cámara frigorífica es como una nevera pero mucho más grande. ● 1) Neumático. // 2) Frigorífico.

● Sustantivo femenino; plural: *cámaras*.

CAMAURO
(usado por el Papa)

cambiar 1) Poner una cosa en un sitio distinto del que tenía, o de una manera distinta: *Cambia esta lámpara para la otra habitación.* // 2) Dar una cosa por otra: *Te cambio cinco cromos que tengo repetidos por ese que me falta.* // 3) Hacer que algo quede distinto de como estaba: *Si cambias un poco la forma de los árboles, el dibujo te quedará mucho mejor.* // 4) **Cambiarse: a)** Ponerse ropa distinta de la que se lleva: *Papá, ¿si me cambio me dejas que te ayude a arreglar el coche?* **b)** Ponerse una persona en un sitio distinto del que está: *Si te cambias para aquí verás mejor la película.* ● 1) Intercambiar, trasladar. // 2) Intercambiar, canjear. // 3) Alterar, modificar, corregir, reformar, rectificar, enmendar. ⊫ Cambio, cambiante.

● Verbo en infinitivo. Se conjuga como *amar* (modelo n.° 1).

CAMELLO

camello Animal de cuatro patas, muy grande y con dos jorobas, que utiliza el hombre para andar por el desierto.

● Sustantivo masculino; plural: *camellos*.

CAMILLA
(para llevar enfermos)

caminar Andar. ☞ Caminante, caminata, camino.

☞ Verbo en infinitivo. Se conjuga como *amar* (modelo n.° 1).

camión Vehículo con una cabina para que vayan el conductor y su ayudante y una caja muy grande para transportar cosas. Si la caja está cubierta por arriba, se puede cerrar por detrás y se usa para transportar muebles, se llama **de mudanzas.** El **camión cisterna** es el que en vez de caja tiene un depósito muy grande para llevar vino, leche, gasolina, etc.

☞ Sustantivo masculino; plural: *camiones.*

CAMIÓN
con remolque

CAMPANA

CAMPANARIO

campana Especie de copa de metal, muy grande, que suele estar boca abajo. Dentro tiene una barra que se llama badajo y al moverse golpea las paredes y suena. Las campanas pequeñas se llaman **esquilas** o **campanillas** y las que llevan las vacas colgadas del cuello **cencerros.** ☞ Campanada, campanario, campanilla.

☞ Sustantivo femenino; plural: *campanas.*

campeón Equipo o persona que gana a todos los demás en una cosa: *El Diana fue el equipo campeón de balón-mano.* ☜ Héroe. ☞ Campeonato.

☞ Sustantivo masculino; plural: *campeones.*

campesino 1) Persona que trabaja el campo y vive en él: *Cuando fuimos de ex-*

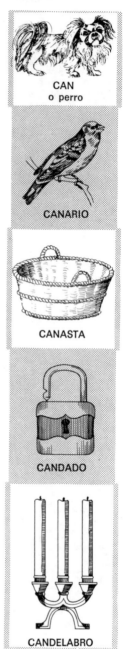

CAN
o perro

CANARIO

CANASTA

CANDADO

CANDELABRO

cursión vimos muchos campesinos arando el campo. // 2) Que tiene algo que ver con el campo: *La vida campesina es muy dura, pero muy sana.* ⬤ 1) Aldeano, labrador, agricultor, labriego, hortelano. // 2) Rural, campestre, aldeano. ⬤ Urbano, de la ciudad. ⬤ Campo, campiña, campero.

⬤ 1) Sustantivo masculino; femenino: *campesina;* plural: *campesinos, campesinas.* // 2) Adjetivo masculino; femenino: *campesina;* plural: *campesinos, campesinas.*

canal 1) Sitio hecho para que corra el agua y vaya desde los ríos hasta donde haga falta para regar, beber y otras cosas. // 2) Abertura que se hace en la tierra para que pase el agua de un mar a otro y puedan pasar también los barcos: *El canal de Suez une el mar Rojo con el Mediterráneo.* ⬤ Canalizar, canalizo.

⬤ Sustantivo singular masculino; plural: *canales.*

canasta 1) Cesto de mimbre con asas. // 2) En baloncesto es un aro de acero con una red por el que hay que meter el balón para hacer tantos. // 3) Juego de cartas. ⬤ 1) Banasta, canasto, cesta, cesto.

⬤ Sustantivo femenino; plural: *canastas.*

cancha Sitio para jugar a la pelota: *Han hecho una piscina y, al lado, una cancha de tenis.*

⬤ Sustantivo femenino; plural: *canchas.*

candela Vela, llama. ☞ Candelabro, candelero.
🖝 Sustantivo femenino; plural: *candelas.*

cansancio Falta de fuerzas que nota uno cuando ha hecho muchas cosas o cuando está enfermo. ☞ Incomodidad, fatiga, desfallecimiento. 🅐 Energía, animación, vivacidad, fuerzas. ☞ Cansado, cansar, cansino.
🖝 Sustantivo masculino; plural: *cansancios.*

cantidad Número de cosas o personas que hay en un sitio: *En las ferias vienen gran cantidad de forasteros.* ☞ Cuantía, número.
🖝 Sustantivo femenino; plural: *cantidades.*

canto 1) Canción. // 2) Borde de una cosa: *Me he dado un golpe con el canto de la mesa.* // 3) Piedra lisa de forma redondeada: *El pavimento de esta sala está hecho con cantos.* ☞ 1) Canción, tonada, cantar, copla. // 2) Borde, orilla. // 3) Piedra, guijarro. ☞ Cantar, cantor, cantante, canción.
🖝 Sustantivo masculino; plural: *cantos.*

caña Tallo de algunas plantas que es hueco, muy duro, y cada poco tiene como unos anillos más gruesos que se llaman nudos. ☞ Cañada.
🖝 Sustantivo femenino; plural: *cañas.*

capa 1) Prenda de vestir muy ancha y sin mangas: *Los tunos llevan cintas en las*

CANGREJO

CANTIMPLORA

CAÑÓN
antitanque

CAPA

CAPAZO

CAPELO
(usado por cardenales)

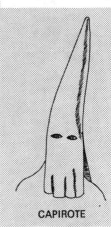

CAPIROTE

CAPITEL

capas. // 2) Algo que cubre por completo una cosa: *Cuando nos despertamos, vimos las calles cubiertas por una capa de nieve.* ◗ 1) Capote, manto. // 2) Envoltura, velo.

◖ Sustantivo femenino; plural: *capas.*

capacidad 1) Cantidad de espacio que tiene una habitación, una caja, un hotel, un almacén, etc., para meter en ellos personas, animales o cosas: *Este cine tiene mucha capacidad, caben dos mil espectadores.* // 2) Inteligencia o preparación que tiene una persona para hacer una cosa: *Tiene gran capacidad para las matemáticas.* ◗ 1) Cabida, extensión, espacio, volumen. // 2) Talento, aptitud, inteligencia. ◖ Capacitar, capaz, capacitado, incapacitado, incapacitar.

◖ Sustantivo femenino; plural: *capacidades.*

capital 1) Ciudad en la que están los gobernantes de una provincia, de un departamento o de una nación: *Madrid es la capital de España.* // 2) Lo más importante de algo: *Es capital que lleguemos todos puntuales.* // 3) Dinero: *El padre de Ángel tiene mucho capital.* ◗ 2) Principal, esencial, fundamental, básico. ◖ Poco importante, sin interés. ◖ Capitalmente.

◖ 1) Adjetivo: *Zamora capital está a 30 km. de la ciudad de Toro,* o sustantivo: *La capital de Venezuela es Caracas.* Como adjetivo es invariable en género; como sustantivo, femenino; plural: *capitales.* // 2) Adjetivo invariable en género; plural: *capitales.*

capitán 1) Militar que manda más que un teniente y menos que un comandante. // 2) Jefe de un equipo de fútbol, balonmano, baloncesto, etc. // 3) El que tiene mando de un barco. ☛ Capitanear.

☚ Sustantivo masculino; plural: *capitanes*.

CAPUCHA

capítulo Cada una de las partes en que está dividido el tema* de un libro: *El primer capítulo del libro de lengua trata de los países en que se habla español.* ☞ División, apartado. ☛ Capitular, capitulación.

☚ Sustantivo masculino; plural: *capítulos*.

CARA

cara 1) Parte de la cabeza de los hombres y animales en que se hallan los ojos, las narices y la boca. // 2) Lado de una cosa: *Las cartas de la baraja son todas iguales por la cara de atrás y distintas por la de delante.* ☞ Rostro, semblante, faz. // 2) Lado, parte.

☚ Sustantivo femenino; plural: *caras*.

CARABELA

caracol 1) Animal pequeño, parecido al gusano, que tiene por encima una concha en espiral. Vive en los sitios que hay tierra húmeda. // 2) Rizo de pelo: *En la televisión salió bailando una chica que tenía dos caracoles sobre la frente.* // 3) **Escalera de caracol:** Escalera hecha de manera que los escalones van subiendo alrededor de un eje*. ☛ Caracola, encaracolado, caracolear, caracoleo.

☚ Sustantivo masculino; plural: *caracoles*.

CARACOL

Tortuga
CAREY

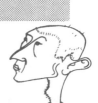

CARICATURA

CARILLÓN

carácter Forma de ser de una persona: *Julio tiene un carácter muy agradable.* ⬟ Naturaleza, temperamento.

⬟ Sustantivo masculino; plural: *caracteres.* No se pronuncia con el acento en la *-a* como el singular, sino con acento en la primera *-e.*

carbón Especie de piedra o madera negra que arde con mucha facilidad y se usa para que funcionen algunas calefacciones, máquinas de tren, etc.

⬟ Sustantivo masculino; plural: *carbones.*

cárcel Edificio en el que se encierra a los que han condenado los jueces por robar, matar o hacer algún daño grave a alguien. ⬟ Prisión, penal, penitenciaría, calabozo.

⬟ Sustantivo femenino; plural: *cárceles.*

cargar Poner algo sobre una persona, animal o cosa para que lo sujete o lo transporte: *Esta tarde cargaremos los muebles en un camión para cambiarnos de casa.* ⬟ Descargar. ⬟ Carga, cargado, cargamento.

⬟ Verbo en infinitivo. Se conjuga como *amar* (modelo n.º 1). Cuando detrás de la *g-* va una *-e* hay que poner una *-u: cargué.*

caridad Cariño hacia los demás y ganas de ayudarles en sus dificultades. ⬟ Amor al prójimo, bondad. ⬟ Desprecio. ⬟ Caritativo.

⬟ Sustantivo femenino; no se usa en plural.

cariño 1) Amor hacia los demás: *Los padres tienen mucho cariño a sus hijos.* //

2) Aprecio hacia las cosas (v. apreciar): *Aunque ya está muy vieja, le tengo mucho cariño a la bicicleta.* ✪ 1) Amor, afecto. // 2) Afición, inclinación apego. ✪ Manía, antipatía, tirria, ojeriza. ✪ Cariñoso, cariñosamente.
🞄 Sustantivo masculino; plural: *cariños;* quiere decir: *caricias, mimos.*

carné 1) Tarjeta en la que pone el nombre y apellidos de una persona, su domicilio, etc., y vale como documento para poder entrar en algún sitio, para demostrar que uno pertenece a un equipo, a un colegio, etc. // 2) **Carné de identidad:** Tarjeta que hace el Estado para que todos los hombres que pertenecen a su nación puedan demostrar quienes son.
🞄 Sustantivo masculino; plural: *carnés.*

caro Todo lo que cuesta mucho dinero o más de lo que a uno le parece que vale. ✪ Costoso, subido de precio, oneroso. ✪ Barato. ✪ Carestía.
🞄 Adjetivo masculino; femenino: *cara;* plural: *caros, caras.*

carpintero El que tiene por oficio hacer cosas con madera como muebles, ventanas, etc. ✪ Ebanista. ✪ Carpintería.
🞄 Sustantivo masculino; plural: *carpinteros.*

carretera Camino ancho, preparado para que circulen por él los coches, camiones, etc.
🞄 Sustantivo femenino; plural: *carreteras.*

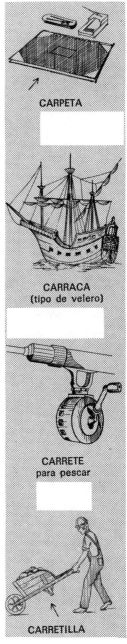

CARPETA

CARRACA
(tipo de velero)

CARRETE
para pescar

CARRETILLA

CARRO

CARROMATO

CARTABÓN

CARTERA

carro 1) Vehículo* de madera que tiene 2 ruedas y del que tiran animales: *Esta mañana vi un carro cargado de uvas.* // 2) En América se llama así al coche o automóvil. ☛ Carreta, carretero, carretilla, carromato, carroza, carruaje.
☙ Sustantivo masculino; plural: *carros.*

carta 1) Hoja de papel escrita que se mete en un sobre y se manda por correo para decirle algo a otra persona: *El otro día recibí una carta de un amigo que vive en el extranjero.* // 2) Cartulina con dibujos que forma parte de una baraja*: *Mi hermana la mayor está jugando a las cartas con sus amigas.* ☚ Epístola, misiva. // 2) Naipe. ☛ Cartero, carteo.
☙ Sustantivo femenino; plural: *cartas.*

cartel Papel grande con letras y a veces dibujos que sirve para anunciar* algo: *En la pared de la plaza de toros hay un cartel que anuncia una corrida.*
☙ Sustantivo masculino; plural: *carteles.*

cartera 1) Bolsa de cuero o tela que a veces tiene asa y sirve para llevar papeles, libros, etc.: *El año pasado, los Reyes me echaron una cartera para ir al colegio.* // 2) Billetera*.
☙ Sustantivo femenino; plural: *carteras.*

cartero Empleado de correos que reparte las cartas por las casas: *El cartero me ha traído una carta de mi primo.*
☙ Sustantivo masculino; plural: *carteros.*

cartulina Papel fuerte: *He comprado una cartulina roja para hacer trabajos manuales.*
◖ Sustantivo femenino; plural: *cartulinas.*

casar 1) Unir dos cosas que se parecen en algo o son iguales: *Hemos estado jugando a casar las bolas por colores.* // 2) **Casarse:** Unirse un hombre y una mujer para fundar una familia y vivir juntos siempre. ◗ 1) Juntar, enlazar, unir. // 2) Contraer matrimonio, desposarse. ◭ 1) Separar, disgregar. // 2) Divorciarse. ◗ Casamiento.
◖ Verbo en infinitivo. Se conjuga como *amar* (modelo n.° 1).

CASA

CASCO

cáscara Parte dura que envuelve algunos frutos: *Para comer una nuez hay que quitarle la cáscara.*
◖ Sustantivo femenino; plural: *cáscaras.*

castillo Edificio de piedra, muy grande y muy fuerte, que tiene murallas, torres y fosos y se hacía para defenderse del enemigo. Los castillos se utilizan ahora como museos, hoteles, etc.
◖ Sustantivo masculino; plural: *castillos.*

CASTAÑUELAS

cazador Persona que va al campo, a la selva o al monte a coger animales. Suele hacerlo con armas o con trampas: *Los cazadores volvieron cargados de conejos y perdices.*
◖ Sustantivo masculino; plural: *cazadores.* El femenino: *cazadora,* también quiere decir *chaqueta;* plural: *cazadoras.*

CAZADOR

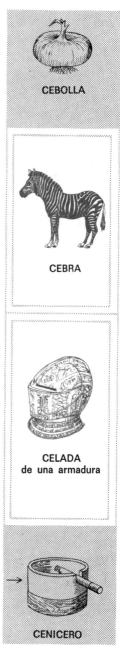

CEBOLLA

CEBRA

CELADA
de una armadura

CENICERO

cebolla Tallo de una planta que es redondo y más grande que el ajo y se usa para cocinar.

🖝 Sustantivo femenino; plural; *cebollas*.

celebrar 1) Hacer una fiesta por haber pasado algo bueno: *El domingo celebramos el cumpleaños de mi hermana.* // 2) Alegrarse de algo: *Celebro que hayas aprobado todo.* 🖝 Celebración, celebridad.

🖝 Verbo en infinitivo. Se conjuga como *amar* (modelo n.° 1).

célebre Persona o cosa muy conocida: *En el teatro Principal ha cantado un artista muy célebre.* 🖝 Famoso, renombrado. 🖝 Celebridad.

🖝 Adjetivo invariable en género; plural: *célebres*.

cemento Polvo de una roca que, mezclado con agua y arena, forma una pasta y se usa en la construcción para pegar piedras, ladrillos, etc.

🖝 Sustantivo masculino; plural: *cementos*.

centro 1) Sitio que está a la misma distancia de varias cosas o personas: *En el centro del corro de niñas, una estaba bailando.* // 2) Sitio donde se reúne gente que va a estudiar lo mismo, son de la misma provincia, etc.: *El instituto es el centro de mi provincia que más alumnos tiene; En esta casa está el centro gallego.* 🖝 1) Medio. 🖝 Céntrico, centrar, centralizar, centrado.

🖝 Sustantivo masculino; plural: *centros*.

cepillo 1) Trozo de plástico o madera que tiene unas filas de pelos y sirve para limpiar cosas. Hay cepillos para limpiar la ropa, para limpiar los dientes, para limpiar el calzado, etc. Los pelos de los cepillos se llaman cerdas. // 2) Aparato que usan los carpinteros para alisar o hacer una madera un poco más pequeña: *La puerta del comedor rozaba en el suelo y un carpintero la ha arreglado con el cepillo.* ☞ Cepillar, cepillado.
☞ Sustantivo masculino; plural: *cepillos.*

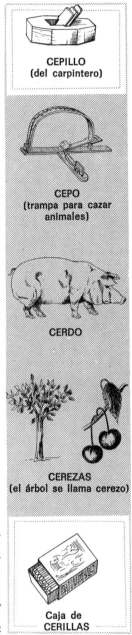

CEPILLO
(del carpintero)

CEPO
(trampa para cazar animales)

CERDO

CEREZAS
(el árbol se llama cerezo)

Caja de
CERILLAS

ceremonia Actos con los que se celebra algo: *En las fiestas de mi pueblo hay muchas ceremonias, la que más me gusta es la del reparto de premios.* ☞ Ceremonial, ceremonioso.
☞ Sustantivo singular femenino; plural: *ceremonias.*

cereza Fruta redonda de color rojo, con un hueso pequeño dentro: *Hoy, de postre, hemos comido cerezas.* ☞ Cerezo.
☞ Sustantivo femenino; plural: *cerezas.*

cerilla Palito de madera, cera o papel que tiene en la punta fósforo y se enciende al rozarlo contra algo.
☞ Sustantivo femenino; plural: *cerillas.*

cerrar 1) Tapar o cubrir algo: *Al cerrar una puerta tapamos el hueco que hay en la pared para entrar o salir.* // 2) Acabarse el tiempo que había para hacer algo: *Se ha cerrado el plazo de la matrícula.* // 3) Ser el último en algo: *Julián cierra la*

CESTA

CESTO

CANASTA

Tipos de CESTA

CÍCLOPE
(gigante de un solo ojo)

lista de los que irán a la excursión. 🄰 Abrir.
🄵 Cierre, cerrado, cerradura.
🄴 Verbo en infinitivo. Se conjuga como *acertar* (modelo n.° 4).

certeza Seguridad de que una cosa es verdad o va a suceder: *Tengo la certeza de que llegaron tarde.* 🅂 Certidumbre, convencimiento, convicción, seguridad. 🄰 Duda. 🄵 Acertar, cierto, certidumbre. certero.
🄴 Sustantivo femenino singular; el plural no se usa.

cerveza Bebida, de color amarillo y sabor amargo, que refresca mucho y hace espuma al servirla. Hay también una cerveza de color marrón que se llama negra: *Como hacía mucho calor, bebimos una cerveza.*
🄴 Sustantivo femenino; plural: *cervezas.*

cesar Dejar de hacer una cosa: *Por la mañana, la nieve cesó de caer.* 🅂 Acabar, concluir, terminar, finalizar, detener, interrumpir. 🄰 Seguir, continuar. 🄵 Cesación, cese.
🄴 Verbo en infinitivo. Se conjuga como *amar* (modelo n.° 1).

ciego Persona o animal que no ve. 🅂 Invidente. 🄵 Ceguera, ceguedad.
🄴 Sustantivo masculino, femenino: *ciega;* plural: *ciegos, ciegas.*

ciencia 1) Todo lo que se sabe sobre las cosas que hay en el mundo: *En todos los países hay hombres que se dedican a la*

Ciencia. // 2) Lo que se sabe sobre un tipo de cosas concretas: *La Geografía es la ciencia de la Tierra, la Medicina la ciencia que estudia el cuerpo humano, etc.* ⟂ Científico.

● Sustantivo singular femenino; plural: *ciencias.*

cierto Que es verdad: *¿Es cierto que esta mañana has estado en mi casa?* ⊖ Verdadero, seguro, indudable, real, indiscutible, auténtico. ⊘ Falso, erróneo, inexacto. ⟂ Certeza, ciertamente, certero.

● Adjetivo singular masculino; femenino: *cierta;* plural: *ciertos, ciertas.*

cine 1) Sala grande con muchas butacas en la que se proyectan películas para que las vea la gente. // 2) Arte de hacer películas: *Mi tío se dedica al cine.* ⊖ Cinema.

● Sustantivo masculino; plural: *cines.*

cinta 1) Trozo de tela largo y estrecho (la cinta de papel se llama serpentina): *Inés se ha hecho un lazo para el pelo con una cinta roja.* // 2) Aparato que transporta cosas: *En el aeropuerto, las maletas van por una cinta hasta que las recogen los viajeros.* ⊖ Tira.

● Sustantivo singular femenino; plural: *cintas.*

circo 1) Espectáculo en el que actúan payasos, domadores, atletas, etc. // 2) Sitio en que actúan los payasos, domadores, etc.: *Esta tarde he estado en el circo.* ⟂ Circense.

CIERVO

CIGARRILLOS

CIPRÉS

CIRCO antiguo

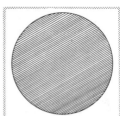

CÍRCULO

CLARÍN

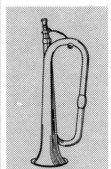

CLAVICORDIO
(instrumento musical)

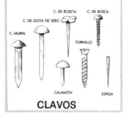

CLAVOS

C. DE ROSETA

C. DE GOTA DE SEBO

C. DE ROSCA

C. MURAL

TORNILLO

CALAMÓN

ESPIGA

● Sustantivo masculino; plural: *circos*.

círculo 1) Espacio redondo: *Cuando se juega al corro, dentro queda un círculo.* // 2) Cualquier cosa redonda y plana: *Mi padre me encargó que recortara un círculo de cartón para tapar un bote.* // 3) Grupo de personas que forman una especie de club y tienen un local para reunirse, hacer fiestas, etc.: *Los del círculo de mi pueblo hacen una obra de teatro cada mes.* ⊢ Circular.

● Sustantivo masculino; plural: *círculos*.

clavo Barrita de acero o hierro que sirve para unir cosas. Por un lado acaba en punta y por el otro tiene una cabeza sobre la que se golpea. ⊖ Punta. ⊢ Clavar, clavado, desclavar.

● Sustantivo masculino; plural: *clavos*.

clase 1) Sala en que una persona enseña lecciones a un grupo de alumnos. // 2) Conjunto de personas, animales o cosas que tienen o hacen cosas parecidas: *Las sillas, los sofás, los sillones, los taburetes, etc., son una clase de muebles que sirven para sentarse.* ⊖ 1) Aula. // 2) Grupo, categoría, tipo. ⊢ Clasificar, clasista, clasificador.

● Sustantivo femenino; plural: *clases*.

clima Clase de tiempo que suele hacer en un sitio: *Las ciudades que están al lado del mar Mediterráneo son de clima suave.*

● Sustantivo masculino; plural: *climas*.

cocina Sitio de la casa en el que se hacen las comidas.

🔹 Sustantivo femenino; plural: *cocinas*.

coche 1) Automóvil* con asientos que se utiliza para que las personas vayan de un sitio a otro. // 2) Vagón de tren en el que sólo van personas. 🔹 1) Automóvil, vehículo, auto. // 2) vagón.

🔹 Sustantivo masculino; plural: *coches*.

coger 1) Agarrar algo: *Coge esta silla y ponla en su sitio.* // 2) Caber*: *En esa habitación tan pequeña, no cogemos todos.* // 3) Pillar: *En la corrida de ayer, el toro cogió a un torero, pero no le hizo nada.* 🔹 Agarrar, asir, tomar. // 3) Alcanzar, pillar. 🔹 1) Soltar. 🔹 Cogida.

🔹 Verbo en infinitivo. Se conjuga como *temer* (modelo n.° 2). Ante -*o* y -*a* cambia la *g* por *j*: *cojamos*, *cojo*.

cojo 1) Persona o animal que no anda bien. // 2) Cosa que no se asienta bien: *Esta mesa está coja porque tiene una pata más corta que las otras.* 🔹 Cojear, cojera.

🔹 Adjetivo o sustantivo masculino; femenino: *coja*; plural: *cojos, cojas*.

colgar Sujetar una cosa por su parte de arriba y dejarlo en el aire, es decir, sin que toque el suelo: *Los cuadros se cuelgan de un clavo que se pone en la pared, para que hagan bonito.* 🔹 Suspender, enganchar, pender, tender. 🔹 Descolgar.

🔹 Verbo en infinitivo. Se conjuga como *jugar* (mo-

COCODRILO

COCHE antiguo

CODORNIZ

COFRE

COL

68

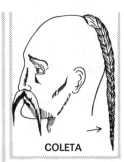

COLETA

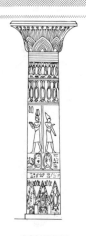

COLMENA

COLUMNA

delo n.º 9). Cuando detrás de la g- va una -e hay que poner una -u: *colgué.*

colegio Casa a la que van a aprender niños de distintas edades. Dentro de un colegio hay varias clases y, en cada una, los niños son de edades parecidas. ⬤ Sustantivo masculino; plural: *colegios.*

colina Montaña pequeña: *Cuando fuimos de excursión, vimos una casa en lo alto de una colina.* ⬤ Sustantivo femenino; plural: *colinas.*

colocar Poner una persona o una cosa en un sitio: *Los libros hay que colocarlos en las estanterías. Para hacerse una fotografía hay que colocarse enfrente de la máquina de fotografiar.* ⬤ Poner, situar, instalar, acomodar. // ⬤ Colocación. ⬤ Verbo en infinitivo. Se conjuga como *amar* (modelo n.º 1). Cambia la *c* por *qu* cuando le sigue -e: *coloqué.*

colorado Color del tomate maduro. ⬤ Rojo, encarnado. ⬤ Sustantivo: *El colorado me gusta mucho,* o adjetivo: *El padre de Julio tiene un coche colorado.* Es masculino; femenino: *colorada;* plural: *colorados, coloradas.*

columpio Asiento, colgado por unas cuerdas o unas cadenas, que sirve para moverse en el aire hacia adelante y hacia atrás. Otra clase de columpio es una tabla apoyada en algo por el centro y que sube y baja cuando se sienta una persona en cada extremo:

En el parque infantil hay 2 columpios. ☛ Columpiar.

🔹 Sustantivo masculino; plural: *columpios.*

comba Cuerda que se usa para jugar saltando sobre ella mientras otros la mueven.

🔹 Sustantivo femenino; plural: *combas.*

comedor Sitio de la casa o de un restaurante, en el que se come.

🔹 Sustantivo masculino; plural: *comedores.*

comenzar Empezar a hacer algo: *Ayer, al volver de la escuela, comenzamos a estudiar.* ⬗ Empezar, iniciar. ⬗ Acabar, terminar, finalizar. ☛ Comienzo.

🔹 Verbo en infinitivo. Se conjuga como *amar* (modelo n.° 1). Cambia la *z* por *c* cuando le sigue *-e: comencé.*

comer Meter comida en la boca, masticarla y tragarla. ⬗ Ingerir, engullir, tomar, alimentarse. ☛ Comida, comensal, comedor, comestible.

🔹 Verbo en infinitivo. Se conjuga como *temer* (modelo n.° 2).

comerciante Persona que tiene una tienda en la que vende cosas. ⬗ Tendero, negociante, vendedor. ☛ Comercio, comerciar.

🔹 Sustantivo masculino; plural: *comerciantes.*

comercio 1) Compra y venta de cosas: *Está bastante difícil el comercio de peras porque ahora no es temporada.* // 2) Tienda*: *En la plaza mayor hay un comercio de*

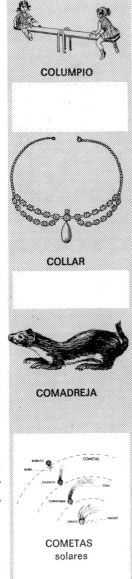

COLUMPIO

COLLAR

COMADREJA

COMETAS
solares

COMIDA

ropa para niños. 🖙 1) Negocio, trato, compraventa. // 2) Tienda, establecimiento. 🡆 Comerciar, comerciante, comerciable.

🖜 Sustantivo masculino; plural: *comercios;* no se usa con el significado 1).

cometer Realizar algo: *Anoche cometieron un robo en un banco.* 🖙 Realizar, ejecutar, hacer.

🖜 Verbo en infinitivo. Se conjuga como *temer* (modelo n.° 2).

comida 1) Cosas que pueden comerse: *Mi madre ha ido al mercado y ha traído mucha comida.* // 2) Hora de comer: *La comida será dentro de media hora.*

🖜 Sustantivo femenino; plural: *comidas.* Puede ser también adjetivo y participio del verbo *comer.*

cómodo Que se está a gusto: *En casa de mi primo hay unos sillones muy cómodos.* 2) Que cuesta poco trabajo hacerlo: *El cocido es una comida muy cómoda.* 🖙 1) Confortable. // 2) Fácil, sencillo. 🡄 1) Incómodo, molesto. // 2) Incómodo, molesto, pesado, difícil, complicado. 🡆 Comodidad, cómodamente, acomodarse, acomodado, acomodador, incómodo, incomodidad.

🖜 Adjetivo masculino; femenino: *cómoda;* plural: *cómodos, cómodas.*

compañerismo Amistad y aprecio hacia todos los que estudian o trabajan con uno: *En mi clase hay mucho compañerismo.* 🖙 Camaradería, armonía, amistad. **A** Egoísmo, individualismo. **F** Compañía, compañero, acompañar .

C Sustantivo masculino singular; el plural no se usa.

compañero Persona con la que se trabaja, se estudia, se juega, etc.: *Los 20 alumnos de mi clase somos compañeros.* **F** Compañerismo*.

C Sustantivo masculino; femenino: *compañera;* plural: *compañeros, compañeras.*

comparar Mirar varias cosas o personas para ver en qué se parecen o en qué son distintas: *Hemos comparado las dos carteras y hemos visto que son iguales.* **S** Confrontar, cotejar, relacionar. **F** Comparación, comparable.

C Verbo en infinitivo. Se conjuga como *amar* (modelo n.° 1).

complacer Gustar algo: *Me complace mucho que vengas tan contento.* **S** Satisfacer, gustar. **F** Complacido, complaciente, complacencia.

C Verbo en infinitivo. Se conjuga como *nacer* (modelo n.° 16).

completamente Del todo: *Al sonar el timbre, entraron los niños a clase y el patio quedó completamente vacío.* **S** Totalmente, plenamente, enteramente.

C Adverbio de modo.

completo 1) Que está lleno: *Cuando fuimos de excursión, el autobús estaba completo.* // 2) Algo que está sin empezar ni partido, es decir, que no le falta nada:

COMPÁS

BIGOTERA

COMPASES

COMPORTA
(tipo de cesta)

COMPUTADORA
electrónica

Todavía tengo una caja de pinturas completa. ⇔ 1) Lleno, pleno. // 2) Íntegro, entero. ⊫ Completar, completamente.

● Adjetivo masculino; femenino: *completa;* plural: *completos, completas.*

componer 1) Formar algo con varias cosas: *Ángel ha aprendido a componer un rompecabezas.* // 2) Arreglar* algo: *A María se le rompió un jarrón, pero supo componerlo muy bien y lo pegó con pegamento.* // 3) Hacer una canción, un poema, etc.: *Luis va a clase de guitarra y ha compuesto una canción muy bonita.* // 4) Poner sal, aceite y vinagre en una comida: *Mi madre compone la ensalada antes de llevarla a la mesa.* ⇔ 1) Hacer, formar, armar, montar. // 2) Arreglar, separar. // 3) Hacer, escribir, inventar. // 4) Aliñar. ⊠ 1) Deshacer, descomponer. // 2) Romper. ⊫ Compostura, compuesto, componenda, composición, componible.

● Verbo en infinitivo. Se conjuga como *poner.**

comprar Adquirir* algo a cambio de dinero: *He comprado una pelota que me ha costado 15 pesetas.* ⇔ Mercar, adquirir. ⊠ Vender. ⊫ Comprar, comprador.

● Verbo en infinitivo. Se conjuga como *amar* (modelo n.° 1).

comprender 1) Entender algo: *He comprendido muy bien lo que mi padre me ha explicado.* // 2) Estar una cosa dentro de otra, formar parte de ella: *El artículo* *es una clase de palabras que comprende las formas el, la, los, las, un, una, unos, unas.* ⮐ 1) Entender, darse cuenta. // 2) Incluir, abarcar. ⬛ Comprensión, comprendido, incomprendido.

⬛ Verbo en infinitivo. Se conjuga como *temer* (modelo n.º 2).

común Que lo tienen muchas personas, animales o cosas: *Estar calvo es algo muy común entre los hombres mayores.* ⮐ Corriente, frecuente, general. ⬛ Particular, propio, individual. ⬛ Comunidad, comunitario.

⬛ Adjetivo singular masculino; plural: *comunes*.

comunidad Grupo de personas que viven juntas porque les gustan las mismas cosas: *Al lado de mi casa hay un convento en el que vive una comunidad de monjas.* ⮐ Asociación, congregación, colectividad, sociedad. ⬛ Común, comunitario.

⬛ Sustantivo femenino; plural: *comunidades*.

conceder Dar permiso para hacer una cosa o para apropiarse de algo: *El ayuntamiento concedió unos terrenos para hacer escuelas.* ⮐ Dar, otorgar, permitir. ⬛ Negar, impedir, quitar.

⬛ Verbo en infinitivo. Se conjuga como *temer* (modelo n.º 2).

concreto 1) Que puede verse, tocarse, oírse, etc.: *El libro, un árbol, la mesa, etc., son cosas concretas.* // 2) Todo lo que está explicado con mucha claridad: *Lo que te*

Circunferencias
CONCÉNTRICAS

CONCERTINA
(instrumento musical)

CONDECORACION

CÓNDOR

he dicho es algo muy concreto, espero, por tanto que lo hagas tal como quiero. ● 1) Real, palpable. // 2) Claro, preciso, bien determinado, exacto. ♠ 1) Abstracto. // 2) Inexacto, vago, impreciso.
● Adjetivo singular masculino; plural: *concretos*.

conducir 1) Llevar a alguien a algún sitio: *Cuando mi hermano el pequeño se perdió, un señor lo condujo a casa.* // 2) Dirigir un coche: *Mi padre tiene carné de conducir.* ● 1) Dirigir, guiar, encaminar, llevar, acompañar. ▬ Conducción, conductor, conducto.
● Verbo en infinitivo. Se conjuga según el modelo n.° 17.

conejo Animal que vive en madrigueras, o se cría en jaulas, tiene la piel muy suave, unas orejas muy largas y se alimenta con hierbas y otras plantas.
● Sustantivo masculino; femenino: *coneja;* plural: *conejos, conejas.*

conferencia 1) Conversación por teléfono entre personas que viven en ciudades distintas: *Mi padre está de viaje y esta mañana nos puso una conferencia para hablar con nosotros.* // 2) Discurso que da una persona delante de un público, sobre una cosa concreta: *Mis padres fueron anoche a una conferencia sobre Astronáutica.* ● 1) Conversación, diálogo, charla. // 2) Plástica, disertación, discurso, charla. ▬ Conferenciar, conferenciante.

🖝 Sustantivo femenino; plural: *conferencias.*

conferenciante Persona que da una conferencia* en público.

🖝 Sustantivo invariable en género; sólo se sabe si es masculino o femenino por el artículo: *El conferenciante, la conferenciante;* plural: *Los conferenciantes, las conferenciantes.*

confianza 1) Seguridad que se tiene en una persona que se sabe que no nos va a engañar o en una cosa que pensamos que nos saldrá bien: *Este comercio merece mi confianza.* // 2) Amistad especial o íntima que se tiene con una persona a la que se le cuentan cosas que a otras no: *Con quien más confianza tengo es con Luis.* 🖝 1) Fe, seguridad. // 2) Intimidad, amistad.

🖝 Sustantivo femenino. El plural, *confianzas,* tiene todo el significado 2).

conjunto 1) Serie de personas, animales o cosas que se agrupan porque tienen algo en común: *Sobre mi mesa hay un conjunto de lapiceros rojos y sobre la mesa de mi hermano un conjunto de lapiceros azules.* // 2) Unión de varias cosas o personas: *En el cuarto de estar, la mesa, las sillas y el armario forman un conjunto muy bonito.* 🖝 1) Grupo, serie, reunión. // 2) Unión, combinación, total. 🖝 Conjuntar, conjuntado.

🖝 Sustantivo masculino; plural: *conjuntos.*

conocer 1) Haber estado alguna vez con una persona o verla por primera

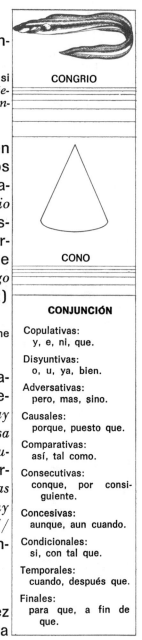

CONGRIO

CONO

CONJUNCIÓN

Copulativas:
  y, e, ni, que.

Disyuntivas:
  o, u, ya, bien.

Adversativas:
  pero, mas, sino.

Causales:
  porque, puesto que.

Comparativas:
  así, tal como.

Consecutivas:
  conque, por consiguiente.

Concesivas:
  aunque, aun cuando.

Condicionales:
  si, con tal que.

Temporales:
  cuando, después que.

Finales:
  para que, a fin de que.

CONOPIAL
(tipo de arco)

**Latas de
CONSERVAS**

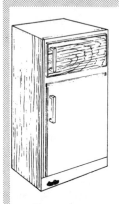

**Nevera para
CONSERVAR
los alimentos**

vez: *El otro día estuve en casa de un niño que conocía de la escuela y allí conocí a su hermano el mayor.* // 2) Saber qué es o cómo es algo: *Conozco un sitio en el que se puede jugar a la pelota.*

🔹 Verbo en infinitivo. Se conjuga como *nacer* (modelo n.° 16).

conseguir Llegar a tener algo que se quería: *Javier consiguió permiso para salir a jugar después de merendar.* 🔹 Obtener, lograr, adquirir.

🔹 Verbo en infinitivo. Se conjuga como *servir* (modelo n.° 13).

consejo Lo que una persona le dice a otra que cree que debe hacer, sin obligarle a que lo haga: *Te doy el consejo de que lleves el abrigo, porque a la tarde hará frío.* 🔹 Parecer, opinión, indicación, insinuación.

🔹 Sustantivo masculino; plural: *consejos.*

consentir Permitir*. 🔹 Consentimiento, consentido.

🔹 Verbo en infinitivo. Se conjuga como *hervir* (modelo n.° 11).

conservar 1) Cuidar una cosa para que no se estropee: *Conserva ese juguete porque es muy bonito.* // 2) Guardar: *Cuando se compra comida para más de un día, hay que conservarla en la nevera.* 🔹 Guardar, mantener. 🔹 Estropear. 🔹 Conserva, conservador.

🔹 Verbo en infinitivo. Se conjuga como *amar* (modelo n.° 1).

considerar Pensar que algo o alguien es de una manera: *Considero que si metes tantos libros en esa cartera pequeña, se te va a romper muy pronto.* ⬗ Pensar, juzgar, conceptuar, tener por. ⬗ Consideración, considerado.

⬗ Verbo en infinitivo. Se conjuga como *amar* (modelo n.° 1).

consistir Ser una cosa el conjunto de varias: *Un diccionario consiste en una lista de palabras explicadas.* ⬗ Ser, estar formado por.

⬗ Verbo en infinitivo. Se conjuga como *partir* (modelo n.° 3).

constituir Formar algo: *Un equipo de fútbol está constituido por once futbolistas.* ⬗ Formar, componer, hacer. ⬗ Constitución.

⬗ Verbo en infinitivo. Se conjuga como *construir.**

construir Hacer una cosa uniendo varias piezas: *Los romanos construían puentes con piedras muy grandes.* ⬗ Edificar, erigir, levantar, elevar, fabricar. ⬗ Destruir, deshacer, desmoronar. ⬗ Construcción, constructor.

⬗ Verbo en infinitivo. Su conjugación es muy irregular: **Indicativo: Presente:** *construyo, construyes, construye, construimos, construís, construyen.* // **Pretérito imperfecto:** *construía, construías, construía, construíamos, construíais, construían.* // **Pretérito indefinido:** *construí construiste, construyó, construimos, construisteis, construyeron.* // **Futuro imperfecto:** *construiré, construirás, construirá, construiremos, construiréis, construiràn.* // **Condicional:** *construiría, construirías, construiría, construiríamos, construiríais, construirían.* // **Subjun-**

CONSOLA
(mueble)

CASCO

GAVETA

LADRILLOS

MACIZO

DE AGUJEROS

NIVEL

PALETA

Utensilios para la
CONSTRUCCIÓN

CON

78

CONTADORES
de luz y gas

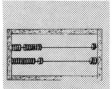

ABACO
(para **CONTAR** y
marcar puntos)

tivo: **Presente:** *contruya, construyas, construya, construyamos, construyáis, construyan.* // **Imperfecto:** *construyera o construyese, construyeras o construyeses, construyera o construyese, construyéramos o construyésemos, construyerais o construyeseis, construyeran o construyesen.* // **Futuro imperfecto:** *construyere, construyeres, construyere, construyéremos, construyereis, construyeren.* // **Imperativo:** *construye, construya, construyamos, construid, construyan.* // **Participio:** *construido.* // **Gerundio:** *construyendo.*

consumir 1) Gastar: *Este coche consume demasiada gasolina.* // 2) Acabar algo que se tiene: *Se nos consumió el agua y tuvimos que andar mucho hasta encontrar una fuente.* // 3) Comprar en un sitio: *La familia Gómez es buen cliente, consume mucho en esta tienda.* ⬅ 1) Usar, absorber, gastar. // 2) Gastar, acabar, agotar, terminar. // 3) Gastar, comprar. ⬅ Consumición, consumido, consumidor.

◀ Verbo en infinitivo. Se conjuga como *partir* (modelo n.° 3).

contar 1) Ver el n.° de personas o cosas que hay en un sitio: *Ayer conté los escalones de mi casa y hay 22.* // 2) Ir diciendo los números, uno detrás de otro: *Cuenta hasta diez y luego abre los ojos.* // 3) Explicar algo: *Cuéntame lo que hiciste ayer por la tarde.* ⬅ Contable, contabilidad, contabilizar, contador, contado.

◀ Verbo en infinitivo. Modelo n.° 8.

contemplar Mirar tranquilamente una cosa: *Cuando llueve, me gusta contemplar desde mi ventana cómo se moja la calle.* ⬅

Observar, admirar, ver. ☞ Contemplación, contemplativo.

☜ Verbo en infinitivo. Se conjuga como *amar* (modelo n.º 1).

contener 1) Tener una cosa algo dentro: *El 2.º cajón de esa mesa contiene lapiceros.* // 2) **Contenerse:** Aguantarse: *Cuando me caí de la bicicleta me contuve para no llorar.* ☞ 1) Tener, comprender, encerrar, poseer. // 2) Reprimirse, aguantarse, dominarse. ☞ 1) Contenido, continente. // 2) Contención.

☜ Verbo en infinitivo. Se conjuga como *tener.**

contestar Decir algo sobre una pregunta que le hacen a uno: *Mi hermano me preguntó que cuántas canicas tenía y le contesté que diez.* ☞ Responder, replicar. ☞ Contestación.

☜ Verbo en infinitivo. Se conjuga como *amar* (modelo n.º 1).

continente 1) Extensión muy grande de tierra en la que hay naciones, ríos, mares, montañas, etc., y está rodeada de océanos o mares por todas partes: *Asia es un continente.*

☜ Sustantivo masculino; plural: *continentes.*

continuar Seguir en el mismo sitio o haciendo la misma cosa: *Después de cenar, continuaré el dibujo que tengo empezado.* ☞ Seguir, proseguir. ☜ Cesar, dejar, interrumpir, terminar, irse. ☞ Continuación, continuidad, continuamente, continuo.

BOMBONERA
(para CONTENER
bombones)

CONTRABAJO
(instrumento musical)

COPETE
(tipo de peinado)

CORAZA

CORAZÓN

⬤ Verbo en infinitivo. Se conjuga como *amar* (modelo n.º 1).

contribuir 1) Tomar parte en algo que se hace: *El mes pasado hicimos una obra de teatro y yo contribuí preparando el escenario.* // 2) Pagar los impuestos que el Estado, el Ayuntamiento, etc., tienen establecidos. ⬡ Cooperar, participar. // 2) Pagar, tributar. ⬤ Desentenderse. // 2) Librarse, huir del pago. ◖ Contribuyente.

⬤ Verbo en infinitivo. Se conjuga como *construir.**

convencer Conseguir que alguien que pensaba de manera distinta a nosotros nos dé la razón y piense igual: *He convencido a Enrique de que es mejor que demos un paseo antes de ir al cine.* ⬡ Persuadir, demostrar, probar. ◖ Convencimiento.

⬤ Verbo en infinitivo. Se conjuga como *temer* (modelo n.º 2). Cambia la *c* por *z* cuando le sigue *-a, -o*: *convenzamos, convenzo.*

conversación Charla entre dos o más personas: *Hemos tenido una conversación sobre la película que vimos ayer.* ⬡ Charla, coloquio, diálogo, conciliábulo. ◖ Conversar.

⬤ Sustantivo femenino; plural: *conversaciones.*

convertir Transformar una cosa en otra: *El agua, calentándola mucho, se convierte en vapor.* ⬡ Transformar, cambiar. ◖ Conversión.

⬤ Verbo en infinitivo. Se conjuga como *hervir* (modelo n.º 11).

copa 1) Vaso mucho más ancho por arriba que por abajo y que tiene un pie. // 2) Parte de un árbol que está formada por las ramas y las hojas.

◖ Sustantivo femenino; plural: *copas*.

copiar 1) Dibujar o escribir una cosa, viendo otra que ya existía de antes, para hacerla igual: *Este cuadro está copiado de una de un pintor famoso.* // 2) Escribir al dictado: *Mientras yo dicto, tú copia.* ◗ 1) Imitar, duplicar, plagiar. ◖ Copiado, copia.

◖ Verbo en infinitivo. Se conjuga como *amar* (modelo n.° 1).

cordero Cría de la oveja.

◖ Sustantivo masculino; plural: *corderos*.

corral Sitio cerrado por los lados con una tapia, pero que no tiene techo. En él suelen tenerse gallinas, conejos, cerdos, etc. ◖ Acorralar.

◖ Sustantivo masculino; plural: *corrales*.

correa 1) Trozo de cuero estrecho y alargado. // 2) Cinturón.

◖ Sustantivo femenino; plural, *correas*.

cordón 1) Cuerda delgada, hecha con hilos: *Se me ha roto el cordón de los zapatos.* // 2) Grupo de personas colocadas unas al lado de otras para que no se pueda pasar: *Cuando se acabó la clase, hicimos un cordón en la salida, para que nadie se marchara sin enterarse de que íbamos a hacer una comedia.*

CORCHERA

CORDÓN

CORNETÍN

CORONA

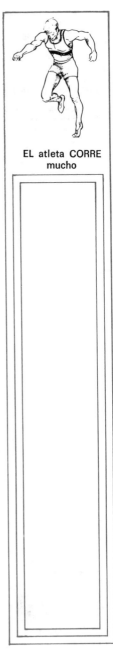

EL atleta CORRE
mucho

● Sustantivo masculino; plural: *cordones.*

correo Cartas o paquetes que recibe uno: *Hoy he recibido mucho correo.*

● Sustantivo masculino singular; plural: *correos.**

correos 1) Servicio público que está organizado para llevar las cartas y paquetes a las personas que deben recibirlas: *En Correos trabaja muchísima gente.*

● Sustantivo masculino invariable.

correr 1) Andar muy deprisa y levantando mucho los pies del suelo: *Eché a correr y aún alcancé el autobús cuando iba a salir.* // 2) Hacer algo a más velocidad de lo normal: *Mi profesor de lengua corre mucho al dictar y nos hace correr a todos al escribir.*

● Verbo en infinitivo. Se conjuga como *temer* (modelo n.° 2).

corresponder 1) Agradecer un favor, una invitación, etc.: *Julio correspondió a la invitación que Luis le hizo de pasar unas vacaciones en su casa, invitándole también a él.* // 2) Estar hecha una cosa para otra: *Este cajón corresponde a aquella mesa.* ● 1) Recompensar, agradecer, cumplir con, pagar. // 2) Pertenecer, ser de. ● Correspondencia, correspondiente.

● Verbo en infinitivo. Se conjuga como *temer* (modelo n.° 2).

corriente 1) Normal: *En España, es muy corriente desayunar café con leche.* // 2) Lo que se mueve constantemente hacia un sitio: *Los ríos son corrientes de agua que van hacia el mar.* // 3) Electricidad: *A la hora de cenar se fue la corriente y tuvimos que encender las velas.* ⮞ 1) Normal, ordinario, natural, habitual. // 2) Curso. ▲ 1) Raro, extraño, anormal, sorprendente.

◖ 1) Adjetivo invariable en género; plural: *corrientes.* // 2), 3) Sustantivo femenino; plural: *corrientes.*

cortar 1) Partir una cosa con una navaja, un cuchillo, unas tijeras, una sierra, etc.: *La mesa tenía una pata más larga que las otras y tuvimos que cortarla para que no cojeara.* // 2) Dejar de hacer algo: *Corta la conversación que nos tenemos que ir.* ⮞ 1) Dividir, separar, seccionar, partir. // 2) Suspender, interrumpir detener. ▲ 1) Unir, pegar. // 2) Continuar, seguir. ◤ 1) Cortada, corte, cortante, cortado. // 2) Corte, cortado.

◖ Verbo en infinitivo. Se conjuga como *amar* (modelo n.° 1).

corto 1) Lo que mide muy poco de largo: *Los gusanos tienen las patas muy cortas.* // 1) Que es más pequeño de lo que se necesita: *Las mangas de la chaqueta me quedaron cortas.* // 3) Que dura poco: *La clase de hoy ha sido muy corta.* ⮞ 1) Pequeño, diminuto. // 2) Raquítico, insuficiente. //3) Breve, efímero. ▲ Largo, extenso, amplio.

◖ Adjetivo masculino; femenino: *corta;* plural: *cortos, cortas.*

cosecha 1) Frutos que recoge el agri-

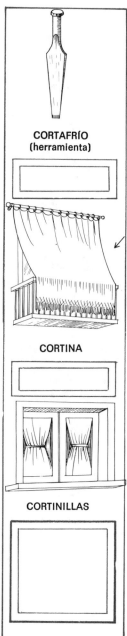

CORTAFRÍO
(herramienta)

CORTINA

CORTINILLAS

COSTA

COTURNO
(zapato de suela
muy alta)

cultor de una tierra cultivada: *Este año hemos tenido una buena cosecha de aceitunas.* // 2) Recogida de los frutos de la tierra: *En agosto haremos la cosecha.* ◉ 1) Recolección. ◤ Cosechar, cosechero.
◉ Sustantivo femenino; plural: *cosechas.*

costa Parte de la tierra que está junto al mar: *En las costas de Galicia hay unas playas preciosas.*
◉ Sustantivo femenino; plural: *costas.*

costar 1) Precio que hay que pagar por una cosa: *Esto me cuesta 100 pesetas.* // 2) Trabajo o sacrificios que hay que hacer para lograr algo: *Me está costando mucho aprender esta lección.* ◉ 1) Valer, importar, subir a. // 2) Causar, ocasionar, motivar. ◤ Coste.
◉ Verbo en infinitivo. Se conjuga como *contar* (modelo n.° 8).

costumbre Lo que se suele hacer desde hace mucho tiempo y siempre igual: *Tengo costumbre de cenar a las 8 de la tarde.* ◉ Hábito, uso. ◤ Acostumbrar.
◉ Sustantivo femenino; plural: *costumbres.*

crecer Aumentar de número o de tamaño: *Mi familia ha crecido; antes éramos 4 y ahora somos 5.* ◉ Aumentar, elevarse, extenderse. ◐ Decrecer, menguar, disminuir. ◤ Crecimiento, crecida, crecido, acrecentar.
◉ Verbo en infinitivo. Se conjuga como *nacer* (modelo n.° 16).

creer 1) Pensar que es cierto lo que otro nos dice: *Aunque parece exagerado, yo creo todo lo que ha contado Ignacio.* // 2) Pensar: *Creo que no deberías ir a esa cena.* ⬤ Fiarse, dar crédito, admitir. // 2) Opinar, juzgar, parecerle a uno, pensar. ⬤ Desconfiar. ⬤ Creencia, creíble, crédulo, incrédulo.

⬤ Verbo en infinitivo. Se conjuga como *temer,* pero en el pretérito imperfecto y el futuro imperfecto de subjuntivo, cambia la *i* en *y, creyera.* Pasa lo mismo con las terceras personas del pretérito indefinido: *creyó, creyeron.*

tren
CREMALLERA

cría Animal que hace poco que ha nacido y todavía lo cuidan sus padres: *En el zoológico vi una pantera con 3 crías.* ⬤ Criar, crianza, criado.

⬤ Sustantivo femenino; plural: *crías.*

CRIBA
(especie de colador)

criado Persona empleada en una casa para limpiar, lavar, planchar, etc. ⬤ Sirviente.

⬤ Sustantivo masculino; femenino: *criada;* plural: *criados, criadas.*

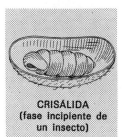
CRISÁLIDA
(fase incipiente de un insecto)

criar 1) Cuidar a un niño, darle de comer, vestirlo, etc.: *Las madres crían a sus hijos con mucho cariño.* // 2) Alimentar a un animal: *En la granja crían gallinas, cerdos, ovejas, etc.* ⬤ Atender, cuidar.

⬤ Verbo en infinitivo. Se conjuga como *amar* (modelo n.° 1).

cristal Material fabricado por el hombre que deja pasar la luz. Se usa para tapar los huecos de las ventanas y que no entre frío, pero sí luz; para hacer

CRISOL
(vasija muy resistente al calor)

CRUSTÁCEO

CRUZ

CUADRADO

CUADRO

vasos, etc. ● Vidrio. ✎ cristalero, cristalería, cristalino, cristalizar.

● Sustantivo masculino; plural: *cristales*.

cristiano Persona que vive de acuerdo con lo que Cristo enseñó a los hombres. Su religión se llama Cristianismo.

● Sustantivo o adjetivo masculino; femenino: *cristiana;* plural: *cristianos, cristianas*.

cruel El que disfruta haciendo daño a los demás: *El otro día había en la calle unos niños muy crueles que le tiraron piedras a un perro.* ● Inhumano, bruto, malvado, despiadado. ◖ Cariñoso, amable, bueno.. ✎ Crueldad.

● Adjetivo invariable en género; plural: *crueles*.

cruzar 1) Atravesar de un lado a otro: *Se debe cruzar la calle por los pasos de peatón.* // 2) Juntar dos cosas atravesadas: *Para hacer una cabaña, se cruzan unos palos, se clavan en el suelo y luego se cubren con pajas, hojas y ramas.* ● Pasar, atravesar. // 2) Entrelazar, entrecruzar. ✎ Cruz, cruce, encruzamiento.

● Verbo en infinitivo. Se conjuga como *amar* (modelo n.º 1). Cambia la z por c cuando le sigue -e: *crucé*.

cuadrado 1) Baldosa, madera, hoja de papel, etc., que tiene los cuatro lados igual de grandes: *La ventana de mi habitación es cuadrada.* // 2) Dibujo de una cosa cuadrada: *Esto es un cuadrado.* ✎ Cuadricular, cuadrícula, cuadro.

🦀 Sustantivo: *He dibujado un cuadrado*, o adjetivo singular masculino: *Este cartón cuadrado es mío;* plural: *cuadrados, cuadradas.*

cuadro 1) Dibujo o pintura que se cuelga en la pared como adorno. // 2) Cada uno de los cuadritos de un papel cuadriculado. 🖝 Cuadrado*.

🦀 Sustantivo masculino; plural: *cuadros.*

El tablero de ajedrez es
CUADRICULADO

cuadriculado 1) Papel que tiene muchas rayas que se cruzan haciendo cuadros: *Para la clase de matemáticas tenemos cuadernos cuadriculados.* // 2) Cualquier cosa que tenga muchos cuadros: *El tablero de ajedrez está cuadriculado con cuadros blancos y negros.*

🦀 Adjetivo masculino; femenino: *cuadriculada;* plural: *cuadriculados, cuadriculadas.*

CUBAS

cuarto 1) Que va después del 3.°: *Abril es el 4.° mes del año.* // 2) Sala de una casa: *En el cuarto de estar hay una lámpara nueva.* 🖘 2) Habitación, sala, pieza, estancia.

🦀 1) Sustantivo: *El cuarto va después del tercero,* o adjetivo: *Vivimos en el cuarto piso;* masculino; femenino: *cuarta;* plural: *cuartos, cuartas.* // 2) Sustantivo masculino; plural: *cuartos.*

CUBO

cuba Recipiente de madera bastante grande en el que suele guardarse vino u otros licores. 🖘 Tonel, barril.

🦀 Sustantivo femenino; plural: *cubas.*

cubrir Tapar una cosa con algo: *La mesa está cubierta con el mantel.* 🖘 Tapar,

DE CORTAR PAN

DE MESA

MONDADOR

CUCHILLA

CUCHILLOS

CUELLO

CUENTAGOTAS

ocultar, esconder. ☞ Cubierto, cobertizo, cubierta.

☜ Verbo en infinitivo. Se conjuga como *partir* (modelo n.° 3).

cuchara Instrumento para comer.

☜ Sustantivo femenino; plural: *cucharas*.

cuchillo Instrumento para cortar alimentos.

☜ Sustantivo masculino; plural: *cuchillos*.

cuello 1) Parte del cuerpo del hombre o de los animales que une la cabeza y el tronco: *Las jirafas tienen el cuello muy largo.* // 2) Parte de las camisas, chaquetas, abrigos, jerseis, etc., que queda alrededor del cuello de las personas que se los ponen. // 3) Parte alargada y estrecha de una botella, de una garrafa, de un jarrón, etc.

☜ Sustantivo masculino; plural: *cuellos*.

cuenta 1) Cualquier operación como las de sumar, restar, multiplicar o dividir. // 2) Suma de lo que tiene que pagar uno en un sitio: *Camarero, por favor, tráigame la cuenta.* ☞ Contar*.

☜ Sustantivo femenino; plural: *cuentas*.

cuerno Hueso que le sale en la frente a algunos animales como el toro, la vaca, el ciervo, la cabra, etc. ☜ Asta, cornamenta, pitón.

☜ Sustantivo masculino; plural: *cuernos*.

cuero Piel de algunos animales que se

usa para hacer bolsos, carteras, cinturones, zapatos, etc. ◓ Piel, pellejo.
◓ Sustantivo masculino; plural: *cueros*.

CUERVO

cuesta Carretera o camino inclinados. ◓ Rampa, pendiente, subida. ◓ Llano.
◓ Sustantivo masculino; plural: *cuestas*.

cueva Hueco abierto en la tierra.
◓ Sustantivo femenino; plural: *cuevas*.

cuidado 1) Preocupación por hacer bien una cosa: *Desenvuélvelo con cuidado porque es muy frágil.* // 2) Que está muy bien tratado: *Este coche está casi nuevo y muy cuidado.* ◓ 1) Atención, esmero, precaución. ◓ 1) Despreocupación, tranquilidad, indiferencia. // 2) Descuidado, maltratado. ◓ Cuidadoso, cuidadosamente, descuidar.
◓ 1) Sustantivo masculino; plural: *cuidados*. // 2) Adjetivo masculino; femenino: *cuidada;* plural: *cuidados, cuidadas*.

CUÉVANO

cultivar Preocuparse por las plantas, regarlas y cuidarlas para que den flores y frutos. ◓ Labrar. ◓ Cultivo, cultivador.
◓ Verbo en infinitivo. Se conjuga como *amar* (modelo n.° 1).

CUEZO
(para amasar el yeso)

culto 1) Ceremonias que se hacen en las iglesias en honor a Dios o a los santos: *Mantener el culto cuesta dinero, por eso en las iglesias piden limosnas.* // 2) Persona que tiene mucha cultura: *Mi padre es un hombre muy culto.* ◓ 1) Devo-

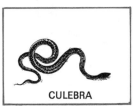

CULEBRA

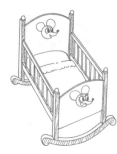

CUNA

CUPÉ
(coche antiguo)

CUSTODIA

ción. // 2) Instruido, ilustrado, estudioso. ▲ 2) Inculto. ☞ Cultura.

● 1) Sustantivo masculino; plural: *cultos*. // 2) Adjetivo masculino, femenino: *culta;* plural: *cultos, cultas.*

cumpleaños Día en que hace los años que nació alguien: *El cumpleaños de Maribel es el 17 de diciembre.* ● Aniversario.

● Sustantivo masculino plural.

cumplir 1) Llegar al final de algo: *Hoy cumple 12 años.* // 2) Hacer algo que se ha prometido: *Luis ha cumplido su promesa de ser puntual.* // 3) Hacer algo que debe hacerse: *Yo ya he cumplido mi castigo.* ● 1) Terminar, acabar. // 2), 3) Ejecutar, efectuar, realizar. ▲ Incumplir. ☞ Cumplidor, cumplimentar.

● Verbo en infinitivo. Se conjuga como *partir* (modelo n.° 3).

cuna 1) Cama pequeña en la que duermen los niños. // 2 Sitio en el que nace uno: *Zamora es la cuna del autor de esta obra.* ● 1) Moisés, camita. // 2) Patria. ☞ 1) Acunar.

● Sustantivo femenino; plural: *cunas.*

curar 1) Quitar una enfermedad a alguien: *Las inyecciones me curaron la gripe.* // 2) Limpiar una herida y vendarla para que sane pronto: *Cuando me caí de la bicicleta, me curaron en la Casa de Socorro.* ● 1) Sanar, remediar. // 2) Cuidar, atender. ☞ Cura, curandero, curación.

● Verbo en infinitivo. Se conjuga como *amar* (modelo n.° 1).

curso 1) Tiempo que duran las clases: *En mi colegio empezamos el curso en septiembre y lo acabamos en junio.* // 2) Libro en el que hay varias lecciones para señalar algo: *Este curso de inglés está escrito por un catedrático de Londres.* // 3) Camino que recorre algo : *El curso de este río es muy tranquilo.* ⮹ 2) Tratado. // 3) Recorrido, transcurso. ⬛ Cursar, cursado.
⬛ Sustantivo masculino; plural: *cursos.*

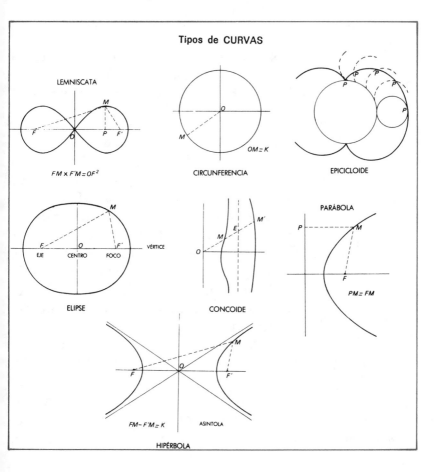

Tipos de CURVAS

LEMNISCATA

$FM \times F'M = OF^2$

CIRCUNFERENCIA

$OM = K$

EPICICLOIDE

ELIPSE

EJE   CENTRO   FOCO   VÉRTICE

CONCOIDE

PARÁBOLA

$PM = FM$

HIPÉRBOLA

$FM - F'M = K$ ASINTOLA

DADOS DE PÓQUER

DAGA
(espada de hoja corta)

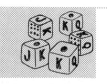

DANZA
(patinaje artístico)

dama Señora.
🔹 Sustantivo femenino; plural: *damas.*

danza Baile: *A la mitad de la película, los indios hicieron una danza en honor al prisionero.* 🔺 Danzar, danzante, danzarín.
🔹 Sustantivo femenino; plural: *danzas.*

deber 1) Tener obligación de pagar dinero a alguien: *Pedro le debe dos duros a Luis.* // 2) Tener obligación de hacer algo: *Debo estudiar todos los días.* // 3) Cosa que hay que hacer: *El deber de los maestros es enseñar.* 🔹 1) Adeudar. // 2) Estar obligado, no tener más remedio, tener que. // 3) Obligación, cometido, quehacer, ocupación, tarea. 🔺 1) Debido, deuda, deudor. // 2), 3) Debidamente, debido.
🔹 1), 2) Verbo en infinitivo. Se conjuga como *temer* (modelo n.º 2). 3) Sustantivo masculino; plural: *deberes.*

débil Cosa o persona muy floja o que tiene pocas fuerzas: *Esta madera es muy débil, se rompe con poco peso.* 🔹 Enclenque, flojo, endeble, delicado. **A** Fuerte, vigoroso. **F** Debilidad, debilitación, debilitar, débilmente.

G Adjetivo invariable en género; plural: *débiles.*

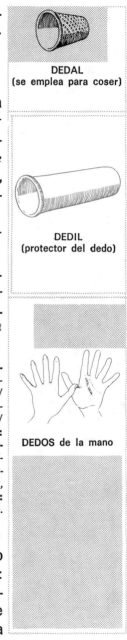

DEDAL
(se emplea para coser)

decidir Pensar uno que va a hacer una cosa que no sabía si hacerla o no: *Ayer decidí ir al colegio en metro en vez de autobús porque, aunque tengo que andar más, me ahorro dinero.* **S** Resolver, determinar, optar por. **F** Decisión, decidido, decisivo.

G Verbo en infinitivo. Se conjuga como *partir* (modelo n.º 3).

DEDIL
(protector del dedo)

decir Hablar o escribir lo que uno piensa: *Mis tíos dicen en su carta que van a venir pronto a vernos.* **S** Hablar, manifestar, expresar, exponer, radicar, revelar. **F** Dicho.

G Verbo en infinitivo de conjugación irregular: **Indicativo: Presente:** *digo, dices, dice, decimos, decís, dicen.* // **Pretérito imperfecto:** *decía, decías,* etc. // **Pretérito indefinido:** *dije, dijiste, dijo, dijimos, dijisteis, dijeron.* // **Futuro imperfecto:** *diré, dirás,* etc. // **Condicional:** *diría, dirías,* etc. // **Subjuntivo: Presente:** *diga, digas, diga, digamos, digais, digan.* // **Imperfecto:** *dijera* o *dijese, dijeras* o *dijeses, dijera* o *dijese, dijéramos* o *dijésemos, dijerais* o *dijeseis, dijeran* o *dijesen.* // **Futuro imperfecto:** *dijere, dijeres, dijere, dijéremos, dijereis, dijeren.* // **Imperativo:** *di, diga, digamos, decid, digan.* // **Participio:** *dicho.* // **Gerundio:** *diciendo.*

DEDOS de la mano

declarar 1) Decir algo que otros no saben o que uno no quería decir antes: *Todos los testigos declararon a favor del acusado y fue perdonado.* // 2) Presentarse algo de manera muy extendida, clara

DELFINES

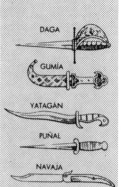

DAGA

GUMÍA

YATAGÁN

PUÑAL

NAVAJA

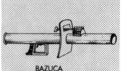

BAZUCA

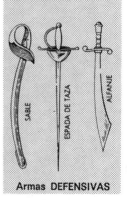

SABLE

ESPADA DE TAZA

ALFANJE

Armas DEFENSIVAS

o repentina: *Se ha declarado un incendio en el cementerio de coches.* ⊜ 1) Testificar, decir, exponer, explicar. // 2) Manifestarse, tener lugar, surgir. ⚑ 1) Callar, silenciar. ⊩ 1) Declarante, declaración. // 2) Declaración.

⊕ Verbo en infinitivo. Se conjuga como *amar* (modelo n.° 1).

dedicar 1) Hacer una cosa pensando en alguien: *Este libro se lo dedico a mi hijo.* // 2) Emplear el tiempo en algo: *Ahora me dedico a escribir.* ⊜ 1) Ofrecer, brindar, dirigir. // 2) Emplear, destinar, ocupar(se), trabajar. ⊩ 1) Dedicatoria, dedicado. // 2) Dedicación, dedicado.

⊕ Verbo en infinitivo. Se conjuga como *amar* (modelo n.° 1). Cambia la *c* por *qu* cuando le sigue *-e: dediqué.*

defender Estar pendiente de que a una persona o cosa no le haga daño nadie, y luchar por ello si hace falta: *El perro y el pastor defienden el rebaño.* ⊜ Amparar, proteger, auxiliar, resguardar. ⚑ Atacar, asaltar. ⊩ Defensa, defendido, defensor.

⊕ Verbo en infinitivo. Se conjuga como *entender* (modelo n.° 5).

dejar 1) Irse de un sitio sin llevarse una cosa: *Me he dejado en la escuela la cartera con los libros.* // 2) No continuar algo que se estaba haciendo: *Su padre ha dejado el trabajo de por las tardes.* // 3) Soltar algo: *Deja eso, no lo toques.* //

4) Prestar: *Le he dejado a M.ª Pilar un libro que quería leer.* // 5) Dar permiso: *Mi madre me ha dejado ir al cine.* ⮕ 1) Olvidar. // 2) Renunciar, desprenderse, rechazar, abandonar, desistir. // 3) Soltar. // 4) Permitir, consentir. 🔒 1) Continuar. // 2) Coger. // 3) Impedir.

🔹 Verbo en infinitivo. Se conjuga como *amar* (modelo n.º 1).

delgado 1) Persona de pocas carnes: *Si no comes te quedarás muy delgado.* // 2) Cosa que vista de lado es muy estrecha: *Este papel es muy delgado.* ⮕ 1) Flaco, enjuto. // 2) Estrecho, fino. 🔒 1) Gordo, grueso. // 2) Grueso, ancho. 🔸 Delgadez, adelgazar.

🔹 Adjetivo masculino; femenino: *delgada;* plural: *delgados, delgadas.*

delicado 1) Persona que está enferma o que se pone enferma enseguida: *Mi abuelo hace algunos meses que está muy delicado.* // 2) Persona que se enfada por cualquier bobada: *Gumersindo es muy delicado, no aguanta ninguna broma.* // 3) Cosa que se rompe o se estropea con mucha facilidad. ⮕ 1) Débil, enfermizo. // 2) Suspicaz, irritable. // 3) Frágil, quebradizo. 🔒 1) Fuerte, sano. // 2) Tranquilo. // 3) Fuerte. 🔸 Delicadeza.

🔹 Adjetivo masculino; femenino: *delicada;* plural: *delicados delicadas.*

delicioso 1) Que da mucho gusto verlo, oírlo o comerlo: *Era una película delicio-*

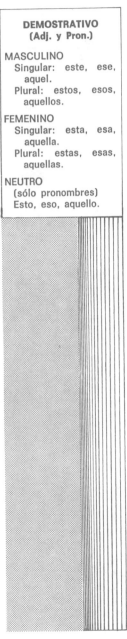

DEMOSTRATIVO
(Adj. y Pron.)

MASCULINO
Singular: este, ese, aquel.
Plural: estos, esos, aquellos.

FEMENINO
Singular: esta, esa, aquella.
Plural: estas, esas, aquellas.

NEUTRO
(sólo pronombres)
Esto, eso, aquello.

DENARIO
(antigua moneda
romana)

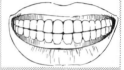

DENTADURA

FÚTBOL

sa. // **2)** Persona que gusta mucho tratarla: *Tu tía Rosario es una persona deliciosa.* ⮕ Agradable, ameno. ⮕ Delicia.

⮑ Adjetivo masculino; femenino: *deliciosa;* plural: *deliciosos, deliciosas.*

delito Falta grave que se hace contra la ley de una sociedad: *Matar, robar, etc., son delitos.* ⮕ Falta, infracción, violación, incumplimiento. ⮕ Delincuencia.

⮑ Sustantivo masculino; plural: *delitos.*

demasiado Que hay más de lo que hace falta: *No podré comer todo, me has puesto demasiado.* ⮕ Mucho, excesivo, excesivamente. ⮕ Poco, insuficiente, escaso.

⮑ Puede ser adverbio: *Este niño come demasiado,* o adjetivo: *Tiene demasiada fiebre para estar levantado.* Cuando es adverbio no tiene ni género ni número y cuando es adjetivo, sí; femenino: *demasiada;* plural: *demasiados, demasiadas.*

demostrar 1) Hacer ver a los demás que lo que uno piensa o dice es verdad: *Ven a mi casa y te demostraré que ayer estuve decorando mi habitación.* // **2)** Enseñar a los demás como se hace una cosa: *Ahora os demostraré cómo funciona este aparato.* ⮕ **1)** Convencer. // **2)** Indicar, probar, mostrar. ⮕ Demostración, demostrado, demostrativo.

⮑ Verbo en infinitivo. Se conjuga como *contar* (modelo n.º 8).

dentro 1) En un sitio cerrado: *¿Metiste el perro dentro de su caseta?* // **2)** En un sitio que tiene una cerca: *Si saltas la tapia te quedarás dentro porque del otro lado es muy* *alta.* // 3) En un sitio que está separado de los demás aunque sólo sea por una raya o un dibujo en el suelo: *Vamos a meternos dentro de este círculo.* // 4) En un espacio de tiempo: *Dentro de una semana, acaban las clases.* ⬤ 1), 2), 3) En el interior, adentro. ⬤ Fuera. ⬤ adentrar.

⬤ Adverbio de lugar y de tiempo.

departamento 1) Cada una de las partes que tenemos al dividir un territorio: *Muchas naciones están divididas en departamentos.* // 2) Parte de un edificio, de un vagón de tren, etc., separado del resto por tabiques. ⬤ 1) Provincia, región. // 2) Apartamento, compartimento. ⬤ Departamental.

⬤ Sustantivo masculino; plural: *departamentos.*

dependiente Empleado de una tienda: *Fui a comprarme unos pantalones y me atendió un dependiente muy amable.* ⬤ Empleado, vendedor, tendero.

⬤ Sustantivo masculino; femenino: *dependienta;* plural: *dependientes, dependientas.*

derecho 1) Razón que tiene uno para hacer una cosa o para pedirla: *Tengo derecho a pasar por ahí porque ese terreno es de todos.* // 2) Que no está torcido: *¡Qué bien, qué derecha te ha quedado la raya del pelo!* ⬤ 2) Recto, seguido. ⬤ Torcido. ⬤ Derechamente, derechura.

⬤ 1) Sustantivo masculino; plural: *derechos.* // 2) Adjetivo masculino; femenino: *derecha;* plural: *derechos, derechas.*

DEPORTES

Balonvolea

Polo

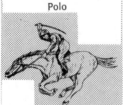

Carreras de caballos

Carreras de canoas

coche
DESCAPOTABLE

DESCARGA
de cemento

desaparecer 1) Dejar de verse alguien o algo: *El barco desapareció en el horizonte.* // 2) Perderse: *Me ha desaparecido un bolígrafo que tenía sobre la mesa.* ⬤ 1) Irse, esfumarse, ocultarse. ⬤ Aparecer*. ⬤ Desaparición, desaparecido.

⬤ Verbo en infinitivo. Se conjuga como *nacer* (modelo n.° 16).

desarrollar 1) Hacer una explicación de algo: *El profesor desarrolló muy bien la lección de geografía.* // 2) **Desarrollarse:** Crecer y ser cada día más fuerte: *Si riegas una planta se desarrollará muy bien.* ⬤ Explicar. // 2) Crecer, prosperar, aumentar. ⬤ Estancarse, dejar de crecer. ⬤ Desarrollo, desarrollado.

⬤ Verbo en infinitivo. Se conjuga como *amar* (modelo n.° 1).

describir Decir, por escrito o de palabra, cómo es una cosa o una persona: *En la clase de Lengua nos han mandado describir un elefante y a todos se nos olvidó decir que tiene colmillos.* ⬤ Explicar, definir, detallar. ⬤ Descripción, descrito, descriptivo.

⬤ Verbo en infinitivo. Se conjuga como *partir* (modelo n.° 3), menos en el participio pasado, que es *descrito*.

descubrir 1) Encontrar algo: *He descubierto una cueva entre unos matorrales.* // 2) Destapar algo: *El alcalde descubrió una placa con el nombre de la calle.* // 3) **Descubrirse:** Quitarse el sombrero, la boina o lo que se lleve puesto en la cabeza. ⬤

1) Hallar, encontrar. // 2) Destapar. **A**
1) Perder. // 2) Tapar, cubrir.

◖ Verbo en infinitivo. Se conjuga como *partir* (modelo n.º 3), menos en el participio pasado, que es *descubierto*.

desgracia Mal que le ocurre a alguien: *Las inundaciones traen muchas desgracias.* **S** Adversidad, desdicha, desventura. **A** Felicidad, dicha, ventura, alegría. **F** Desgraciado, desgraciar.

◖ Sustantivo femenino; plural: *desgracias*.

desierto 1) Extensión de tierra en la que es muy difícil vivir por falta de agua, porque hace mucho calor o mucho frío y porque no se pueden cultivar plantas ni criar animales. // 2) Lugar vacío o sin gente: *Todo el mundo se fue a la romería, el pueblo quedó desierto.* **S** Vacío, solo, abandonado, despoblado. **A** Lleno.

◖ 1) Sustantivo masculino; plural: *desiertos*. // 2)
◖ Adjetivo masculino; femenino: *desocupada;* plural: *desiertos, desiertas*.

desocupado 1) Vacío. // 2) Sin trabajo: *Si quieres que te ayude, dímelo porque yo ahora estoy desocupado.* **S** 1) Vacío, libre, disponible, vacante. // 2) Libre, sin nada que hacer, inactivo, ocioso. **A** Ocupado.

◖ Adjetivo masculino; femenino: *desocupada;* plural: *desocupados, desocupadas*.

desocupar 1) Vaciar algo que tenía cosas dentro: *Desocúpame esa caja que la necesito yo.* // 2) Irse de un sitio y dejarlo

DESMÁN
(animal que come insectos)

DESLIZADOR
(para hacer deporte acuático)

reloj DESPERTADOR

DESPLANTADOR
(instrumento de
jardinería)

vacío: *Me tocó sentarme detrás de una columna, pero luego desocuparon un sitio mejor y me cambié.* ⭆ Vaciar, dejar libre. ⓐ Ocupar, llenar.

⬤ Verbo en infinitivo. Se conjuga como *amar* (modelo n.° 1).

despacio Poco a poco, lentamente: *Haz las cosas despacio y te sandrán mejor.* ⭆ Lentamente, paulatinamente, pausadamente, poco a poco, paso a paso. ⓐ Deprisa, rápidamente.

⬤ Adverbio de modo.

despedir 1) Echar a alguien de algún sitio: *Yo trabajaba en una tienda y me despidieron porque tardaba mucho en hacer los recados.* // 2) Acompañar a alguien cuando se va de un sitio para decirle adiós: *Hoy hemos ido al aeropuerto a despedir a mis tíos.* ⭆ 1) Expulsar, despachar, echar. ⓐ Recibir. ⎳ Despedida, despedido, despido.

⬤ Verbo en infinitivo. Se conjuga como *servir* (modelo n.° 13).

despertar 1) Hacer que alguien deje de dormir: *Me quedé dormido después de comer y mi hermano me despertó a la hora de merendar.* // 2) **Despertarse:** Dejar de dormir: *Estaba soñando que llegaba tarde a la escuela y me desperté.* // 3) Momento en que uno se despierta: *El día de mi cumpleaños fueron a felicitarme a la cama y tuve un despertar muy alegre.* ⎳ Despierto, despertador.

⬤ 1), 2) Verbo en infinitivo. Se conjuga como *acertar*

(modelo n.º 4). // 3) Sustantivo masculino; plural: *despertares*.

destinar 1) Enviar a alguien a un sitio: *A mi padre lo han destinado a trabajar a León.* // 2) Hacer algo especialmente para una cosa: *El quirófano de una clínica está destinado a que se hagan en él las operaciones.* ➡ 1) Mandar. // 2) Designar, asignar, aplicar, dedicar, emplear. ☛ Destino, destinado, destinatario.

● Verbo en infinitivo. Se conjuga como *amar* (modelo n.º 1).

DESTRUCTOR

destinatario Persona a la que se envía una carta, un paquete, un recado, etc.: *Por favor, déme ese paquete; yo soy el destinatario.*

● Sustantivo masculino; femenino: *destinataria;* plural: *destinatarios, destinatarias.*

destruir Deshacer algo: *Ángel hizo un castillo de arena muy bonito pero su hermano se lo destruyó de una patada.* ➡ Deshacer, arrasar, derribar, arruinar, desmoronar. ▲ Construir*. ☛ Destrucción, destructor, destruido.

● Verbo en infinitivo. Se conjuga como *construir*.

detener 1) Impedir el paso a alguien o algo: *Si un coche va a mucha velocidad, los guardias lo detienen.* // 2) **Detenerse:** Pararse: *Si te detienes mirando los escaparates, llegaremos tarde al cine.* ➡ 1) Retener, parar. // 2) Pararse, quedarse, demostrarse. ▲ 2) Continuar*. ☛ Detención, detenido.

● Verbo en infinitivo. Se conjuga como *tener*.

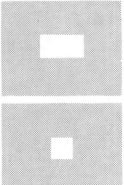

DIAGRAMA
(representación gráfica)

DIBUJO
de un niño

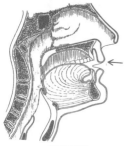

DIENTES

DIJE
(joya)

devolver 1) Dar una cosa a la persona que la tenía antes: *Antonio me dejó un bolígrafo y cuando acabé de escribir se lo devolví.* // 2) No aceptar* algo: *Como Enrique ya se ha ido, he devuelto un paquete que trajeron para él.* ⬤ 1) Tornar. // 2) Rechazar, remitir. ⬤ Devuelto, devolución.

⬤ Verbo en infinitivo. Se conjuga como *mover* (modelo n.° 10), menos en el participio pasado que es *devuelto.*

dibujar Hacer en un sitio, con algo que escribe, la figura de una persona, animal o cosa: *Ayer, el maestro dibujó un avión en la pizarra.*

⬤ Verbo en infinitivo. Se conjuga como *amar* (modelo n.° 1).

diente 1) Cada uno de los huesos que tenemos en la boca para masticar o morder. // 2) Picos que tienen a su alrededor unas ruedas llamadas ruedas dentadas o piñones.

⬤ Sustantivo singular; plural: *dientes.*

diferencia 1) Aquello en lo que se distingue una cosa de otra: *Las sillas y los sillones sirven para sentarse, pero tienen una diferencia: que los sillones tienen brazos y las sillas no.* // 2) Cuenta de restar: *¿Cuál es la diferencia de estos dos números?* ⬤ 1) Desigualdad, distinción, disparidad. // 2) Resta. ⬤ 1) Igualdad, similitud. ⬤ Diferir, diferente, diferenciar.

⬤ Sustantivo femenino; plural: *diferencias.*

difícil Que cuesta trabajo hacerlo: *Es*

muy difícil subir las escaleras de 5 en 5. ⬢ Complicado, arduo, duro, fatigoso, penoso. **▲** Fácil*. **F** Dificultad, dificultoso, dificultar.

⬡ Adjetivo invariable en género; plural: *difíciles.*

dinero Piezas de metal o papel que sirven para comprar cosas.

⬡ Sustantivo masculino; el plural, *dineros,* casi no se usa.

dirección 1) Señas de una persona: *Para mandar una carta, hay que poner en el sobre la dirección de la persona para quien está escrita.* // 2) Camino que lleva uno hacia un sitio: *En esta calle hay una dirección para los coches que vienen y otra para los que van.* ⬢ 1) Domicilio, señas. // 2) Sentido, camino, rumbo. // **F** Dirigir*.

⬡ Sustantivo femenino; plural: *direcciones.*

director Persona que dirige algo: *El padre de Luis es el director de la escuela.* ⬢ Jefe, rector, encargado. **F** dirigir*.

⬡ Sustantivo masculino; femenino: *dlrectora;* plural: *directores, directoras.*

dirigir 1) Decir a una persona por dónde tiene que ir a un sitio o cómo tiene que hacer algo: *Dirígeme para ir a tu casa porque no sé el camino.* // Conducir un vehículo. // 3) **Dirigirse:** Ir a un sitio: *Me dirijo a la plaza mayor.* ⬢ Guiar, encaminar, conducir, orientar. **F** Director, dirigido, dirigente, dirección.

⬡ Verbo en infinitivo. Se conjuga como *servir* (modelo n.º 13). Cambia la *g* por *j* cuando detrás va una *-a* o una *-o: dirija, dirijo.*

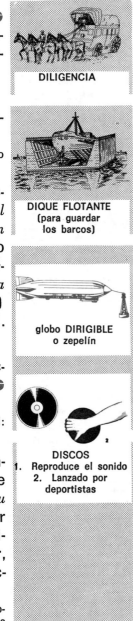

DILIGENCIA

DIQUE FLOTANTE
(para guardar
los barcos)

globo DIRIGIBLE
o zepelín

DISCOS
1. Reproduce el sonido
2. Lanzado por
deportistas

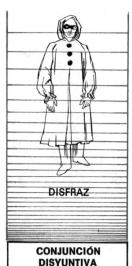

DISFRAZ

CONJUNCIÓN
DISYUNTIVA

Introduce oraciones que expresan contradicción entre ellas: o, u, ya, bien, ora.

O estudias **o** te diviertes.

Ora trabaja, **ora** descansa.

Ya aparece, **ya** se aleja.

---

discípulo Alumno*

◖ Sustantivo masculino; femenino: *discípula;* plural: *discípulos, discípulas.*

discurso Explicación larga que se hace muy bien para convencer a la gente, para agradecer algún favor, recordar una fecha que se celebra, etc.: *El último día de cada año, el Jefe del Estado pronuncia un discurso.* ◐ Arenga, disertación. ◖ Discursante.

◖ Sustantivo masculino; plural: *discursos.*

discutir Decir cada uno su opinión y querer convencer al otro de que lo que él cree es verdad: *Estaban discutiendo porque Luis decía que eran mejores las bicicletas plegables y Ángel decía que no.* ◐ Disputar, debatir. ◖ Discusión, discutido, discutible.

◖ Verbo en infinitivo. Se conjuga como *partir* (modelo n.° 3).

disfrutar 1) Pasarlo bien: *Hoy fuimos con mi padre al parque y disfrutamos muchísimo.* // 2) Usar una cosa: *Les deseo que disfruten muchos años el piso que han comprado.* ◐ 1) Gozar, pasarlo bien, divertirse, recrearse. // 2) Usar, utilizar, aprovechar, tener, poseer. ◖ 1) Aburrirse. ◖ Disfrute.

◖ Verbo en infinitivo. Se conjuga como *amar* (modelo n.° 1).

disminuir 1) Hacer o quedarse algo más pequeño de lo que es: *La carne disminuye al cocerla.* // 2) Tener menos cantidad que antes de una cosa: *A me-dida que usamos el bolígrafo, disminuye su tinta.* 🆂 Reducir, achicarse, empequeñe-cerse, mermar, encoger. // 2) Mer-mar, menguar, reducirse. 🅰 Aumen-tar.*. 🅵 Disminución, disminuido.

🅴 Verbo en infinitivo. Se conjuga como *construir**.

distancia Espacio que hay entre dos cosas: *Hay más distancia entre la plaza mayor y mi casa, que entre la tuya y la escuela.* 🆂 Trecho, espacio, intervalo. 🅵 Distanciar, distante, distar.

🅴 Sustantivo femenino; plural: *distancias.*

distinguir Saber en qué son distintas dos cosas: *Nuestros bolígrafos se distin-guen en que el mío escribe negro y el tuyo azul.* 🆂 Diferenciar, notar. 🅰 Confundir. 🅵 Distinto, distintivo, distinción.

🅴 Verbo en infinitivo. Se conjuga como *partir* (mo-delo n.° 3).

distinto 1) Que no es igual: *Estas dos pelotas son distintas.* // 2) Que no es lo mismo: *Una mesa es distinto que una me-silla.* 🆂 Diferente. 🅵 Distinguir.*

🅴 Adjetivo masculino; femenino: *distinta;* plural: *dis-tintos, distintas.*

divertir 1) Hacer que alguien se lo pase bien: *Los payasos nos divierten mucho.* // 2) Divertirse. Pasárselo bien una per-sona: *Estuvimos jugando a la pelota y nos divertimos mucho.* 🆂 Entretener(se), dis-traer(se), recrear(se). 🅰 Aburrir(se). 🅵 Divertido, diversión.

DIVISA de un escudo

Tipos de DIVISAS

DIV

DOLMEN
(monumento antiguo)

el perro es un animal
DOMÉSTICO

piezas de
DOMINO

DORADA

🔹 Verbo en infinitivo. Se conjuga como *hervir* (modelo n.º 11).

dividir 1) Hacer varias partes de una cosa: *Dividió la tarta en 6 trozos iguales.* // 2) Repartir.* 🔹 Partir, fraccionar, seccionar, separar. ◀ División, dividido, divisor, dividendo.

🔹 Verbo en infinitivo. Se conjuga como *partir* (modelo n.º 3).

doble Que es dos veces una cosa: *Una cama de matrimonio es el doble de grande que una para una sola persona.*

🔹 Adjetivo invariable en género; plural: *dobles.*

doméstico 1) Que es de la casa o que tiene algo que ver con ella: *Hacer la comida es un trabajo doméstico.* // 2) **Animal doméstico:** Animal que vive con las personas: *El perro es un animal doméstico.*

🔹 Adjetivo masculino; femenino: *doméstica;* plural: *domésticos, domésticas.*

dominar 1) Tener mucho poder sobre alguien: *La policía domina a los malhechores.* // 2) Saber muy bien algo: *Guillermo estudia mucho y domina las Matemáticas.* 🔹 Someter, sujetar, refrenar. // 2) Saber, conocer. ◀ Dominación, dominante, dominio.

🔹 Verbo en infinitivo. Se conjuga como *amar* (modelo n.º 1).

domingo Séptimo y último día de la semana. Va detrás del sábado y antes del lunes.

@ Sustantivo singular masculino; plural: *domingos*.

dorado Que es de color del oro.
@Adjetivo masculino; femenino: *dorada;* plural: *dorados, doradas.*

dormir 1) Cerrar los ojos y dejar de pensar y de darse cuenta de lo que pasa alrededor de uno y así descansar. // 2) Perder el conocimiento y dejar de sentir dolores, golpes, etc. por efecto de una medicina: *Ayer operaron a mi hermana y primero la durmieron.* @ 1) Descansar; 2) Anestesiar. @ Despertar.
@ Verbo en infinitivo. Modelo n.° 12.

dormitorio Habitación donde se duerme: *En mi dormitorio hay dos camas: una para mi hermano y otra para mí.*
@ Sustantivo masculino; plural: *dormitorios*.

dudar No estar seguro de si una cosa es de una manera o de otra, o de si es mejor hacer una cosa que otra: *Estoy dudando si fue el miércoles o fue el jueves cuando vino mi primo a jugar conmigo.* @ Vacilar, titubear. @ Estar seguro. @ Duda, dudoso.
@ Verbo en infinitivo. Se conjuga como *amar* (modelo n.° 1).

dueño Persona a la que algo pertenece: *El dueño de este cuaderno es Felipe.* @ Amo, propietario. @ Adueñarse.
@ Sustantivo masculino; femenino: *dueña;* plural: *dueños, dueñas.*

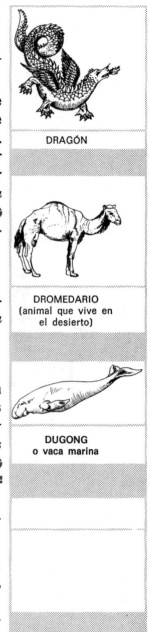

DRAGÓN

DROMEDARIO
(animal que vive en el desierto)

DUGONG
o vaca marina

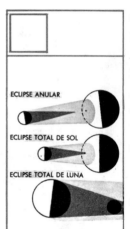

ECLIPSE ANULAR

ECLIPSE TOTAL DE SOL

ECLIPSE TOTAL DE LUNA

ECLIPSES
(posición de los astros)

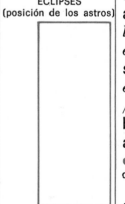

economía 1) Dinero, agricultura, ganado, industria, etc. que tiene un país: *Este país tiene una economía muy rica.* // 2) Manera de administrar el dinero: *El dueño de esta tienda lleva muy bien la economía.* // 3) **Hacer economías:** Ahorrar: *Teniendo cuidado de no gastar el dinero a lo bobo se hacen muchas economías.* ● 2) Gobierno, administración. ● 2), 3) Economizar, económico.

● Sustantivo femenino; plural: *economías.*

echar 1) Hacer que una cosa llegue a alguna parte: *Mi hermano el pequeño echó los juguetes a la calle porque la ventana estaba abierta.* // 2) Decirle a una persona que se vaya de un sitio: *El guarda estaba enfadado y echó a los niños del jardín.* // 3) **Echar una carta:** Meterla en un buzón para que la recojan y la manden a su destinatario.*

● Verbo en infinitivo. Se conjuga como *amar* (modelo n.° 1).

eco Lo que ocurre cuando en un sitio

grande y vacío voceamos y al instante se oye como si nos contestaran diciendo lo mismo que habíamos dicho nosotros. Esto ocurre también en algunas montañas, debajo de los puentes, en los túneles, etc. y es porque el sonido choca contra paredes o rocas y vuelve a nosotros.

🔄 Sustantivo masculino singular; plural: *ecos*.

edad 1) Tiempo que hace que ha nacido una persona o un animal: *José Luis tiene 10 años de edad.* // 2) Época en que se vive o anterior que se recuerda por algo en especial: *La Edad Media es la época de las guerras entre moros y españoles.*

🔄 Sustantivo femenino; plural: *edades*.

edificio Lo que se ha construido para que las personas vivan, trabajen, etc. dentro: *Han hecho un edificio muy bonito que tiene muchos pisos, tiendas y cafeterías.* 🔄 Construcción, casa, edificación. 🔄 Edificar, edificación, edificable.

🔄 Sustantivo masculino; plural: *edificios*.

educar Enseñar cómo se deben hacer las cosas: *Cuando mi tío le dice a mi primo que no hable a gritos, lo está educando.* 🔄 Enseñar, instruir. 🔄 Educación, educando, educativo.

🔄 Verbo en infinitivo. Se conjuga como *amar* (modelo n.° 1). Cambia la *c* por *qu* cuando le sigue una *-e: eduquemos*.

efecto 1) Resultado de algo que ha

Clases de EDIFICIOS

Rascacielos

Alquería

Villa

Chalet

Palacio

EGIPCIOS
(del antiguo Egipto)

EJE

Armas del EJÉRCITO

pasado o se ha hecho: *El efecto de que hayas estudiado, es que has sacado muy buenas notas.* // 2) **Hacer el efecto:** Parecer algo: *Ese cuadro está tan bien pintado, que hace el efecto de que es una fotografía.* 🖙 1) Resultado, producto, consecuencia. 2) Aparentar, resultar, parecer. 🄰 Causa, motivo. 🖛 Efectuar, efectivo. 🄴 Sustantivo masculino; plural: *efectos.*

efectuar Hacer algo: *El maestro nos enseñó cómo se efectuaba una operación de restar.* 🖙 Ejecutar, realizar, verificar, llevar a cabo. 🖛 Efecto.*

🄴 Verbo en infinitivo. Se conjuga como *amar* (modelo n.° 1).

eje Barra en la que se apoya algo para dar vueltas: *Los coches tienen dos ejes, uno para las ruedas de delante y otro para las de atrás.*

🄴 Sustantivo masculino; plural: *ejes.*

ejercicio 1) Lo que se hace para aprender bien algo: *He hecho muchos ejercicios de restar y ya me salen muy bien las cuentas.* // 2) Gimnasia: *Montando en bicicleta se hace mucho ejercicio.* // 3) Examen: *Hoy nos han mandado hacer un ejercicio para saber si sabíamos bien la lección.*

🄴 Sustantivo masculino; plural: *ejercicios.*

ejército Conjunto de personas y armas que tiene una nación preparado para cuando haya guerra: *El día de la fiesta nacional el ejército organiza desfiles* *en todas las ciudades.* 🖕 Milicias, fuerzas armadas.

🖕 Sustantivo masculino; plural: *ejércitos.*

electricidad Lo que hace que las bombillas den luz y que funcionen algunos motores: *Esta máquina va con electricidad.* 🖕 Corriente. 🔚 Eléctrico, electrocutar, electrizar.

🖕 Sustantivo femenino; el plural no se usa.

elástico Que puede estirarse o encogerse sin que se rompa: *La goma es elástica.*

🖕 Adjetivo masculino; femenino: *elástica;* plural: *elásticos, elásticas.*

elefante Animal muy grande que tiene trompa, dos colmillos muy largos y patas muy gordas. Vive en la selva, en los parques zoológicos o en los circos.

🖕 Sustantivo masculino; plural: *elefantes.*

elegante 1) Persona que va bien vestida. // 2) Prenda de vestir que sienta muy bien, o cosa bien preparada y bonita: *El director del colegio tiene un despacho muy elegante.* 🖕 Distinguido. 🔚 Elegancia, elegantemente.

🖕 Adjetivo invariable en género; plural: *elegantes.*

elegir Decir qué cosa o qué cosas son las que más gustan de unas cuantas: *Había muchas pelotas y elegí la roja.* 🖕 Escoger, optar por, decidir, preferir. 🔚 Elección, elector, elegido.

ELEFANTE

AMPERÍMETRO
(mide la corriente
ELÉCTRICA)

ELECTRODOMÉSTICOS
(tostadora de pan)

EMBARCACIÓN
(tipo de velero)

EMBUDO

EMBALDOSADO

Verbo en infinitivo. Se conjuga como *servir* (modelo n.° 13). Cambia la *g* por *j* cuando detrás va una *-a* o una *-o: elija, elijo.*

elevar 1) Levantar o subir algo de un sitio a otro: *El ascensor te eleva desde el portal hasta el piso al que quieres ir.* // 2) **Elevarse:** Ascender: *Los aviones se elevan sobre las montañas.* ⬆ Subir, ascender, alzar(se). ⬇ Bajar, descender. ➡ Elevación, elevador, elevado.

Verbo en infinitivo. Se conjuga como *amar* (modelo n.° 1).

embarcación Vehículo construido para transportar viajeros o mercancías por mar, ríos, lagos, etc. ➡ Embarcadero, barca, barco, embarcar

Sustantivo femenino; plural: *embarcaciones.*

embarcar 1) Subir a un barco, un avión, etc. para hacer un viaje: *Colón embarcó en el puerto de Palos.* // 2) Convencer a alguien para que haga algo: *Yo no tenía muchas ganas de ir al cine, pero Pedro me embarcó y fui.* ⬆ Inducir, convencer, persuadir. ➡ Embarcación, embarque.

Verbo en infinitivo. Se conjuga como *amar* (modelo n.° 1). Cambia *c* por *qu* delante de *-e: embarqué.*

empeño Ganas de conseguir o hacer algo: *Tengo mucho empeño en aprobar el curso.* ⬆ Afán, anhelo. ⬇ Indiferencia. ➡ Empeñarse, empeñado.

Sustantivo masculino singular.

emperador Persona que gobierna un imperio*: *El emperador ordenó que sus ministros se reunieran.*

🔹 Sustantivo masculino; femenino: *emperatriz;* plural: *emperadores, emperatrices.*

empleado Persona que trabaja en un sitio: *En esa tienda hay un empleado que atiende muy bien a la gente.* 🔹 Obrero, dependiente, trabajador. 🔹 Empleo, emplear.

🔹 Sustantivo masculino; femenino: *empleada;* plural: *empleados, empleadas.* También puede ser adjetivo y participio del verbo *emplear.*

EMPERADOR
romano

emplear Usar una cosa para algo: *Los lapiceros se emplean para escribir.* 🔹 Usar, utilizar, destinar, servir. 🔹 Empleado*.

🔹 Verbo en infinitivo que se conjuga como *amar* (modelo n.° 1).

emprender Empezar a hacer un trabajo o agruparse varias personas para un negocio: *Emprendí el examen con muchos ánimos y lo acabé bastante bien.* 🔹 Empezar, iniciar, comenzar. 🔹 Acabar, terminar, cesar. 🔹 Empresa, emprendido, emprendedor.

🔹 Verbo en infinitivo. Se conjuga como *temer* (modelo n.° 2).

EMPUÑADURA
para asir la espada

empresa 1) Negocio: *El tío de María tiene una empresa de tejidos.* // 2) Cosa que emprenden una o varias personas (ver emprender): *La conquista de la luna ha sido una difícil empresa.* 🔹 1) Negocio, industria. // 2) Trabajo, obra, tarea. 🔹 Emprender*.

🔹 Sustantivo femenino; plural: *empresas.*

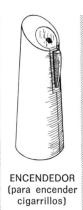

ENCENDEDOR
(para encender
cigarrillos)

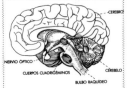

ENCÉFALO

empujar Apoyarse en algo o en alguien y hacer fuerza para que se mueva: *Se nos paró el coche y tuvimos que empujarlo.* ▰ Impulsar. ▰ Empujón, empuje.

▰ Verbo en infinitivo. Se conjuga como *amar* (modelo n.° 1).

encabezamiento Principio de una carta: *Le escribí a mi hermano y en el encabezamiento puse "Querido Luis".* ▰ Principio, comienzo. ▰ Final, despedida. ▰ Encabezar, encabezado.

▰ Sustantivo masculino; plural: *encabezamientos.*

encantar 1) Gustar mucho: *Me encanta jugar a la pelota.* // 2) En los cuentos significa transformar una cosa en otra o hacer cosas imposibles para el hombre. ▰ Encantado, encantamiento.

▰ Verbo en infinitivo. Se conjuga como *amar* (modelo n.° 1).

encargar 1) Decirle a alguien que tenga cuidado de algo o que haga algo: *Cuando mi madre sale de casa, me encarga de mi hermano el pequeño.* // 2) Decir en una tienda que preparen algo para una hora, o que lo lleven a casa: *Mi padre encargó pasteles para el día de mi cumpleaños.* // 3) **Encargarse:** Ponerse de acuerdo con alguien en que se va a hacer algo: *Le he dicho a mi madre que yo me encargo de traer el pan todos los días.* ▰ 1) Encomendar, confiar. // 2) Pedir. // 3) Responsabilizarse, hacerse cargo. ▰ Encargo.

◖ Verbo en infinitivo .Se conjuga como *amar* (modelo n.° 1). Cuando a la *g* le sigue una *e* se pone una *u* entre las dos: *encargue, encargué.*

encerrar 1) Meter a alguien en un sitio para que no pueda salir: *Por la noche encerramos al perro para que no se escape.* // 2) Guardar algo: *Después de jugar, encerramos las bicicletas en un cuarto que hay debajo de la escalera.* ◗ 1) Recluir, meter, internar, aprisionar. // 2) Meter, guardar, esconder, ocultar. ◀ Encierro, encerrado, encerrona.

◖ Verbo en infinitivo. Se conjuga como *acertar* (modelo n.° 4).

encontrar 1) Ver algo que no se sabía donde estaba: *Había perdido un bolígrafo y hoy lo encontré en la mesita de mi dormitorio.* // 2) **Encontrarse:** Ver a una persona en un sitio: *Esta tarde nos encontraremos en mi casa para ir después al cine.* ◗ 1) Hallar, dar con. // 2) Encuentro. ⬛ Perder. ◀ Encuentro.

◖ Verbo en infinitivo. Se conjuga como *contar* (modelo n.° 8).

enemigo 1) Que no le gusta algo: *Mi padre es enemigo de las motos.* // 2) Persona, nación, equipo, etc., con el que se lucha por algo: *El enemigo atacó al amanecer.* ◗ Contrario, reñido, opuesto. // 2) Adversario, rival, contrario. ◀ Enemistad, enemistar.

◖ Sustantivo masculino singular; femenino: *enemiga;* plural: *enemigos, enemigas.*

energía Fuerza que tiene una persona,

diversos tipos de
ENCHUFES

rama de
ENEBRO

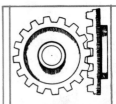

ENGRANAJE
(piezas que encajan)

ENLADRILLADO

un motor, etc. ◖ Fuerza, potencia. // ◗ Enérgico.

◖ Sustantivo singular femenino; plural: *energías*.

enero Primer mes del año.

◖ Sustantivo masculino singular; el plural, *eneros*, casi no se usa.

enfermar Ponerse enfermo: *Enfermó hace unos días y está en cama.* ◖ Indisponerse. ◖ Sanar. ◗ Enfermo, enfermedad, enfermero, enfermizo.

◖ Verbo en infinitivo. Se conjuga como *amar* (modelo n.° 1).

enfermero Persona que cuida enfermos: *Cuando me operaron, cada vez que tocaba el timbre una enfermera venía a ver lo que quería.*

◖ Sustantivo masculino singular; femenino: *enfermera;* plural: *enfermeros, enfermeras.*

enfermo Persona que no se encuentra bien de salud: *Me da mucha rabia estar enfermo los días que toca clase de trabajos manuales, porque es la que más me gusta.*

◖ Adjetivo masculino singular; femenino: *enferma;* plural: *enfermos, enfermas.*

engañar Hacer que una persona se crea una cosa que no es verdad: *A Felipe le engañamos cuando le dijimos que habíamos visto un platillo volante.* ◖ Burlar, embaucar, dársela, pegársela, mentir. ◗ Engaño, engañoso, engañifa.

◖ Verbo en infinitivo. Se conjuga como *amar* (modelo n.° 1).

enorme Que es grandísimo: *Los rasca-*

cielos son edificios enormes. ⬢ Grandísimo, descomunal, colosal. ⬟ Pequeño, diminuto. ⬗ Enormidad.

⬤ Adjetivo invariable en género; plural: *enormes*.

enseñar 1) Explicar cosas que uno sabe para que alguien las aprenda: *Estoy muy contento porque Luis me ha enseñado a montar en bicicleta.* // 2) Poner algo delante de los demás para que lo vean: *María me ha enseñado su cartera nueva.* ⬢ 1) Instruir, aleccionar. // 2) Mostrar, exhibir. ⬗ Enseñarles, enseñado.

⬤ Verbo en infinitivo. Se conjuga como *amar* (modelo n.° 1).

entender Saber lo que quiere decir algo: *Si has entendido bien como funciona, ya puedes manejarlo.* ⬢ Comprender. ⬗ Entendido, entendimiento.

⬤ Verbo en infinitivo. Modelo n° 5.

entero Que está sin empezar ni partido: *Me he comido un pastel y todavía tengo otro entero.* ⬢ Completo, íntegro.

⬤ Adjetivo singular masculino; femenino: *entera;* plural: *enteros, enteras.*

enterrar 1) Poner algo debajo de tierra: *En los cuentos de piratas siempre buscan algún tesoro enterrado.* // 2) Tapar una cosa, poniéndole muchas encima: *Luis tiró todos los juguetes y la cartera quedó enterrada.* ⬢ 1) Sepultar. // 2) Sepultar, entoñar. ⬟ Desenterrar, sacar. ⬗ Entierro, enterrador.

ENSALADERA

ENTENA
(parte de una vela)

ENTRADA
de una casa

ENVASES

ENVERGADURA
(distancia entre las
alas de un ave)

◖ Verbo en infinitivo. Se conjuga como *acertar* (modelo n.° 4).

entrada 1) Puerta por la que se entra a un sitio. // 2) Momento de entrar en un sitio: *La entrada es a las 5 de la tarde.* // 3) Papel con el que dejan entrar a un sitio: *Ya he sacado las entradas para ir mañana al cine.* ◖ 1) Acceso, puerta. // 3) Billete. ◖ 1), 2) Salida. ◖ Entrar.
◖ Sustantivo singular femenino; plural: *entradas.*

entrar 1) Pasar a un sitio: *Entra, hombre, no te quedes a la puerta.* // 2) Ser admitido en un sitio: *Mi primo ha conseguido entrar en la Academia Militar.* ◖ 1) Penetrar, meterse, introducirse. // 2) Ingresar. ◖ Salir. ◖ Entrada.
◖ Verbo en infinitivo. Se conjuga como *amar* (modelo n.° 1).

entregar Dar algo a alguien: *El cartero me entregó el correo para que se lo diera a mi padre.* ◖ Dar, poner en manos. ◖ Entrega.
◖ Verbo en infinitivo. Se conjuga como *amar* (modelo n.° 1). Cuando a la *g* le sigue una *e* se pone una *u* entre las dos: *entregué.*

enviar 1) Hacer que una cosa llegue a un sitio: *Los de la tienda nos envían cada semana todo lo que pedimos.* // 2) Mandar a unas personas a algún sitio: *Mis padres me enviaron a la escuela desde muy pequeño.* ◖ Remitir, mandar, expedir. ◖ Envío.
◖ Verbo en infinitivo. Se conjuga como *amar* (modelo n.° 1).

envolver Tapar algo del todo con papel o con cualquier otra cosa para que no se vea, para protegerlo del polvo, etc.: *Envuélveme los zapatos que los voy a llevar a arreglar.* ◆ Cubrir, empaquetar, embalar, liar. // ♠ Desenvolver, destapar. ✒ Envuelto, envoltura, envoltorio.

◆ Verbo en infinitivo. Se conjuga como *mover* (modelo n.º 10), menos en el participio pasado que es *envuelto.*

ERIZO
(animal que tiene
muchas púas)

ERMITA
o santuario

ESCAFANDRA
de un buzo

época Tiempo en el que ha pasado algo: *En la época de Cristo, los hombres llevaban pelo largo y barba.* ◆ Tiempo, período, era.

◆ Sustantivo singular femenino; plural: *épocas.*

equipo 1) Grupo de personas que se unen para hacer algo: *Hemos formado equipos para la clase de trabajos manuales.* // 2) Conjunto de cosas que se necesitan o se usan para hacer algo: *Los Reyes me han traído un equipo para esquiar.* ◆ 1) Grupo. // 2) Útiles. ✒ Equipar, equipado.

◆ Sustantivo singular masculino; plural: *equipos.*

error Equivocación: *Hicimos 10 cuentas muy largas y sólo tuve un error.* ◆ Equivocación, falta, errata, incorrección, defecto. ♠ Exactitud, corrección. ✒ Erróneo.

◆ Sustantivo singular masculino; plural: *errores.*

escapar Marcharse de un sitio deprisa y huyendo de algo: *Hoy se han escapado dos presos de la cárcel.* ◆ Huir, zafarse,

ESCARABAJO
arrastrando una bola

ESCARCELA
(especie de bolsa)

ESCENARIO
(donde actúan los
actores)

evadirse, escabullirse. **F** Escapatoria, escapado, escape.

E Verbo en infinitivo. Se conjuga como *amar* (modelo n.° 1).

escena Lo que pasa en el escenario*: *Tú no entres en escena hasta que yo te lo diga.* **F** Escenificar, escenario, escénico.

E Sustantivo femenino; plural: *escenas.*

escenario Parte del teatro en la que se representan las obras: *Este teatro tiene un escenario muy grande.*

E Sustantivo masculino; plural: *escenarios.*

esclavo 1) Persona que no es libre porque tiene que hacer siempre lo que le manda otro, que es su dueño: *En la Roma antigua los esclavos se compraban y se vendían.* // 2) El que tiene un vicio muy grande por algo: *Eres esclavo del dinero.* **S** Siervo, cautivo, prisionero. **F** Esclavitud, esclavizar.

E Sustantivo masculino; femenino: *esclava;* plural: *esclavos, esclavas.*

escoger 1) Coger una o varias cosas entre muchas: *Sal al jardín y escoge un buen ramo de flores para felicitar a la abuela.* **S** Elegir, seleccionar, entresacar. **F** Escogido.

E Verbo en infinitivo. Se conjuga como *temer* (modelo n.° 2). Cambia la *g* por *j* cuando le sigue una *-o* o una *-a: escojo, escojamos.*

escolar 1) Que está en edad de ir a la escuela. // 2) Que está hecho para las escuelas o para los escolares: *Los libros escolares han mejorado mucho en los últimos años.* ⮑ Colegial, estudiante. ⮕ Escuela.

⬤ 1) Sustantivo masculino; plural: *escolares.* // 2) Adjetivo invariable en género; plural: *escolares.*

esconder Guardar algo de manera que los demás no puedan encontrarlo: *Esconde el balón aquí y al salir a recreo seguiremos jugando.* ⮑ Ocultar, guardar. ⮕ Escondido, escondite.

⬤ Verbo en infinitivo. Se conjuga como *temer* (modelo n.° 2).

escuchar Oír con atención a quien esté hablando: *Escucha lo que te voy a decir...*

⬤ Verbo en infinitivo. Se conjuga como *amar* (modelo n.° 1).

esfera Bola: *Una pelota es una esfera de goma.*

⬤ Sustantivo femenino; plural: *esferas.*

esfuerzo Trabajo que cuesta hacer algo: *Subir la mesa a la tarima nos costó un gran esfuerzo.* ⮑ Esforzarse.

⬤ Sustantivo masculino; plural: *esfuerzos.*

espacio 1) Sitio que ocupa una cosa: *Ahí no hay espacio suficiente para meter esta mesa.* // 2 Lugar que hay entre unos astros y otros: *Ayer lanzaron una nave al espacio.* // 3) Distancia entre una cosa y otra: *El espacio que hay entre tu silla y la mía es de dos metros.* ⮑ 1) Lugar, sitio. ⮕ Espaciar, espacial, espacioso.

ESCORPIÓN
(animal venenoso)

ESCUDO

ESPANTAJO
(para asustar a los pájaros)

ESPADAÑA
(donde se coloca
la campana)

línea
ESPIRAL

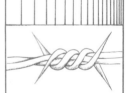

ESPINO
de una alambrada

ESPONJA
de mar

◖ Sustantivo masculino; plural: *espacios.*

especial 1) Cosa hecha expresamente para un sitio, para una persona o para otra cosa: *Este veneno es especial para matar ratas.* // 2) Algo que es poco corriente: *Es una casa muy especial.* ◗ 1) Propio, particular. // 2) Raro, extraño, singular. ◗ Especialidad.
◖ Adjetivo invariable en género; plural: *especiales.*

espectáculo Todo lo que se hace para que la gente lo vea y se divierta o se entretenga: *Los toros, el cine, el teatro, etcétera, son espectáculos.* ◗ Función, representación. ◗ Espectacular.
◖ Sustantivo masculino; plural: *espectáculos.*

esperar 1) Estar en un sitio hasta que llegue alguien o suceda algo: *Estoy esperando que acabe el descanso para entrar a ver la película.* // 2) Pensar que va a pasar algo que se desea: *Espero que te pongas bien muy pronto.* ◗ 1) Aguardar. // 2) Confiar.
◖ Verbo en infinitivo. Se conjuga como *amar* (modelo n.° 1).

espiral Forma que tienen las cosas que están enrolladas (v. ilustración).
◖ Sustantivo femenino; plural: *espirales.*

esposo Marido*.
◖ Sustantivo masculino; femenino: *esposa;* plural: *esposos, esposas.*

esqueleto 1) Parte de una persona o

de un animal formada por los huesos: *En el dibujo verás el esqueleto de un perro y el de un hombre.* // 2) En un edificio, parte formada por las vigas y las columnas: *Para hacer una casa lo primero que se construye es el esqueleto.* ⚓ 2) Armazón.

⚓ Sustantivo masculino; plural: *esqueletos.*

esquina Sitio de una calle en el que juntan dos paredes de una casa y sobresale: *Mi casa hace esquina.*

⚓ Sustantivo femenino; plural: *esquinas.*

establecer 1) Poner algo en un sitio: *Frente a mi casa han establecido una farmacia.* // 2) Disponer u ordenar algo: *El Ayuntamiento ha establecido que los domingos no se recojan las basuras.* ⚓ 1) Poner, montar, instalar. // 2) Ordenar, disponer. 🅰 Desmontar, quitar. 🄵 Establecimiento.

⚓ Verbo en infinitivo. Se conjuga como *nacer* (modelo n.° 16).

establo Lugar cubierto en el que se encierra al ganado. ⚓ Cuadra, pesebre.

⚓ Sustantivo masculino; plural: *establos.*

estación 1) Lugar al que hay que ir a coger el tren o el coche de línea cuando se va a hacer un viaje. // 2) Cada una de las cuatro partes del año: *Primavera, verano, otoño e invierno.* 🄵 Estacionar, estacionado.

⚓ Sustantivo femenino; plural: *estaciones.*

ESQUELETO
de un ave

ESTACIÓN
de ferrocarril

ESTACIONES

Las estaciones del año son cuatro:

PRIMAVERA
VERANO
OTOÑO
INVIERNO.

ESTANDARTE
(insignia)

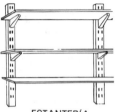

ESTANTERÍA
(para colocar cosas)

ESTOLA
(la usa el sacerdote)

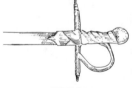

ESTOQUE
(espada para matar
toros)

estado 1) Situación en que se halla alguna persona o cosa: *En 1943 Europa se hallaba en estado de guerra.* // 2) Nación o país: *La península Ibérica está ocupada por los estados de España y Portugal.*
◖ Sustantivo masculino; plural: *estados*.

estar Hallarse en un sitio o de una manera: *Estoy muy bien aquí.* ◖ Hallarse, encontrarse, sentirse. ◖ Estado, estático.
◖ Verbo en infinitivo. Es irregular en los siguientes tiempos: **Indicativo: Presente:** *estoy, estás, está, estamos, estáis, están.* // **Pretérito indefinido:** *estuve, estuviste, estuvo; estuvimos, estuvisteis, estuvieron.* // **Subjuntivo: Presente:** *esté, estés, esté; estemos, estéis, estén.* // **Imperfecto:** *estuviera o estuviese, estuvieras o estuvieses, estuviera o estuviese, estuviéramos o estuviésemos, estuvierais o estuvieses, estuvieran o estuviesen.* // **Futuro imperfecto:** *estuviere, estuvieres, estuviere; estuviéremos, estuviereis, estuvieren.* // **Imperativo:** *está, esté; estemos, estad, estén.*

estilo Forma de hacer las cosas: *Este sastre tiene un estilo que no me gusta nada.* ◖ Forma, modo, manera.
◖ Sustantivo masculino; plural: *estilos*.

estrecho 1) Que mide muy poco de ancho: *Este pasillo es muy largo y muy estrecho.* // 2) Que mide de ancho menos de lo que se necesita: *Como he engordado, los pantalones me quedan estrechos.* // 3) Trozo de mar entre dos tierras cercanas: *Yo he pasado en barco el estrecho de Gibraltar.* ◖ 2) Ajustado, apretado. ◖ Ancho, amplio. ◖ Estrechar, estrechez.
◖ Adjetivo masculino; femenino: *estrecha;* plural: *estrechos, estrechas.*

estrellarse Chocar con mucha fuerza contra algo: *El camión se estrelló contra la casa.* ➡ Chocar, topar, golpearse.
◖ Verbo en infinitivo. Se conjuga como *amar* (modelo n.° 1).

estrenar 1) Usar una cosa por primera vez: *Ayer me compré unos zapatos y mañana los estrenaré.* // 2) Representar por primera vez en un sitio una obra de teatro o una película: *En las ciudades grandes casi todos los días se estrenan películas.* ▰ Estreno.
◖ Verbo en infinitivo. Se conjuga como *amar* (modelo n.° 1).

etcétera Palabra latina que significa «y todo lo demás». Se utiliza cuando estamos diciendo una lista de cosas o personas y, como son muchos, cortamos por un sitio y ponemos el etcétera (o etc.), para acabar antes: *Encima de mi mesa hay dos libros, tres cuadernos, un lapicero, una goma, dos bolígrafos, etc.*
◖ Sustantivo femenino; el plural casi no se usa.

eterno Que dura para siempre: *Dios es eterno.*
◖ Adjetivo singular masculino; femenino: *eterna;* plural: *eternos, eternas.*

evitar 1) Hacer que algo no ocurra: *La barandilla evitó que nos cayéramos al precipicio.* // 2) Procurar no pasar por un sitio, no ver a una persona, no hablar de algo, etc.: *Cuando llueve, hay que evitar meterse en los charcos.* ➡ 1) Impedir, en-

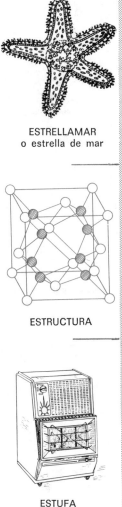

ESTRELLAMAR
o estrella de mar

ESTRUCTURA

ESTUFA
de butano

EXCAVADORA
(para quitar tierra
y piedras)

INTERJECCIÓN

Sirve para EXCLAMAR
o llamar la atención.
Las principales son:

¡**Ojalá** venga pronto!

¡**Hola,** cómo estás?

¡**Ah!,** ¡me gusta
mucho!

¡**Oh!,** ¡qué susto!

---

torpecer, frenar, dificultar. // 2) Eludir, rehuir, esquivar, evadir. ▣ Ayudar, facilitar, lograr.

◖ Verbo en infinitivo. Se conjuga como *amar* (modelo n.° 1).

examen 1) Todo lo que se hace para averiguar algo. // 2) Pregunta o preguntas que hacen los profesores a los alumnos para ver si saben suficiente: *Hoy hemos hecho un examen trimestral.* // 3) **Examen médico:** Revisión que le hace el médico a una persona para saber si tiene una enfermedad. ◖ Indagación, averiguación, reconocimiento, tanteo, observación. ◖ Examinar, examinando, examinado.

◖ Sustantivo singular masculino; plural: *exámenes.*

examinar Ver con cuidado a una persona, animal o cosa para enterarse bien de cómo es o cómo está: *El policía examinó la habitación para ver por dónde había entrado el ladrón* (v. examen). ◖ Analizar, inspeccionar, observar, reconocer, revisar.

◖ Verbo en infinitivo. Se conjuga como *amar* (modelo n.° 1).

excelente Que es muy bueno: *"La Toscana" hace un helado excelente.* ◖ Estupendo, fenomenal. ▣ Malísimo, pésimo.

◖ Adjetivo invariable en género; plural: *excelentes.*

exclamar Decir algo en voz más fuerte de lo normal, asustado, contento o extrañado: *Cada vez que entraba el balón* *en la portería, la gente exclamaba ¡Gol!* ✒ Exclamación, exclamativo.

🔴 Verbo en infinitivo. Se conjuga como *amar* (modelo n.º 1).

exigir Pedir algo casi obligando a que nos lo den: *Cuando ponen una multa a un conductor, los ` guardias exigen que se les enseñe el carné de conducir.* ➲ Requerir, demandar. ✒ Exigencia, exigente.

EXCUSABARAJA
(tipo de cesta con tapa)

🔴 Verbo en infinitivo. Se conjuga como *partir* (modelo n.º 3). Cambia la *g* por *j* cuando le sigue una *-a* o una *-o: exijo, exija.*

existencia 1) Vida: *Debemos la existencia a nuestros padres.* // 2) **Existencias:** Cosas, sobre todo si son para vender: *Estos almacenes tienen muchas existencias.* ➲ 2) Artículos, mercancías.

🔴 Sustantivo femenino; plural: *existencias.*

existir 1) Vivir una persona o un animal: *En el mundo existen 3.000 millones de personas.* // 2) Ser una cosa: *Esta mesa existe porque la hizo un carpintero.*

🔴 Verbo en infinitivo. Se conjuga como *partir* (modelo n.º 3).

éxito Trabajo que ha salido bien: *El examen de final de curso ha sido un éxito.* ➲ Triunfo, victoria. 🅐 Fracaso.

🔴 Sustantivo singular masculino; plural: *éxitos.*

experiencia Lo que se aprende por haberlo hecho o vivido uno mismo. *No me cuentes lo que duelen las anginas, que lo sé por experiencia.* ➲ Práctica, conocimien-

EXPLOSIVOS

EXPRIMIDERA
(para hacer zumo)

to. ☞ Experimentar, experimentación, experimentado.

☜ Sustantivo femenino; plural: *experiencias*.

explicar 1) Contar algo de palabra o por escrito: *Ya nos ha explicado Juan cómo le fue el viaje.* // 2) Decir a alguien una cosa que no entiende y aclararle las dudas con razonamientos. ☜ Exponer, aclarar, especificar, esclarecer, razonar. ☞ Explicación, explicativo.

☜ Verbo en infinitivo. Se conjuga como *amar* (modelo n.° 1). Cambia la *c* por *qu* cuando le sigue *-e*: *expliqué*.

expresar Decir algo con palabras o por escrito: *A Felipe le cuesta mucho expresarse.* ☜ Decir, exponer, comunicar. ☞ Expresión, expresivo, expresado.

☜ Verbo en infinitivo. Se conjuga como *amar* (modelo n.° 1).

extender 1) Hacer que una cosa ocupe más espacio que antes: *Los romanos extendieron su imperio por toda Europa.* // 2) Desdoblar o desenrollar algo: *Extendimos el plano sobre la mesa para orientarnos.* ☜ 1) Ampliar, esparcir. // 2) Desenvolver, desplegar, desdoblar, tender. ☜ 1) Reducir, limitar. // 2) Doblar, plegar, envolver.

☜ Verbo en infinitivo. Se conjuga como *entender* (modelo n.° 5).

extranjero Persona, idioma o cosa de una nación distinta a la nuestra: *Los franceses son extranjeros para los españoles* *y los españoles son extranjeros para los franceses.*

🔲 Adjetivo o sustantivo masculino; femenino: *extranjera;* plural: *extranjeros, extranjeras.*

extraño 1) Desconocido: *Cada día viene al colegio algún extraño preguntando cosas.* // 2) Raro: *Llamó a la puerta un señor alto y muy extraño.* 🔲 1) De fuera, desconocido. // 2) Raro, singular, especial, curioso, original. 🔲 2) Corriente, normal. 🔲 Extrañar, extrañeza.

🔲 Adjetivo masculino; femenino: *extraña;* plural: *extraños, extrañas.*

extremidad Parte de los animales que sobresale del cuerpo, como las manos, las patas (o piernas), etc.

🔲 Sustantivo femenino; plural: *extremidades.*

EXTREMIDAD
de un ave: cola

extremo Principio o parte final de algo: *En el extremo del pasillo hay una ventana que da a la escalera.* 🔲 Punta. 🔲 Centro. 🔲 Extremidad, extremar, extremado.

🔲 Sustantivo masculino; plural: *extremos.*

fF

FACHADA
(parte delantera
de un edificio)

FACISTOL
(donde se apoyan
libros litúrgicos)

fábrica Edificio con máquinas y obreros que hacen cosas en grandes cantidades: *Esta mañana hemos visto una fábrica de cerveza.* ► Fabricar.

◄ Sustantivo singular femenino; plural: *fábricas.*

fabricar Hacer cosas con máquinas y en grandes cantidades. ➤ Elaborar, producir, hacer. ► Fábrica, fabricación, fabricante, fabricado.

◄ Verbo en infinitivo. Se conjuga como *amar* (modelo n.º 1). Cambia la *c* por *qu* cuando le sigue -*e: fabriqué.*

fachada Pared de un edificio que da a la calle.

◄ Sustantivo femenino; plural: *fachadas.*

fácil Lo que se puede hacer sin mucho esfuerzo o sin problemas: *Este problema es muy fácil.* ➤ Sencillo, cómodo. ⓐ Difícil. ► Facilidad, facilitar, fácilmente.

◄ Adjetivo invariable en género; plural: *fáciles.*

facultad 1) Posibilidad que tiene una persona para hacer algo: *Este muchacho* *tiene muchas facultades para ser un buen cantante.* // 2) Parte de una universidad en la que se estudia una carrera: *Yo he estudiado en la Facultad de Filosofía y Letras de Salamanca.* ☞ 1) Posibilidad, capacidad.

☜ Sustantivo singular femenino; plural: *facultades.*

falda Vestido de mujer que llega desde la cintura hasta la rodilla. Si es más corta se llama **minifalda,** y si es más larga, **maxifalda.** // 2) Parte baja de una montaña *Mi pueblo está en la falda de una montaña.* ☞ 2) Ladera. ☝ Cumbre.

☜ Sustantivo singular femenino; plural: *faldas.*

falta 1) Error*: *En el dictado de hoy he cometido dos faltas.* // 2) Tener falta de algo, o necesitar algo: *Falta de trabajo.* ☞ 1) Error, equivocación. ☞ 2) Necesidad. ☝ 1) Acierto. // 2) Abundancia.

☜ Sustantivo singular femenino; plural: *faltas.*

faltar 1) No estar en el sitio normal: *Hoy he faltado a clase porque fui al médico con mi madre.* // 2) Quedar tiempo para algo: *Faltan 15 días para Semana Santa.* ☞ 1) Estar ausente, no asistir. ☝ Asistir, ir. ☞ Falta, falto.

☜ Verbo en infinitivo. Se conjuga como *amar* (modelo n.° 1).

famoso Persona o cosa que es muy conocida en un sitio o en todo el mundo: *Los actores de cine se hacen enseguida*

FAGOT
(instrumento musical)

FAISÁN

FALDA

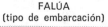

FALÚA
(tipo de embarcación)

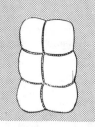

FARDO
(paquete grande)

FARO
(para guiar a los barcos)

muy famosos. ✎ Notable, afamado, reputado, renombrado, célebre. ✎ fama.
✎ Adjetivo singular masculino; femenino: *famosa;* plural: *famosos, famosas.*

farmacia Tienda en la que venden medicinas. ✎ Botica. ✎ Farmaco, farmacéutico.
✎ Sustantivo singular femenino; plural: *farmacias.*

favor Ayuda o beneficio que uno hace a otro: *Me haces un gran favor si le llevas esta carta a tu padre.* ✎ Ayudar, beneficio, servicio. ✎ Favorecer, favorecido, favorecedor, favorable.
✎ Sustantivo singular masculino; plural: *favores.*

fe Confianza que se tiene en una persona para creer todo lo que nos dice. ✎ Confianza, credulidad, seguridad. ✎ Desconfianza.
✎ Sustantivo singular femenino; el plural no se usa.

febrero Segundo mes del año. Tiene 28 días y, si es año bisiesto, 29.
✎ Sustantivo singular masculino; el plural, *febreros,* casi no se usa.

fecha Día, mes y año en que estamos o que ocurrió algo: *El 23 de abril de 1616 es una fecha señalada porque murió Cervantes.*
✎ Sustantivo femenino; plural: *fechas.*

feliz 1) Que vive contento y a gusto: *Tu abuelo es un hombre feliz.* // 2) Tiempo que se pasa bien y con alegría: *Hoy* *es un día feliz para mí.* ⬤ 1) Dichoso, afortunado, satisfecho. // 2) Favorable, próspero. ⬤ Infeliz, desdichado. ⬤ Felicidad, felicitación, felicitar.

⬤ Adjetivo invariable en género; plural: *felices*.

fiel Que nunca engaña ni traiciona: *El perro es siempre fiel amigo de su dueño.* ⬤ Leal, sincero, noble. ⬤ Desleal, traidor. ⬤ Fidelidad, fielmente.

⬤ Adjetivo invariable en género; plural: *fieles*.

figura 1) Forma de una persona, animal o cosa: *¡Qué figura más bonita tiene este caballo!* // 2) Dibujo: *Este diccionario está ilustrado con muchas figuras.* // 3) Persona muy importante en algo: *Lope de Vega es una gran figura de la Literatura española.* ⬤ 1) Forma, aspecto, apariencia. ⬤ Figurar, figurativo, figurado.

⬤ Sustantivo singular femenino; plural: *figuras*

figurar 1) Estar en un sitio: *Mira la lista de los aprobados a ver si figuro entre ellos.* // 2) Imaginarse algo: *Figúrate que en la luna hubiera personas y coches y animales...* ⬤ 1) Pertenecer, aparecer. ⬤ 2) Pensar, suponer, imaginarse. ⬤ Figurado, figuración.

⬤ Verbo en infinitivo. Se conjuga como *amar* (modelo n.° 1).

fijar 1) Clavar o pegar algo: *Fija bien ese cuadro, que parece que se va a caer.* // 2) Quedar a una hora para hacer algo: *Vamos a fijar la hora de salida.* // 3) Po-

FAROLA

FEZ
(usado por los moros)

FIGURAS geométricas

FILOXERA
(insecto que ataca
la vid)

FINCA
(casa de campo)

FISGA
(arpón para pescar)

nerle a una cosa su precio exacto para no tener que subirlo ni bajarlo: *El precio de este libro está fijado en 50 Ptas.* 🖝 1) Asegurar, sujetar. // 2), 3) Establecer, precisar, determinar, señalar, designar. 🖝 Fijado, fijo.

🖝 Verbo en infinitivo. Se conjuga como *amar* (modelo n.° 1).

final Sitio o momento en que se acaba algo: *Al final de los cuentos todo sale bien.* 🖝 Fin, término, remate. 🖝 Principio, comienzo, inicio. 🖝 Finalizar, finalmente, finalista.

🖝 Sustantivo singular masculino; plural: *finales.* También puede ser adjetivo.

finca 1) Trozo de campo que pertenece a alguien: *Mis abuelos viven en una finca a las afueras de la ciudad.* // 2) Edificio: *La oficina de mi padre está en una finca de 10 pisos.* 🖝 2) Edificio, casa.

🖝 Sustantivo femenino; plural: *fincas.*

fino 1) Delgado y suave: *El papel de fumar es muy fino.* // 2) Elegante: *En esa tienda tienen siempre ropa muy fina.* 🖝 1) Delicado. 🖝 Grueso, áspero. // 2) Tosco. 🖝 Finura.

🖝 Adjetivo masculino; femenino: *fina;* plural: *finos, finas.*

flaco Persona o animal muy delgado: *Don Quijote era muy alto y muy flaco.* 🖝 Delgado, enjuto. 🖝 Grueso, gordo, fuerte. 🖝 Flaqueza, flaquear.

◙ Adjetivo singular masculino; femenino: *flaca;* plural: *flacos, flacas.*

florecer Salir las flores: *Este rosal ha florecido muy pronto.*
◙ Verbo en infinitivo. Se conjuga como *nacer* (modelo n.º 16).

formar 1) Hacer una cosa mirando todas sus partes: *He conseguido formar un rompecabezas.* // 2) Formar parte: Ser una de las personas o las cosas con que está hecho algo: *Luis forma parte de un equipo de baloncesto.* ◙ 1) Unir, construir, hacer, componer, constituir, establecer. ◙ Deformar, destruir, deshacer. ◙ Forma.
◙ Verbo en infinitivo. Se conjuga como *amar* (modelo n.º 1).

fortuna 1) Mucho dinero: *Esta semana, al que ha ganado la quiniela, le ha tocado una fortuna.* // 2) Suerte: *Te deseo buena fortuna en la vida.* ◙ 1) Capital dinero. 2) Cuenta, ventura. ◙ Desgracia, desventura. ◙ Afortunado.
◙ Sustantivo singular femenino; plural: *fortunas.*

fósforo Cerilla*.
◙ Sustantivo masculino; plural: *fósforos.*

frágil Que puede romperse con facilidad: *El cristal es un material muy frágil.* ◙ Delicado, quebradizo, inconsciente. ◙ Fuerte, duro, consistente. ◙ Fragilidad.
◙ Adjetivo invariable en género; plural: *frágiles.*

FLAMENCO

FLOTADOR
de corcho

FÓSFORO
(caja de cerillas)

FRAILE

FRASCO

FRESA

frase Conjunto de palabras que significan algo: *En mi casa hay un libro con muchas frases famosas.* ☞ Expresión, dicho, oración.

☞ Sustantivo singular femenino; plural: *frases.*

frecuencia Cantidad de veces que pasa algo: *A tu primo lo veo con mucha frecuencia.* ☞ Asiduidad, periodicidad. ☞ Frecuentar, frecuentado, frecuente, frecuentemente.

☞ Sustantivo singular femenino; plural: *frecuencias.*

frecuente Que ocurre mucho: *En invierno es muy frecuente que nieve en la montaña.* ☞ Habitual, normal, corriente. ☞ Raro, extraño. ☞ Frecuencia*.

☞ Adjetivo invariable en género; plural: *frecuentes.*

frente 1) Parte de la cara que va desde las cejas hasta donde empieza el pelo de la cabeza. // 2) En la guerra, el frente es el sitio más cercano al enemigo.

☞ 1) Sustantivo femenino; plural: *las frentes.* // 2) Sustantivo masculino; plural: *los frentes.*

fresco 1) Que está frío, pero no mucho: *Me gusta el agua fresca.* // 2) Recién hecho: *No te arrimes a la puerta que la pintura está fresca.*

☞ Adjetivo masculino; femenino: *fresca;* plural: *frescos, frescas.*

frondoso Bosque o camino con muchos

árboles o árbol con muchas hojas: *En primavera los árboles se ponen frondosos.* ☞ Frondosidad.

☜ Adjetivo masculino; femenino: *frondosa;* plural: *frondosos, frondosas.*

frutal Arbol que da fruta: *El manzano es un frutal.* ☞ Fruta, fruto, frutero.

☜ Sustantivo masculino: *En la finca de mi abuelo hay muchos frutales,* o adjetivo masculino: *aquél es un árbol frutal.* Plural: *frutales.*

árbol
FRUTAL

RACIMO

fruto 1) Parte de la planta en que se hallan las semillas: *Muchos frutos son comestibles.* // 2) Lo que consigue el hombre a base de trabajo: *Esta obra es fruto del trabajo de unos pocos.* ☜ 1) Fruta. // 2) Producto, logro, obra. ☞ Frutal, frutero, frutería.

☜ Sustantivo singular masculino; plural: *frutos.*

MEMBRILLO

MANZANA

fuego 1) Llamas: *Está prohibido encender fuego en el bosque porque hay peligro de incendio.* // 2) **Abrir fuego:** Empezar a disparar: *Al amanecer, los soldados abrieron fuego.* // 3) **Fuegos artificiales:** Cohetes que al explotar en el aire forman dibujos de colores: *En las fiestas de mi pueblo hacen fuegos artificiales.*

☜ 1) Sustantivo masculino; plural: *fuegos.*

MELOCOTÓN

NUEZ

FRUTOS

fuente Sitio por donde sale agua. Hay varias clases; Las que hay en las casas se llaman **grifos,** las que hay en las calles, en los patios de las escuelas,

FUELLE
(para expulsar viento)

FUNICULAR
aéreo

FURGON
de un tren

se llaman también **surtidores.** Cuando el agua brota de la tierra, la fuente se llama también **manantial.**

◖ Sustantivo femenino; plural: *fuentes.*

fuerte 1) Persona o animal que tiene mucha fuerza. // 2) Cosa que es difícil de romper: *Mi madre me compra siempre zapatos muy fuertes, para que no se me rompan jugando al balón.* ⬌ 1) Forzudo, fortachón, corpulento. // 2) Resistente, sólido, duro. ⬤ 1) Débil, flojo. // 2) Débil, flojo, frágil, delicado. ⬛ Fortaleza, fuerza, fuertemente.

◖ Adjetivo invariable en género; plural: *fuertes.*

fuerza 1) Capacidad que tienen las personas, los animales y las máquinas para hacer un trabajo: *Uniendo todas nuestras fuerzas conseguiremos acabar esto.* // 2) **Fuerzas armadas:** Ejército de un país, que dispone de la fuerza de los hombres y de las armas. ⬌ 1) Energía. ⬤ 1) Debilidad.

◖ Sustantivo singular femenino; plural: *fuerzas.*

fundar Empezar a construir una ciudad, organizar por primera vez una empresa, un colegio, etc.: *El Instituto al que yo voy se fundó hace 25 años.* ⬌ Instituir, crear, establecer. ⬛ Fundación, fundamentar.

◖ Verbo en infinitivo. Se conjuga como *amar* (modelo n.° 1).

futuro 1) Que todavía no es: *He aquí mi futura vivienda.* // 2) Tiempo que todavía no ha llegado: *En el futuro viviremos mejor.* ⊜ Venidero, próximo. // 2) Porvenir. ⬠ Pasado.

FURGONETA

◖ 1) Adjetivo singular masculino; femenino: *futura;* plural: *futuros, futuras.* // 2) Sustantivo singular masculino; plural: *futuros,* no se usa con este significado.

gallina Ave* que vive en corrales o granjas. Casi no vuela, tiene una cresta roja y pone los huevos que normalmente comen las personas.

🔹 Sustantivo femenino; plural: *gallinas.*

gallo Macho de la gallina: *Los gallos cantan al amanecer.*

🔹 Sustantivo masculino; plural: *gallos.*

ganado Conjunto de animales que el hombre usa para su servicio: *En las granjas hay mucho ganado: vacas, ovejas, gallinas, caballos...* ◗ Ganadería, ganadero.

🔹 Sustantivo masculino; plural: *ganados,* se usa poco.

ganar 1) Triunfar en una batalla, competición, lucha, etc.: *Hicimos una carrera y ganó José Manuel.* // 2) Conseguir dinero por algo que se hace: *Con este negocio ganan bastante.* ◗ Vencer, triunfar. // 2) Sacar, embolsar, obtener. ◗ 1) Perder.

🔹 Verbo en infinitivo. Se conjuga como *amar* (modelo n.º 1).

GAFAS
submarinas

GALEÓN
(tipo de embarcación)

GALLINA

garaje Sitio donde se guardan los coches: *Cerca de mi casa hay un garaje de autobuses.* ⬍ Cochera.

⬍ Sustantivo singular masculino; plural: *garajes.*

gastar 1) Dar dinero a cambio de algo: *He gastado un duro en caramelos.* 2) Usar una cosa: *Mi tío gasta zapatos negros.* ⬍ 1) Emplear, invertir, pagar, desembolsar. // 2) Usar, emplear, utilizar. ▲ 1) Ahorrar. ▣ Gasto, gastador, gastado.

⬍ Verbo en infinitivo. Se conjuga como *amar* (modelo n.° 1).

gato 1) Animal doméstico*, de pelo muy suave y que se mueve con muchísima facilidad, ve muy bien en la oscuridad y tiene unas uñas muy afiladas que lleva escondidas mientras no ataca. Los gatos cazan ratones. // 2) Aparato que se utiliza para levantar un coche por un lado y poder arreglar las ruedas o cualquier cosa de la parte baja.

⬍ Sustantivo singular masculino; femenino: *gata;* plural: *gatos, gatas.* // 2) Sustantivo masculino; plural: *gatos.*

generalmente Que pasa casi siempre: *Generalmente llego puntual a clase.*

⬍ Adverbio de modo.

gente Todas las demás personas: *En el invierno, cuando hace sol, mucha gente sale de paseo.*

⬍ Sustantivo femenino; plural: *gentes.*

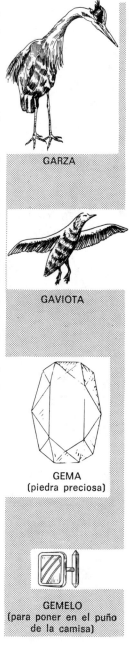

GARZA

GAVIOTA

GEMA
(piedra preciosa)

GEMELO
(para poner en el puño
de la camisa)

GIRASOL

juego de
GOLF

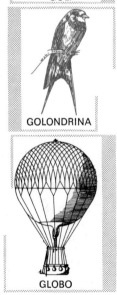

GOLONDRINA

GLOBO

gigante Persona o cosa mucho más grande de lo normal: *En el circo había un gigante que tenía muchísima fuerza.* ◨ Enano. ◧ Gigantesco.

◧ Sustantivo singular masculino; el femenino es igual. Referido a cosas suele ser adjetivo: *Nueva York es una ciudad gigante;* plural: *gigantes.*

girar 1) Dar vueltas alrededor de un eje*: *Si le damos a los pedales, giran las ruedas de la bicicleta.* // 2) Dar vueltas sobre sí mismo: *Gira un poco que quiero ver como te queda el vestido por detrás.* ◧ Voltear, virar, rotar. ◧ Giro, giratorio.

◧ Verbo en infinitivo. Se conjuga como *amar* (modelo n.º 1).

gobernador Es la persona que más autoridad* tiene en una provincia: *El gobernador ha ordenado que se arregle la carretera.*

◧ Sustantivo masculino; femenino: *gobernadora;* plural: *gobernadores, gobernadoras.*

gobierno 1) Conjunto de ministros de un país: *Este gobierno está formado por 18 ministros.* // 2) Manera de organizar las cosas: *Para el buen gobierno de esta casa, hace falta que cada uno se encargue de una cosa.* ◧ 1) Gabinete. // 2) Organización, fucionamiento, orden. ◨ Desorden, desorganización. ◧ Gobernar, gobernante, gobernación.

◧ Sustantivo masculino; plural: *gobiernos.*

golondrina Pájaro con alas grandes y

puntiagudas y cola larga. Por arriba son negras y por debajo blancas; cuando empieza a hacer frío en un sitio, se van a otro en el que haga calor. Suelen volar en grupo.

🦅 Sustantivo femenino; plural: *golondrinas*.

GÓNDOLA

gozar Disfrutar de algo: *Gozo verdaderamente oyendo música.* // 2) **Gozar de buena salud:** Estar bien, no tener ninguna enfermedad. ⛵ 1) Disfrutar. // 2) Estar bien, hallarse bien. 🅰 1) Sufrir. // 2) Estar enfermo. 🇫 Gozo, gozoso.

🦅 Verbo en infinitivo. Se conjuga como *amar* (modelo n.° 1). Cambia la *z* por *c* cuando le sigue *-e: gocé*.

GORRA
de plato

gracia Facultad de hacer reír o caer bien a los demás: *Los niños pequeños tienen mucha gracia.* ⛵ Encanto, atractivo. 🇫 Gracioso, agraciado.

🦅 Sustantivo femenino singular. El plural: *gracias,* significa cualidades.

GRAJO

grande Que mide más de lo normal: *Juan tiene los pies muy grandes.* ⛵ Amplio, crecido, anormal, inmenso. 🅰 Pequeño, chiquitín. 🇫 Agrandar, grandioso, engrandecer, grandeza.

🦅 Adjetivo invariable en género; plural: *grandes*. Cuando va delante del nombre se dice *gran: Una casa grande y una gran casa*

grano 1) Semilla pequeña: *Del grano de trigo se hace harina.* // 2) Cosa pequeña y redondeada: *Los granos de arroz son blancos.* 🇫 Granulado.

🦅 Sustantivo singular masculino; plural: *granos*.

GRANO
de un fruto

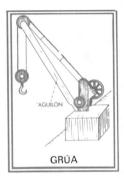

GRÚA

grave Importante: *La sequía* es un problema grave en el campo.* ⮂ Serio, trascendental. ⮂ Intrascendente. ⮂ Gravedad.

⮂ Adjetivo invariable en género; plural: *graves.*

griego 1) Persona o cosa de Grecia. // 2) Idioma que se habla en Grecia.

⮂ 1) Adjetivo o sustantivo masculino; femenino: *griega;* plural: *griegos, griegas.* // 2) Sustantivo singular masculino.

GRUPO
de piedras

gris Color de la ceniza.

⮂ Sustantivo: *El gris no me gusta,* o adjetivo: *Enrique lleva una chaqueta gris.* Invariable en género; plural: *grises.*

gritar Hablar en voz muy alta: *Si gritas tanto, vas a despertar al niño.* ⮂ Vocear, chillar. ⮂ Grito, griterío.

⮂ Verbo en infinitivo. Se conjuga como *amar* (modelo n.º 1).

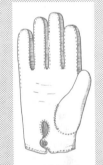

GUANTE

grueso Gordo: *Tengo que comprar un hilo grueso para coser un saco.* ⮂ Fuerte. ⮂ Delgado, fino, débil. ⮂ Grosor.

⮂ Adjetivo masculino; femenino: *gruesa;* plural: *gruesos, gruesas.*

grupo 1) Número de personas que se unen para hacer algo: *Jorge es de un grupo de montaña y los domingos va con él de excursión.* // 2) Cosas reunidas para algo: *En la plaza han plantado un grupo de árboles para dar sombra.* ⮂ 1) Peña, equipo, agrupación. // 2) Conjunto, colección. ⮂ Agrupar, agrupado, agrupación.

⮂ Sustantivo masculino; plural: *grupos.*

guarda Persona que se encarga de vigilar algo: *Un día en que fuimos de campo vino un guarda a decirnos que no hiciéramos fuego.*
● Sustantivo masculino; plural: *guardas.*

guardar 1) Meter algo en un sitio para que no se pierda o se estropee: *Guárdame este dinero en la hucha.* // 2) Cuidar: *Hay personas encargadas de guardar los parques.* ● 1) Atender, vigilar, proteger, custodiar. ● Guarda, guardia, guardián.
● Verbo en infinitivo. Se conjuga como *amar* (modelo n.º 1).

guardia Guarda*.
● Sustantivo singular masculino; plural: *guardias.*

GUACAMAYO

guerra Lucha entre dos países. ● Conflicto armado. ● Paz. ● Guerrero, guerrear, guerrillero, guerrilla.
● Sustantivo femenino; plural: *guerras.*

guiar Conducir*.
● Verbo en infinitivo. Se conjuga como *amar* (modelo n.º 1).

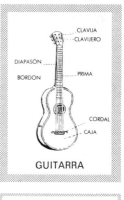

CLAVIJA
CLAVIJERO
DIAPASÓN
BORDÓN
PRIMA
CORDAL
CAJA

GUITARRA

gusano Animal pequeño, de cuerpo redondo y alargado y patas muy cortas, que parece que está formado por muchos anillos pegados: *En una caja con agujeros, tengo muchos gusanos de seda.*
● Sustantivo masculino; plural: *gusanos.*

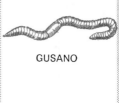

GUSANO

gusto 1) Sabor que tiene una cosa: *Esta manzana tiene un gusto ácido.* // 2) Satisfacción: *¡Qué gusto que haya dejado de* *llover!* // 3) Cómo prefiere cada persona que sean las cosas: *Para mi gusto, el pelo largo es mejor que el corto.* ☞ 1) Sabor, paladar. // 2) Alegría, satisfacción, agrado, placer. ☞ 2) Disgusto, pena, fastidio, contrariedad. ☞ 1) Gustar, gustoso, degustación.

☞ Sustantivo masculino; plural: *gustos.*

hH

habitación Cada uno de los cuartos de una casa, menos la cocina y el cuarto de baño. ➅ Cuarto, estancia, sala.

🖙 Sustantivo femenino; plural: *habitaciones*.

habitante Persona que vive en un sitio: *Es un pueblo con muy pocos habitantes.* ➅ Vecino, ciudadano, inquilino (habitante de una casa). 🖙 Habitar*.

🖙 Sustantivo invariable en género; plural: *habitantes*. Puede decirse también: *la habitante* y *las habitantes*.

habitar Vivir en un sitio: *La señora que habita en el 5.º piso es maestra.* ➅ Ocupar, morar, residir. 🖙 Habitante, habitado, habitable.

🖙 Verbo en infinitivo. Se conjuga como *amar* (modelo n.º 1).

hacha Especie de cuchilla grande de hierro con mango largo. Se usa para cortar algo a golpes: *Algunos leñadores cortan los árboles con hacha.* 🖙 Hachazo.

🖙 Sustantivo singular femenino; plural: *hachas*. Se usa artículo masculino en el singular porque suena mejor *el hacha* que *la hacha*.

HABANO
(cigarro puro)

HÁBITO
de un monje

HACHA

HALCON

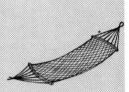

HAMACA

HELICÓPTERO

hallar Encontrar*.

◖ Verbo en infinitivo. Se conjuga como *amar* (modelo n.° 1).

hamaca Especie de silla larga y con una lona que sirve para tumbarse: *En la playa se ven muchas hamacas.*

◖ Sustantivo femenino; plural: *hamacas.*

hambre Ganas de comer: *Cuando salgo del colegio, siempre tengo hambre.* ◗ Apetito. ◖ Hambriento.

◖ Sustantivo masculino singular; plural: *hambres,* muy poco usado.

helado 1) Líquido que se ha convertido en sólido por el frío: *Agua helada, aceite helado.* // 2) Que está muy frío: *Toqué el hierro y estaba helado.* // 3) Dulce que se come helado. ◗ 1) Hielo (si es de agua). // 2) Frío. ◖ Caliente.

◖ 1), 2) Adjetivo singular masculino; femenino: *helada;* plural: *helados, heladas.* // 3) Sustantivo singular masculino; plural: *helados.*

hermano Persona que es hija de los mismos padres.

◖ Sustantivo masculino; femenino: *hermana;* plural: *hermanos, hermanas.*

hermoso 1) Bello*. // 2) Grande: *Este niño tiene sólo un año, pero está muy hermoso.* ◗ 2) Grande, crecido, desarrollado. ◖ 1) Feo. // 2) Raquítico. ◖ Hermosura.

◖ Adjetivo singular masculino; femenino: *hermosa;* plural: *hermosos, hermosas.*

héroe 1) Personaje más importante de

los que aparecen en un cuento, en una película, etc.: *Al chico de la película lo presentan como si fuera un héroe.* // **2)** Persona muy valiente y que en un momento determinado es capaz de morir por los demás: *En cada guerra mueren muchos héroes.* ➮ **1)** Protagonista, campeón. // **2)** Valiente, valeroso. ☞ **2)** Heroicidad, heroico.

▸ **1)** Sustantivo singular masculino; plural: *héroes.* // **2)** Adjetivo invariable en género; plural: *héroes.*

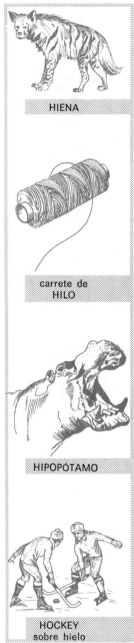

HIENA

carrete de
HILO

HIPOPÓTAMO

HOCKEY
sobre hielo

hielo Especie de piedra que se forma cuando se enfría mucho el agua: *Hace tanto frío, que el agua del estanque que hay en la plaza mayor se ha hecho hielo.* ➮ Helar, helado.

▸ Sustantivo singular masculino; plural: *hielos.*

hierro Mineral de color gris que se usa mucho para fabricar máquinas y, mezclado con el carbón, sirve para hacer acero.

▸ Sustantivo masculino; plural: *hierros.*

historia **1)** Conjunto de cosas que han pasado a los hombres o que éstos han hecho desde hace muchísimos años: *Este año estamos estudiando la Historia de España desde los Reyes Católicos.* // **2)** Cuento o narración de algo que ha sucedido de verdad: *El otro día oí contar una historia muy interesante sobre la 2.ª Guerra Mundial.* ➮ **2)** Cuento, narración, relato. ☞ Histórico, historiador.

▸ Sustantivo singular femenino; plural: *historias.*

HOGAR
de una chimenea

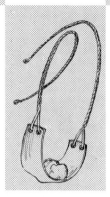

HONDA
(para arrojar piedras)

HORCA
(usada por el agricultor)

hogar 1) Casa donde vive una familia. // 2) Sitio que se ha hecho para poder encender fuego dentro de las casas. ⬅ 1) Casa, domicilio, morada. // 2) Chimenea, fogón. ⬅ Hogareño.

◀ Sustantivo singular masculino; plural: *hogares.*

holandés 1) Persona o cosa de Holanda. // 2) Idioma que se habla en Holanda.

◀ 1) Sustantivo o adjetivo singular masculino; femenino: *holandesa;* plural: *holandeses, holandesas.* // 2) Sustantivo singular masculino.

hombre 1) Persona: *Los hombres son más inteligentes que los animales.* // 2) Señor: *Mi padre es un hombre muy bondadoso.* ⬅ 1) Ser racional, persona. ⬅ Hombría, hombruno.

◀ Sustantivo singular masculino; plural: *hombres.*

hombro 1) Parte del cuerpo de las personas de la que sale el brazo. // 2) Parte de las prendas de vestir que queda sobre los hombros de las personas que se las ponen: *Este abrigo tiene los hombros muy anchos.* ⬅ Hombrera.

◀ Sustantivo singular masculino; plural: *hombros.*

hondo Cosa que mide mucho de alto y por dentro es hueca. ⬅ Profundo, alto. ⬅ Hondura.

◀ Adjetivo singular masculino; plural: *hondos.*

honrado Persona que no hace trampas ni dice mentiras. ⬅ Noble, leal, honesto. ♠ Tramposo. ☞ Honra, honrar, honradez, deshonra, deshonrar.

☜ Adjetivo singular masculino; femenino: *honrada;* plural: *honrados, honradas.*

horizontal 1) Posición de una persona que está tumbada. // 2) Posición de cualquier cosa paralela al suelo y que es más ancha que alta: *Las camas, los raíles del tren, etc., están en posición horizontal.*

☜ Adjetivo singular invariable en género; plural: *horizontales.*

hormiga Animal muy pequeño que vive en agujeros que ella misma hace en la tierra o en los árboles. ☞ Hormiguero.

☜ Sustantivo singular femenino; plural: *hormigas.*

hospital Edificio hecho para que los enfermos estén siempre atendidos por enfermeras y médicos.

☜ Sustantivo singular masculino; plural: *hospitales.*

hotel Edificio construido para que vivan las personas que están de viaje y no tienen casa en una ciudad: *Siempre que vamos a Barcelona paramos en el mismo hotel.* ➲ Parador, hostal, fonda, residencia. ☞ Hotelero, hostelería.

☜ Sustantivo singular masculino; plural: *hoteles.*

hoy El día en que estamos.

☜ Adverbio de tiempo.

hoyo Parte hundida de una superficie: *Esta carretera es un asco, está llena de hoyos.*

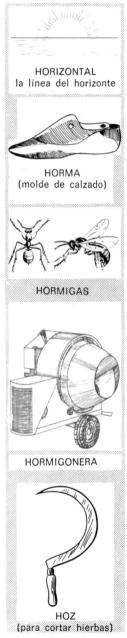

HORIZONTAL
la línea del horizonte

HORMA
(molde de calzado)

HORMIGAS

HORMIGONERA

HOZ
(para cortar hierbas)

HUELLA
digital

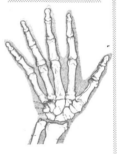

HUESOS
de la mano

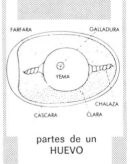

FARFARA   GALLADURA

YEMA

CHALAZA

CASCARA   CLARA

partes de un
HUEVO

◗ Bache, agujero, concavidad. ◭ Bulto, montículo.

◖ Sustantivo singular masculino; plural: *hoyos.*

hueco Sitio vacío: *Una calle es un hueco entre dos filas de casas.* // 2) Que está vacío por dentro: *Los tubos son barras huecas.* ◗ 1) Oquedad, ahuecamiento. // 2) Vacío. ◭ 2) Macizo. ◖ Ahuecar.

◖ 1) Sustantivo singular masculino; plural: *huecos.* // 2) Adjetivo singular masculino; femenino: *huecas;* plural: *huecos, huecas.*

huérfano Persona que no tiene padre o madre o ninguno de los dos. ◖ Orfandad, orfanato, orfelinato.

◖ Sustantivo o adjetivo singular masculino; femenino: *huérfana;* plural: *huérfanos, huérfanas.*

huerta Tierra en la que se cultivan tomates, pimientos, coles, árboles frutales, etc. ◖ Hortelano, huerto.

◖ Sustantivo singular femenino; plural: *huertas.*

hueso 1) Cada uno de los trozos que forman el esqueleto de los hombres y de los animales. // 2) Lo que tienen dentro algunas frutas (como el melocotón, la ciruela y las guindas) y que se parece a una almendra.

◖ Sustantivo singular masculino; plural: *huesos.*

huevo 1) Todo lo que tiene forma picuda y redonda a la vez: *Este niño quería pintar una circunferencia y le ha salido un huevo.* // 2) Lo que ponen las aves y unas veces sirve de alimento al hombre y otras para que nazcan nuevas aves. ꜰ Oval, ovalado, huevero.

◖ Sustantivo singular masculino; plural: *huevos.*

huir 1) Escaparse de un sitio: *Los prisioneros huyeron al anochecer.* // 2) Salir corriendo por miedo a algo: *Al oír las sirenas de la policía, los bandidos huyeron en un automóvil.* ꜱ Escapar, escabullirse. ꜰ Huida.

◖ Verbo en infinitivo. Se conjuga como *construir.**

HUMERAL
(usado por los
eclesiásticos)

humano 1) Generoso, compasivo, amable: *Este muchacho es muy humano, ayuda en lo que puede a los demás.* // 2) Que tiene algo que ver con los hombres: *El cuerpo humano está formado por cabeza, tronco y extremidades.*

◖ Adjetivo singular masculino; femenino: *humana:* plural: *humanos, humanas.*

humilde 1) Persona que, aunque sea muy importante, nunca se da importancia: *Los genios suelen ser humildes.* // 2) Persona o cosa pobre: *En mi barrio hay mucha gente que vive en casas humildes.* ꜱ Sencillo, modesto. ꜱ 1) Presumido, tonto, altivo, creído. ꜰ Humildad.

◖ Adjetivo singular invariable en género; plural: *humildes.*

HUMILLADERO
(monumento que suele
estar en los caminos)

humanidad Conjunto de todos los hombres, mujeres y niños del mundo: *La humanidad sufre mucho con las guerras.*

◖ Sustantivo singular ˙femenino.

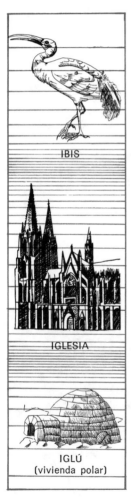

IBIS

IGLESIA

IGLÚ
(vivienda polar)

idea 1) Lo que piensa uno de una persona o cosa: *Yo tenía idea de que un cocodrilo era un camión con muchas ruedas y resulta que es un animal.* // 2) Lo que se le ocurre a uno para hacer algo: *Tengo una idea estupenda para decorar la habitación.* ⟿ 1) Noción, impresión, concepción. // 2) Plan, proyecto. ⟜ Idear.
◗ Sustantivo singular femenino; plural: *ideas.*

idioma Lengua de una nación o de un país: *El italiano es el idioma de Italia.*
◗ Sustantivo singular masculino; plural: *idiomas.*

iglesia 1) El papa, los obispos, los curas y todos los hombres católicos forman la iglesia católica, pero también hay una iglesia protestante, ortodoxa, etc. // 2) Sitio donde se celebran misas. Las de los curas párrocos se llaman **parroquias** o iglesias parroquiales, las de los obispos **catedrales** y las de las casas, colegios, etc., se llaman **capillas.** ⟿ 2) Templo.
◗ Sustantivo singular femenino; plural: *iglesias.*

igual Cosa o persona que tiene el mismo tamaño, la misma forma, etc., que otra: *Tus zapatos son iguales a los míos.* ⮐ Idéntico, semejante, exacto. ⬛ Distinto, diferente. ☞ Igualdad, igualar, igualmente.
⬤ Adverbio singular invariable en género; plural: *iguales.*

imagen 1) Dibujo, escultura o fotografía de algo: *En la plaza de mi pueblo hay una imagen de Colón.* // 2) Figura de una cosa que se refleja en un espejo, en el agua, etc. ☞ Imaginar, imaginable, imaginación, imaginario.
⬤ Sustantivo singular femenino; plural: *imágenes.*

impedir Evitar* que se haga una cosa o que ocurra algo: *La nieve nos impidió continuar el viaje.* ⮐ Imposibilitar, prohibir, vedar. ⬛ Permitir, dejar. ☞ Impedimento, impedido.
⬤ Verbo en infinitivo. Se conjuga como *servir* (modelo n.º 13).

imperio Conjunto de tierras, estados o reinos gobernados por un emperador.
⬤ Sustantivo singular masculino; plural: *imperios.*

importar 1) Ser una cosa muy interesante para alguien: *Me importa todo lo que pasa en el mundo porque vivo en él.* // 2) Costar una cosa: *¿Cuánto importan estas botellas?* // 3) Traer cosas del extranjero: *Cerca de mi casa hay una tienda que importa coches.* ⮐ 1) Interesar. // 2) Va-

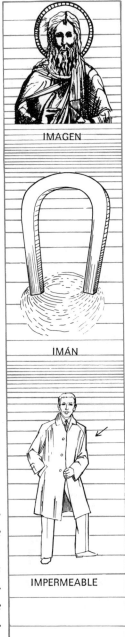

IMAGEN

IMÁN

IMPERMEABLE

INCENSARIO
(se usa en el culto)

IMPRENTA

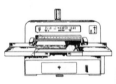

Guillotina

Minerva

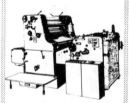

Máquina de imprimir

ler, costar, subir. // 3) Introducir. **F** 1) Importancia, importante. // 2) Importe. // 3) Importación, importado.

C Verbo en infinitivo. Se conjuga como *amar* (modelo n.º 1).

imposible Que no se puede nacer: *Es imposible barrer una escalera de abajo para arriba.* **S** Irrealizable, impracticable. **A** Posible. **F** Imposibilidad, imposibilitar, imposibilitado.

C Adjetivo o sustantivo singular masculino; plural: *imposibles.*

impresión 1) Idea que saca uno de una persona o cosa la primera vez que la ve: *Tu hermano me ha causado muy buena impresión.* // 2) Susto o emoción que se siente cuando pasa algo que uno no se esperaba: *¡Qué impresión me dio verle aparecer con el disfraz!* **S** Efecto, sensación. **F** Impresionar, impresionable.

C Sustantivo singular femenino; plural: *impresiones.*

incendio Fuego que produce daños: *Los bomberos tardaron dos días en apagar el incendio de la fábrica de papel.* **S** Fuego. **F** Incendiar, incendiado, incendiarse.

C Sustantivo singular masculino; plural: *incendios.*

inclinar Poner una cosa hacia un lado: *No inclines tanto la bicicleta que te vas a caer.* **S** Ladear, desviar, tumbar. **F** Inclinación, inclinado.

C Verbo en infinitivo. Se conjuga como *amar* (modelo n.º 1).

incluir Poner en un grupo a alguna persona o cosa: *Quiero que me incluyan en la lista de los que van a la excursión.* ⊜ Meter, insertar, introducir, poner. ⊛ Excluir, sacar. ⊫ Inclinación, incluido, inclusive, incluso.
⊜ Verbo en infinitivo. Se conjuga como *construir.**

indicar 1) Señalar algo: *Los letreros de las carreteras indican por dónde se va a cada sitio.* // 2) Decir algo con pocas palabras: *Por favor, indíqueme de qué se trata y ya lo hablaremos más adelante.* ⊜ Mostrar, señalar, guiar, orientar. ⊫ Indicación, indicador, indicio.
⊜ Verbo en infinitivo. Se conjuga como *amar* (modelo n.º 1). Cambia *c* por *qu* cuando le sigue *-e: indiqué.*

indio 1) Persona descendiente de los antiguos pobladores de América y todo lo que ellos hacen: *Mi padre tiene una pitillera india.* // 2) Cualquier persona o cosa de la India.
⊜ Sustantivo o adjetivo singular masculino; femenino: *india;* plural: *indios, indias.*

industria 1) Fábrica: *Mi abuelo tenía una industria de calzado.* // 2) Conjunto de fábricas de una misma cosa o de un mismo sitio: *La industria española está progresando mucho últimamente.* ⊫ Industrial, industrioso, industrializar.
⊜ Sustantivo singular femenino; plural: *industrias.*

─────┼─────

influencia Ayuda de una persona importante para conseguir una cosa· *Gra-*

dedo
ÍNDICE

INDIO

TIENDAS DE CAMPAÑA

ALGODÓN
HIDRÓFILO

GUANTES   TEJIDO DE PUNTO

Aprovechamiento
INDUSTRIAL
del algodón

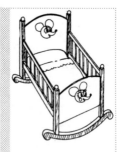

CUNA
(cama INFANTIL)

INJERTO
(unión de dos
plantas distintas)

cias a la influencia del gobernador arreglaron la carretera de mi pueblo. ⬢ Poder, prestigio, importancia. ⬗ Influir, influyente.

⬢ Sustantivo singular femenino; plural: *influencias.*

influir Ayudar para que pase algo o que alguien haga algo: *La lluvia ha influido mucho en la buena cosecha de este año.* ⬢ Ayudar, contribuir, apoyar. ⬗ Influencia.

⬢ Verbo en infinitivo. Se conjuga como *construir*.*

informar 1) Dar noticias: *Las emisoras informan de lo que pasa en el mundo.* // 2) Explicar a alguien algo que nos pregunta: *En casi todas las ciudades del mundo hay una oficina para informar a los visitantes sobre monumentos, hoteles, carreteras, etc.* ⬢ Comunicar, participar, notificar, contar. ⬗ Información, informador, informado, informe.

⬢ Verbo en infinitivo. Se conjuga como *amar* (modelo n.° 1).

iniciar Empezar algo: *Ayer se iniciaron las obras para hacer una nueva carretera.* ⬢ Empezar, comenzar. ⬤ Terminar*. ⬗ Inicial, iniciación, iniciado, iniciativa.

⬢ Verbo en infinitivo. Se conjuga como *amar* (modelo n.° 1).

inmenso Muy grande: *El mar es como un lago inmenso.* ⬢ Enorme, grandísimo, gigante. colosal. ⬤ Pequeño. ⬗ Inmensidad.

◐ Adjetivo singular masculino; femenino: *inmensa;* plural: *inmensos, inmensas.*

insecto Animal muy pequeño, como las moscas, las hormigas, las abejas, etc.: *Donde hace calor hay muchos más insectos que donde hace frío.*
◐ Sustantivo singular masculino; plural: *insectos.*

inspirar 1) Llenar los pulmones de aire: *Al respirar inspiramos aire y luego lo echamos.* // 2) Dar ideas: *El río me inspira para escribir.* ◐ Iluminar, sugerir. ⌐ Inspiración, inspirado.
◐ Verbo en infinitivo. Se conjuga como *amar* (modelo n.° 1).

instrucción Enseñanza.
◐ Sustantivo singular femenino; plural: *instrucciones.*

instruir Enseñar*.
◐ Verbo en infinitivo. Se conjuga como *construir.**

instante Momento muy pequeño: *Esto lo acabo yo en un instante.* ◐ Minuto, segundo, periquete. ⌐ Instantáneo, instantáneamente.
◐ Sustantivo singular masculino; plural: *instantes.*

instrumento Aparato que sirve para algo: *El cuchillo es un instrumento para cortar.* ◐ Utensilio, útil.
◐ Sustantivo singular masculino; plural: *instrumentos.*

interior 1) Espacio que queda dentro de algo: *Abrimos la caja y en su interior había un regalo para cada uno.* // 2) Habitación

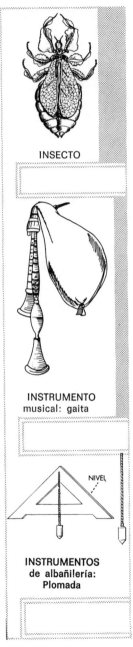

INSECTO

INSTRUMENTO
musical: gaita

NIVEL

INSTRUMENTOS
de albañilería:
Plomada

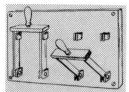

INTERRUPTORES

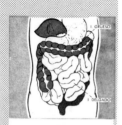

INTESTINOS

que no tiene ventanas a la calle: *En los hoteles, las habitaciones interiores cuestan más baratas que las exteriores.* ⊠ Exterior. ⊫ Interioridad, interiormente.

⊫ 1) Sustantivo singular masculino. // 2). Adjetivo singular invariable en género; plural: *interiores.*

interpretar 1) Representar un papel en una obra de teatro o de cine: *Para las fiestas haremos una comedia y yo interpretaré un papel muy importante.* // 2) Cantar o tocar con cualquier instrumento una pieza musical: *En el concierto interpretaron varias obras de Beethoven.* // Entender algo de una manera: *Creo que has interpretado mal lo que te he dicho.* ⊫ Interpretación, intérprete.

⊫ Verbo en infinitivo. Se conjuga como *amar* (modelo n.° 1).

inventar Construir algo nuevo: *Juan de la Cierva inventó el helicóptero.* ⊜ Descubrir, crear. ⊫ Invento, invención, inventor, inventiva.

⊫ Verbo en infinitivo. Se conjuga como *amar* (modelo n.° 1).

invierno Estación del año en que hace mucho frío.

⊫ Sustantivo singular masculino; plural: *inviernos.*

invitar Pedir una persona a otra que le acompañe a una fiesta, a comer, etc.: *Mañana no podré venir a clase porque estoy invitado a una boda.* ⊜ Convidar. ⊫ Invitación.

● Verbo en infinitivo. Se conjuga como *amar* (modelo n.º 1).

isla Tierra que está en medio del mar, de un río o de un lago. De las que están en medio del mar, las hay muy grandes y en ellas se levantan ciudades. ☞ Aislar, aislado, islote, aislante.

● Sustantivo singular femenino; plural: *islas*.

ISBA
(tipo de vivienda)

jamás Nunca: *A este restaurante no volveré jamás.* ⮕ Nunca, en la vida. ⓐ Siempre.
🔹 Adverbio de tiempo.

jardín Terreno con plantas y flores: *Me gustan mucho las casas con jardín.* ☞ Jardinero, jardinera.
🔹 Sustantivo singular masculino; plural: *jardines.*

jarro Vaso grande y con asas que se usa para beber, de adorno o para tener flores con agua: *En el centro de la mesa había un jarro con flores.* ⮕ Vasija, jarra.
🔹 Sustantivo singular masculino; plural: *jarros.* El femenino: *jarra,* no significa exactamente lo mismo.

jaula Sitio construido para encerrar animales: *En el zoo hay jaulas enormes con leones, tigres y otros muchos animales.*
🔹 Sustantivo singular femenino; plural: *jaulas.*

joroba Bulto que tienen algunos animales o personas en la espalda: *El camello tiene dos jorobas y el dromedario una.*
🔹 Sustantivo singular femenino; plural: *jorobas.*

joven Persona que ya no es niño, pero

JAGUAR

JARRÓN

JAULA

tampoco es viejo: *Yo tengo 29 años, soy joven.* Viejo, anciano.

Sustantivo o adjetivo singular; plural: *jóvenes.* Es invariable en género.

jueves Cuarto día de la semana. Va después del miércoles y antes del viernes.

Sustantivo masculino; invariable en número.

juez Persona que en un juicio dice quien tiene razón.

Sustantivo singular masculino; plural: *jueces.*

juicio 1) Reunión que se hace en un juzgado y en la que hay uno al que se acusa de algo, un abogado que lo defiende, testigos y un juez*. // 2) Capacidad que tienen las personas para juzgar las cosas: *Es un hombre de muy buen juicio.* 1) Vista. //2) Criterio, sentido común, entendimiento, cordura. 2) Locura. 2) Enjuiciar, prejuicio, prejuzgar.

Sustantivo singular masculino; plural: *juicios.*

julio Séptimo mes del año.

Sustantivo singular masculino. El plural: *julios,* es muy poco usado.

junio Sexto mes del año.

Sustantivo singular masculino. El plural: *junios,* es muy poco usado.

juntar Unir cosas que están separadas: *Juntando todas las piezas del rompecabezas formarías una bonita figura.* Reunir, unir, agrupar. Separar, repartir, dispersar.

JUEGO

JUNCO

DÍAS DE LA SEMANA

LUNES
MARTES
MIÉRCOLES
JUEVES
VIERNES
SÁBADO
DOMINGO

JURISTA

JUVENTUD

🄴 Verbo en infinitivo. Se conjuga como *amar* (modelo n.° 1).

jurar Poner a Dios por testigo de que lo que se dice es verdad. ⏴Juramento, jura, perjurar.

🄴 Verbo en infinitivo. Se conjuga como *amar* (modelo n.° 1).

justicia Honradez que tiene la persona que manda y sabe tratar a todos como debe dándole a cada uno lo que le corresponde: *Pocos hay que sepan obrar con justicia.* // 2) Sentido que todos los hombres tienen sobre la verdad y el derecho ⏵ Equidad, imparcialidad, ecuanimidad. 🄰 Injusticia, capricho.

🄴 Sustantivo singular femenino; plural: *justicias*, poco usado.

justo Persona que hace las cosas con justicia: *Mi padre ha sido siempre un hombre muy justo.* // 2) Exactamente: *Hemos llegado justo hasta aquí.* ⏵ 1) Equitativo, recto. // 2) Precisamente, exactamente. 🄰 1) Injusto, parcial. ⏴ 1) Justicia.

🄴 1) Adjetivo singular masculino; femenino: *justa;* plural: *justos, justas.* // 2) Adverbio de modo.

juventud 1) Época de la vida en que se es joven: *Mi abuelo contaba que en su juventud participó en dos guerras.* // 2) La gente joven: *En verano la juventud lo pasa muy bien en aquel pueblo.* ⏵ 1) Mocedad, gente joven. 🄰 1) Vejez. // 2) Gente vieja, vejez.

🄴 Sustantivo singular femenino; plural: *juventudes.*

LL

labor 1) Trabajo: *Mi labor en la fábrica consiste en llenar botellas.* // 2) Adorno hecho sobre una tela, madera, etc.: *Los mejicanos hacen ponchos con unas labores preciosas.* ◄ Tarea, ocupación, faena, trabajo, quehacer. // 2) Adorno, labrado, bordado.

◄ Sustantivo singular femenino; plural: *labores*.

lado 1) Parte derecha o izquierda de una persona o cosa: *A un lado de las calles están las casas con número par, y al otro las de número impar.* // 2) **Estar al lado:** estar cerca de algo o junto a algo: *Al lado de la catedral está el palacio del obispo.* ◄ 1) Lateral, flanco, costado. ♠ Centro. ♠ Ladear, ladeado.

◄ Sustantivo singular masculino; plural: *lados*.

lámina 1) Hoja de papel o de metal, de plástico o de cualquier otra materia: *En el suelo, alrededor de la estufa de leña, pusimos una lámina de hojalata para que las chispas que saltaran no quemaran el piso de madera.* // 2) Dibujo de un libro, sobre

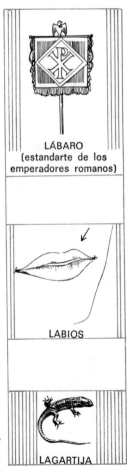

LÁBARO
(estandarte de los
emperadores romanos)

LABIOS

LAGARTIJA

LÁMPARA
sobremesa

LANCHA

LANGOSTA

LANZAMIENTO
de jabalina

todo si ocupa una hoja entera: *Tengo un libro de cuentos que cada 8 ó 10 hojas tiene una lámina a todo color.* ⟹ 1) Plancha, hoja. // 2) Dibujo, grabado, pintura, estampado, ilustración. ⟹ Laminar, laminado, laminación.

⟸ Sustantivo singular femenino; plural: *láminas*.

lámpara 1) Aparato en que se ponen una o varias bombillas para que den luz y hagan bonito: *En el medio de la iglesia había una enorme lámpara.* // 2) Bombilla: *Se nos fundió la lámpara y quedamos a oscuras.* ⟹ 1) Quinqué, flexo, araña. // 2) Bombilla.

⟸ Sustantivo singular femenino; plural: *lámparas*.

lana Materia que se extrae de las ovejas y otros animales, con la que se fabrica un hilo que sirve para hacer prendas de vestir: *Mi padrino me regaló una estupenda bufanda de lana.*

⟸ Sustantivo singular femenino; plural: *lanas*.

lancha Barca con motor. ⟹ Motora, barca.

⟸ Sustantivo singular femenino; plural: *lanchas*.

lanzar 1) Tirar una cosa con fuerza: *Los indios lanzaron miles de flechas contra el fuerte.* // 2) Publicar un periódico, un libro, etc.: *De este libro se han lanzado 5.000 ejemplares.* ⟹ 1) Arrojar, tirar. // 2) Publicar, dar a luz, sacar a la calle. ⟹ 1) Parar, retener. ⟹ Lanzamiento.

⟸ Verbo en infinitivo. Se conjuga como *amar* (modelo n.º 1). Cambia la *z* por *c* cuando le sigue -*e*: *lancé.*

largo Que mide mucho de longitud o altura: *La electricidad va desde las centrales a las casas y a las industrias por unos cables muy largos.* ⊜ Prolongado, alto, larguirucho. ⋒ Corto. ⊭ Alargar, alargado, alargamiento.
🝰 Adjetivo singular masculino; femenino: *larga;* plural: *largos, largas.*

lata 1) Bote o caja hecho de hojalata: *Mi padre me mandó a buscar una lata de aceite para el coche.* // 2) Hojalata: *Mi prima tiene un anillo de lata y ella cree que es de plata.*
🝰 Sustantivo singular femenino; plural: *latas.*

lazo 1) Nudo que se hace con una cuerda o en una cinta y se puede deshacer tirando de una punta. // 2) **Lazo corredizo:** Nudo que se puede apretar o aflojar tirando de un extremo: *Los ganaderos usan el lazo corredizo para atar toros, caballos, etc.*
🝰 Sustantivo singular masculino; plural: *lazos.*

lechón Cochinillo pequeño: *La cerda estaba tumbada con sus siete lechones alrededor.* ⊜ Tostón, cerdito, cochinillo.
🝰 Sustantivo singular masculino; plural: *lechones.*

lechuga Planta de huerta que tiene unas hojas muy grandes y se comen en ensalada.
🝰 Sustantivo singular femenino; plural: *lechugas.*

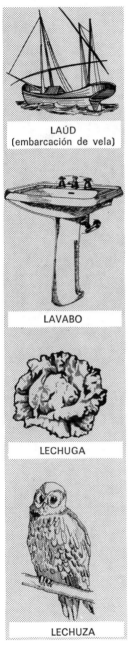

LAÚD
(embarcación de vela)

LAVABO

LECHUGA

LECHUZA

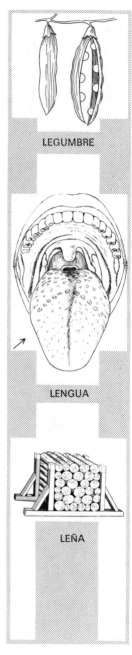

LEGUMBRE

LENGUA

LEÑA

leer 1) Entender lo que haya escrito en un sitio. // 2) **Leer en voz alta:** Ir diciendo lo que uno lee para que se enteren los demás: *En las iglesias leen el evangelio en voz alta.* ✇ Recitar. ✇ Legible, leído, lector.

✇ Verbo en infinitivo. Se conjuga como *temer* (modelo n.º 2).

lejano Que está muy lejos: *Los astronautas han viajado hasta la lejana luna.* ✇ Alejado, distante, distanciado. ✇ Cercano, próximo. ✇ Lejos, alejarse.

✇ Adjetivo singular masculino; femenino: *lejana;* plural: *lejanos, lejanas.*

lejos A mucha distancia.

✇ Adverbio de lugar.

lengua 1) Parte de la boca que se mueve, y en la que notamos el gusto de las cosas: *Luis chupó el helado con la lengua y dijo que estaba muy rico.* // 2) Conjunto de palabras, y forma de usarlas, que sirven para que la gente que la hable se entienda: *La lengua española se habla en muchísimas partes del mundo.*

✇ Sustantivo singular femenino; plural: *lenguas.*

lenguaje Facultad que tenemos los hombres para entendernos unos con otros. *El lenguaje de los sordomudos es de señas y gestos.*

✇ Sustantivo singular masculino; plural: *lenguajes.*

leña Madera que se utiliza para hacer fuego: *Echa más leña en la chimenea que*

se está apagando el fuego. 🗢 Madera. ☞ Le-
ñador, leñero.

🕭 Sustantivo singular femenino; plural: *leñas.*

león Animal que vive en la selva y se
alimenta cazando otros animales.

🕭 Sustantivo singular masculino; plural: *leones.*

letra Signo escrito que representa un
sonido de una lengua: *En el abecedario
están todas las letras de una lengua.* 🗢 Carácter, tipo (de imprenta). ☞ Deletrear, letrero.

🕭 Sustantivo singular femenino; plural: *letras.*

levantar 1) Mover una cosa de abajo
hacia arriba: *Tuvimos un pinchazo y levantamos el coche con el gato para cambiar
la rueda.* // 3) **Levantarse:** Salir de la
cama. 🗢 1) Elevar, ascender, subir. 🛇
1) Bajar, descender.

🕭 Verbo en infinitivo. Se conjuga como *amar* (modelo n.º 1).

ley Lo que manda Dios o los hombres
para que se cumpla: *La ley de Dios está
en los diez mandamientos.* 🗢 Orden, norma,
mandato.

🕭 Sustantivo singular femenino; plural: *leyes.*

leyenda Especie de historia en la que
se cuenta algo que tal vez pasó, pero
que se ha exagerado mucho. 🗢 Cuento, historia, sucedido. ☞ Legendario.

🕭 Sustantivo singular femenino; plural: *leyendas.*

libertad Poder hacer algo sin que nadie

LEÓN

LEOPARDO

LEVITA

LIBÉLULA

mueble
LIBRERÍA

LIBRILLO
(contiene papel
de fumar)

LIBRO

lo impida: *Me gustan las vacaciones porque tengo mucha más libertad que cuando hay clase.* ⬤ Autonomía, independencia. ⬤ Cautiverio, dependencia. ⬤ Liberar, libertado.

⬤ Sustantivo singular femenino; plural: *libertades* (tiene un significado algo distinto).

libra 1) Moneda inglesa: *En el banco había un inglés cambiando libras por pesetas.* // 2) Peso de 400 gramos: *Me ha dicho mi madre que me dé una libra de queso.*

⬤ Sustantivo singular femenino; plural: *libras.*

librar Evitar que a alguien le pase algo malo: *Este paraguas me ha librado de un buen remojón.* ⬤ Salvar.

⬤ Verbo en infinitivo. Se conjuga como *amar* (modelo n.° 1).

libreta Montón de hojas de papel, unidas por un lado, que se usan para escribir. ⬤ Cuaderno.

⬤ Sustantivo singular femenino; plural: *libretas.*

licenciado Persona que ha estudiado una carrera: *Mi hermano Antonio es Licenciado en Derecho.*

⬤ Sustantivo o Adjetivo singular masculino; plural: *licenciados, licenciadas.*

líder Persona que dirige a un grupo de gente para hacer algo: *Los dirigentes políticos suelen empezar siendo líderes de un partido.* ⬤ Destacado, dirigente, divo. ⬤ Hombre gris. ⬤ Liderazgo.

⬤ Sustantivo singular masculino; plural: *líderes.*

limón Fruta redondeada, amarilla, de sabor muy agrio.
◖ Sustantivo singular masculino; plural: *limones*.

limosna Dinero, comida o ropa que se da a una persona necesitada. ◗ Caridad, ayuda, donativo. ◖ Limosnear, limosnero.
◖ Sustantivo singular femenino; plural: *limosnas*.

limpiar Quitar la suciedad de un sitio: *Hoy he limpiado a fondo la casa.* ◗ Lavar, fregar, ordenar, arreglar. ◖ Ensuciar. ◖ Limpieza, limpio.
◖ Verbo en infinitivo. Se conjuga como *amar* (modelo n.° 1).

lindo Bonito: *Tengo un lindo perro chihuahua.* ◗ Bonito, precioso, maravilloso. ◖ Feo, horrible. ◖ Lindeza.
◖ Adjetivo singular masculino; femenino: *linda;* plural: *lindos, lindas.*

línea Raya: *He trazado unas líneas sobre el papel para no torcerme al escribir.* // 2) Fila de personas. // 3) Instalación de luz o telefónica: *La línea de teléfono se estropea muchas veces.* ◗ 1) Raya, trazos, rectas. // 2) Fila, cola. ◖ 2) Alinear.
◖ Sustantivo singular femenino, plural: *líneas.*

liso Que no tiene arrugas, ni hoyos: *El tablero de la mesa es muy liso.* ◗ Llano, planchado. ◖ Arrugado, rugoso, quebrado. ◖ Alisar, lisura.
◖ Adjetivo singular masculino; femenino: *lisa;* plural: *lisos, lisas.*

LIEBRE

LINCE

LÍNEA
quebrada

LINTERNA

LITERA

LOBO

LOCOMOTORA
moderna

LUCIÉRNAGA

lista 1) Papel en el que se escriben los nombres de una serie de personas o cosas relacionadas por algo: *Esta es la lista de alumnos de mi curso.* // 2) Raya ancha pintada en algún sitio: *En la meta había una lista pintada sobre la carretera.* ⬤ Relación, catálogo, retahila. // 2) Franja, raya. ⬤ 1) Alistar.

⬤ Sustantivo singular femenino; plural: *listas.*

lobo Animal, parecido al perro, que vive en el bosque y se alimenta de otros animales. Es peligroso, porque cuando está hambriento ataca al hombre.

⬤ Sustantivo singular masculino; plural: *lobos.*

local 1) Sitio cerrado y cubierto: *Están haciendo unos locales muy grandes para poner las oficinas de aquella empresa.* // 2) Que pertenece a un sitio: *En Zamora, las fiestas locales son en septiembre.* ⬤ 1) Establecimiento. // 2) Propia, municipal. ⬤ 2) Nacional, general, regional. ⬤ 2) Localidad.

⬤ Sustantivo singular masculino; plural: *locales.*

lograr Conseguir algo que se quería: *He logrado arreglar el pinchazo de la rueda.* ⬤ Conseguir, alcanzar. ⬤ Fracasar.

⬤ Verbo en infinitivo. Se conjuga como *amar* (modelo n.º 1).

loma Pequeña elevación de tierra: *En las lomas de los alrededores de mi pueblo hay mucha caza.* ⬤ Colina, teso. ⬤ Hoyo.

⬤ Sustantivo singular femenino; plural: *lomas.*

lucir 1) Brillar: *Los espejos lucen cuando les da el sol.* // 2) Llevar algo que se ve: *Esta mañana Carmen lucía un vestido muy bonito.* // 3) Quedar bien algo que se ha hecho o se ha puesto en algún sitio: *Este cuadro luce mucho ahí.* ⊜ 1) Brillar, resplandecer, reflejar. // 2) Exhibir, llevar, mostrar, enseñar. // 3) Ser adecuado, adornar, tener éxito. ⓐ 2) Esconder. ☞ 1) Relucir, reluciente.

⚙ Verbo en infinitivo. Se conjuga como *conducir* (modelo n.° 17). Menos en los siguientes tiempos: **Indicativo: Pretérito indefinido:** *lucí, luciste, lució, lucimos, lucisteis, lucieron.* // **Subjuntivo: Pretérito imperfecto:** *luciera, lucieras, luciera, luciéramos, lucierais, lucieran.* // **Futuro imperfecto:** *luciere, lucieres, luciere, luciéremos, luciereis, lucieren.*

luchar Pelear: *Manolo y Jesús están luchando porque los dos quieren el mismo juguete.* ⊜ Pelear, discutir, pegarse. ⓐ Pacificar, tranquilizar, separar. ☞ Lucha, luchador.

⚙ Verbo en infinitivo. Se conjuga como *amar* (modelo n.° 1).

lugar Sitio: *El domingo pasado fuimos a merendar a un lugar muy bonito en el que había muchos árboles.* ⊜ Sitio, paraje.

⚙ Sustantivo singular masculino; plural: *lugares.*

lunes Primer día de la semana.

⚙ Sustantivo singular masculino. El plural es igual.

luz Lo que hace que las cosas se puedan ver: *En invierno, hay que encender las luces muy pronto porque se hace de noche enseguida.*

⚙ Sustantivo singular femenino; plural: *luces.*

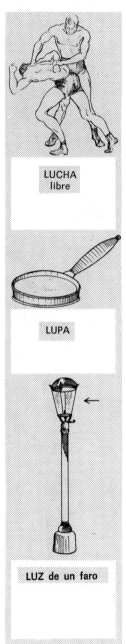

LUCHA libre

LUPA

LUZ de un faro

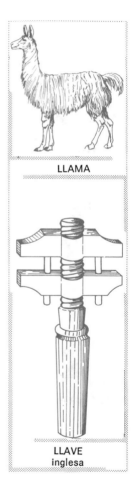

LLAMA

LLAVE
inglesa

llamar Hacer que alguien te atienda y escuche: *Llama al camarero, por favor.* ⬗ Solicitar la atención, dar una voz, telefonear, nombrar. ⬚ Llamada, llamador.
◖ Verbo en infinitivo. Se conjuga como *amar* (modelo n.° 1).

llano 1) Que no tiene hoyos, altos ni bajos, etc.: *Los campos de fútbol, los de tenis y otros muchos tienen un terreno muy llano.* // 2) Sencillo: *Es un hombre muy llano.* ⬗ 1) Liso, sin accidentes, horizontal. rugoso, con altibajos. // 2) Pedante, orgulloso, soberbio. ⬚ 1) Llanura. // 2) Llaneza.
◖ Adjetivo singular masculino; femenino: *llana;* plural: *llanos, llanas.*

llave 1) Utensilio que sirve para abrir cerraduras: *Me he dejado la llave dentro de casa y ahora no puedo entrar.* // 2) Dibujo que se hace abarcando una serie de frases en un esquema o cuadro sinóptico.
◖ Sustantivo singular femenino; plural: *llaves.*

llegar 1) Estar en el sitio al que se iba: *Llegamos a Madrid a la hora de comer.* // 2) Ir a parar una cosa a un sitio: *Las cartas de aquí llegan a Sevilla a las 10 de la mañana.* // 3) Alcanzar: *Este libro está tan alto que no llego a cogerlo.* ⮜ 1) Alcanzar la meta, finalizar el trayecto o viaje. // 2) Alcanzar el destino. ⬟ 1) Quedarse en el camino. ⬕ 1) Llegada.

⬕ Verbo en infinitivo. Se conjuga como *amar* (modelo n.º 1). Añade una *u* después de la *g*, cuando le sigue *-e: llegue, lleguemos.*

Sacos LLENOS
de arroz

llenar Hacer que algo esté lleno: *He llenado tanto el vaso, que no cabe ni una gota más de agua.* ⮜ Completar, ocupar, cargar, abarrotar. ⬟ Vaciar. ⬕ Lleno, rellenar.

⬕ Verbo en infinitivo. Se conjuga como *amar* (modelo n.º 1).

Este señor LLEVA
un disfraz

lleno Que no cabe ninguna cosa o persona más: *Los domingos los cines están llenos.* ⮜ Repleto, completo, rebosante. ⬟ Vacío. ⬕ Llenar, rellenar.

⬕ Adjetivo singular masculino; femenino: *llena;* plural: *llenos, llenas.*

llevar 1) Hacer que una persona o una cosa lleguen a un sitio: *Como no tienes bicicleta, yo te llevo en la mía.* // 2) Tener puesto algo: *Hoy llevo calcetines rojos.* ⮜ 1) Transportar, trasladar, cargar, empujar. // 2) Vestir, lucir. ⬟ 1) Dejar.

⬕ Verbo en infinitivo. Se conjuga como *amar* (modelo n.º 1).

LLUVIA

lluvia Agua que cae de las nubes a la tierra: *La lluvia ha mojado la ropa que estaba tendida.* ◗ Aguacero, chaparrón, llovizna. ◭ Sequía. ᖴ Llover, llovizna.

◀ Sustantivo singular femenino; plural: *lluvias.*

m M

madera Material que se saca del tronco de los árboles y que sirve para hacer muebles, marcos para las ventanas y las puertas, tablas, vallas, etc.: *Tengo un cajón de madera para guardar mis cosas.* ⬱ Sustantivo singular femenino; plural: *maderas.* El masculino: *madero,* significa otra cosa.

maduro 1) Que ya está hecho del to-do: *Hay que coger las manzanas del árbol cuando están maduras.* // 2) **Persona madura:** Persona mayor: *Mi padre es un hombre maduro.* ⬱ 1) Hecho, a punto. // 2) Formado, experimentado. ⬱ 1) Verde. // 2) Inmaduro, inexperto. ⬱ Madurar, madurez.
⬱ Adjetivo singular masculino; femenino: *madura;* plural: *maduros, maduras.*

maestro Persona que enseña a otras para que aprendan cosas: *En las escuelas hay maestros.* // 2) Persona que sabe mucho de algo: *Cervantes es el maestro de los escritores españoles.* ⬱ 1) Profesor. // 2) Artista, as. ⬱ 2) Maestría.
⬱ Sustantivo singular masculino; femenino: *maestra;* plural: *maestros, maestras.*

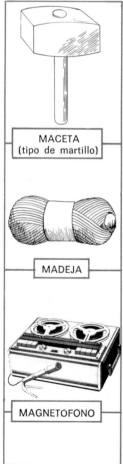

MACETA
(tipo de martillo)

MADEJA

MAGNETÓFONO

MAÍZ
(planta)

MALETA

MALETÍN

magnífico Que es muy bueno o muy bonito: *Es una tarde magnífica y vamos a ir de excursión.* ⬧ Estupendo, extraordinario, sensacional, maravilloso. ⬧ Desagradable, asqueroso, molesto, malo. ⬧ Magníficamente, magnificencia.

⬧ Adjetivo singular masculino; femenino: *magnífica;* plural: *magníficos, magníficas.*

maíz Planta con hojas muy altas que da una espiga muy gorda con muchos granos de color amarillo que se llama mazorca: *Las palomitas se hacen con granos de maíz.*

⬧ Sustantivo singular femenino; plural: *maíces.*

malo 1) Cosa que se ha estropeado: *Esa naranja está mala.* // 2) Cosa mal hecha o hecha con materiales que duran poco: *Esta silla es muy mala; hace un mes que la he comprado y ya tiene una pata rota.* // 3) Persona que hace cosas malas: *Ese niño es malo porque le pega a su hermano pequeño.* // 4) Que no va bien para algo: *El tabaco es malo para la salud.* ⬧ 1) Podrido, pocho, estropeado. // 2) Flojo, de poca duración, débil, de baja calidad. // 3) Malvado, perverso, vicioso. // 4) Inconveniente, inapropiado, perjudicial. ⬧ 1) Bueno, bien. // 2) Bueno. // 3) Honrado, recto, bueno. // 4) Conveniente, bueno, apropiado, beneficioso.

⬧ Adjetivo singular masculino; femenino: *mala;* plural: *malos, malas.*

maltratar 1) Hacer daño a una persona o a un animal: *Margarita fue castigada por maltratar a un compañero.* // 2) Usar las cosas sin cuidado: *Si maltratas así el abrigo, no te durará nada.* ⬧1) Hacer daño, lastimar. // 2) Descuidar. ⬧1) Tratar bien, respetar. // 2) Cuidar. ⬧ Maltratado, maltrato.

⬧ Verbo en infinitivo. Se conjuga como *amar* (modelo n.º 1).

El perro es un
MAMÍFERO

mamífero Animal que cuando es pequeño se alimenta de leche de la madre: *El hombre, el león, el gato, el perro, etc., son mamíferos.*

⬧ Sustantivo o adjetivo singular masculino; femenino: *mamífera,* casi no se usa; plural: *mamíferos, mamíferas.*

MANDRIL
(especie de mono)

manchar Ensuciar una cosa: *Por jugar con barro te has manchado los pantalones.* ⬧ Ensuciar, tiznar, pringar. ⬧ Limpiar, lavar. ⬧ Mancha, manchado.

⬧ Verbo en infinitivo. Se conjuga como *amar* (modelo n.º 1).

mandar 1) Decir a alguien que haga algo: *Mi madre me ha mandado ir a buscar el pan.* // 2) Enviar algo: *El día de mi cumpleaños mi padrino me mandó por correo un regalo.* ⬧ 1) Ordenar, encargar, pedir. // 2) Enviar, girar (dinero), echar al correo. ⬧ 1) Mandato, mandado.

⬧ Verbo en infinitivo. Se conjuga como *amar* (modelo n.º 1).

MANGO

mango Parte alargada por la que se

MANÍPULO
(enseña de los
soldados romanos)

MANIQUÍ
(figura de madera
articulada)

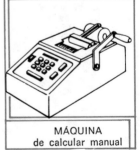

MÁQUINA
de calcular manual

agarra una cosa: *El mango de la escoba es de madera forrada con plástico.* ⬤ Asidero, asa, palo (de escoba).

⬤ Sustantivo singular masculino; plural: *mangos.*

manso 1) Tranquilo: *Este río no tiene remolinos, es muy manso.* // 2) Animal que no es bravo*: *El cordero es un animal muy manso.* ⬤ Reposado, tranquilo, sosegado. ⬤ Bravo, feroz. ⬤ Amansar, mansedad, mansurrón.

⬤ Adjetivo singular masculino; femenino: *mansa;* plural: *mansos, mansas.*

mantequilla Alimento de color amarillo que se hace batiendo leche y se derrite si se pone cerca del calor: *En el desayuno tomo pan con mantequilla.* ⬤ Margarina.

⬤ Sustantivo singular femenino; plural: *mantequillas.*

mañana 1) Parte del día que acaba a la hora de comer: *Como es domingo, por la mañana hemos ido a dar un paseo.* // 2) Día que va después de hoy: *Hoy es martes y mañana miércoles.*

⬤ Sustantivo singular femenino; plural: *mañanas.* // 2) Adverbio de tiempo.

máquina Aparato que ayuda a las personas a trabajar: *Las mecanógrafas escriben muy deprisa con la máquina de escribir.* ⬤ Aparato, mecanismo, artefacto. ⬤ Maquinaria, maquinista.

⬤ Sustantivo singular femenino; plural: *máquinas.*

mar 1) Extensión muy grande de agua salada que sirve de vía de comunicación entre los distintos continentes, islas y naciones, además de proporcionar pesca para alimento del hombre. // **Alta mar:** Mar adentro. ● 1) Océano. ● Marítimo, marinero, marina, marino.

● Sustantivo singular masculino; plural: *mares.*

maravilloso Estupendo: *Ha sido una fiesta maravillosa.* ● Magnífico, extraordinario, delicioso. ● Horrible, asqueroso, aburrido, desagradable. // ● Maravilla, maravillar.

● Adjetivo singular masculino; femenino: *maravillosa;* plural: *maravillosos, maravillosas.*

marcar 1) Poner una señal para distinguir algo: *Hay que marcar los guardapolvos del colegio para que no se confunda el de un niño con el de otro.* // 2) Girar los números del teléfono para llamar a un sitio: *Para llamar a mi casa tengo que marcar el 51 23 71.*

● Verbo en infinitivo. Se conjuga como *amar* (modelo n.º 1). Cambia la *c* por *qu* cuando le sigue *-e: marquemos.*

marchar 1) Irse de un sitio: *Vino a verte tu amiga pero como no estabas se marchó.* // 2) Andar: *Marchaba con paso firme, pero lento.* ● 1) Irse, ausentarse. // 2) Andar, caminar, ir. ● 1) Quedarse.

● Verbo en infinitivo. Se conjuga como *amar* (modelo n.º 1).

marido Hombre que está casado con una mujer: *Mi padre es el marido de mi madre.* ● Esposo.

● Sustantivo singular masculino; plural: *maridos.*

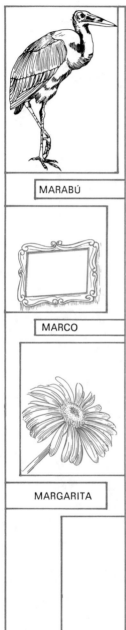

MARABÚ

MARCO

MARGARITA

MARINO

MARIPOSA

MARMOTA

MARTILLO

marino 1) Persona que trabaja en un barco: *Ha llegado al puerto un barco y hay muchos marinos paseando.* // 2) Que tiene algo que ver con el mar: *Las olas marinas son muy grandes en alta mar*.* 🖙 1) Marinero. // 2) Oceánico, marítimo.

🖙 Sustantivo singular masculino; plural: *marinos.* // 2) Adjetivo singular masculino; femenino: *marina;* plural: *marinos, marinas.*

mariposa Animal con cuerpo de gusano y alas grandes: *Hay mariposas muy bonitas con alas de colores.*

🖙 Sustantivo singular femenino; plural: *mariposas.*

martes Segundo día de la semana. Va después del lunes y antes del miércoles.

🖙 Sustantivo masculino; invariable en número.

martillo Trozo de hierro con mango de madera que sirve para dar golpes y clavar clavos. 🖙 Mazo, marro. 🖙 Martillear.

🖙 Sustantivo singular masculino; plural: *martillos.*

marzo Tercer mes del año.

🖙 Sustantivo singular masculino; plural: *marzos,* poco usado.

mata Planta que tiene muchas ramas y se extiende casi a ras de suelo: *Al lado de la carretera había matas de hierba.* 🖙 Macizo, matojo, matorral.

🖙 Sustantivo singular femenino; plural: *matas.*

matar Quitar la vida a una persona o a un animal. 🖙 Asesinar.

◖ Verbo en infinitivo. Se conjuga como *amar* (modelo n.° 1).

materia 1) Aquello de lo que está hecha una cosa: *La madera, el plástico, el hierro, etc., son materias con las que se pueden hacer muchas cosas.* // 2) Tema de que trata algo: *La materia de la clase de hoy son las plantas que viven en el agua.* ◓ Material, sustancia. // 2) Tema, asunto, objeto.
◖ Sustantivo singular femenino; plural: *materias.*

material 1) Lo que se usa para hacer algo: *Los cuadernos, los lapiceros, las gomas, los libros, etc., son materiales de estudio.* // 2) Materia*: *¿De qué material está hecho esto?* ◓ 1) Útiles, utensilios, equipo.
◖ Sustantivo singular masculino; plural: *materiales.*

matrimonio 1) Unión de dos personas para vivir juntas y crear una familia: *Mis padres forman un matrimonio.* ◓ 1) Boda, enlace matrimonial, casamiento. // 2) Pareja, casados, esposos.
◖ Sustantivo singular masculino; plural: *matrimonios.*

mayo Quinto mes del año.
◖ Sustantivo singular masculino; plural: *mayos,* poco usado.

mayor 1) Que es más grande que otra cosa o que otra persona: *Es mayor un avión que una avioneta.* // 2) Que tiene más edad: *Yo soy el mayor de los tres hermanos.* ◓ 1) Más grande. // 2) Más vie-

MATCH
de boxeo

MAUSOLEO
(monumento antiguo)

**Grados del adjetivo
GRANDE**

Positivo: grande
El perro es **grande.**

Comparativo: mayor
El león es **mayor** que
el perro.

Superlativo: máximo
Realizó el **máximo**
esfuerzo.

MAZORCA
del maíz

MECEDORA

MEDALLÓN

jo, de más edad. **A** 1) Menor, más pequeño. // 2) Más joven.

C Grado comparativo del adjetivo grande, en singular, masculino y femenino; plural: *mayores,* también para los dos géneros.

mayoría Parte mayor de un grupo de cosas o de personas: *La mayoría preferimos las clases al aire libre.* **S** Mayor parte, los más. **A** Minoría, los menos.

C Sustantivo singular femenino; plural: *mayorías.*

mecanógrafo Persona que se dedica a escribir a máquina porque sabe manejarla muy bien. **S** Dactilógrafo. **F** Mecanografiar, mecanografiado.

C Sustantivo singular masculino; femenino: *mecanógrafa,* es mucho más usado porque son más las mujeres que se dedican a este oficio; plural: *mecanógrafos, mecanógrafas.*

mecer Mover con suavidad: *Meciendo a los niños en la cuna, se duermen.* **S** Balancear.

C Verbo en infinitivo. Se conjuga como *temer* (modelo n.° 2). Cambia la *c* por *z* ante una *a* o ante una *o: mezo, mezamos.*

medicina 1) Carrera que se hace para ser médico: *Mi hermano hizo medicina y ahora trabaja en un hospital.* // 2) Lo que se toma, cuando se está enfermo, para ponerse bueno. **S** 1) Ciencia médica. // 2) Medicamento.

C Sustantivo singular femenino. En el significado 2) tiene plural: *medicinas.*

médico Persona que ha estudiado las enfermedades que puede tener la gente y sabe cómo se curan. ⬒ Doctor, facultativo.

🅔 Sustantivo singular masculino; plural: *médicos*.

medida Cantidad de metros, cm., etc., que tiene una cosa o una persona de largo, alto o ancho: *Me han tomado las medidas para hacerme un abrigo.* ⮕ Medir, medido.

🅔 Sustantivo singular femenino; plural: *medidas*. Puede también ser adjetivo y participio del verbo *medir*, en cuyo caso tiene masculino y femenino en singular y en plural: *medido, medida, medidos, medidas.*

medir Tomar la medida* de algo: *He medido mi habitación y tiene 3 m. de largo por 2 y medio de ancho.*

🅔 Verbo en infinitivo. Se conjuga como *servir* (modelo n.° 13).

mejilla Lado de la cara: *Algunas mujeres se dan colorete en las mejillas.*

🅔 Sustantivo singular femenino; plural: *mejillas*.

mejor Que es más bueno.

🅔 Grado comparativo del adjetivo bueno, en su forma singular; plural: *mejores*.

mejorar 1) Arreglar algo para que quede mejor: *Ese cuadro ha mejorado mucho con el marco que le has puesto.* // 2) Curarse poco a poco una persona que está enferma. ⬒ Prosperar, ir a más, superar. 🅐 Empeorar.

🅔 Verbo en infinitivo. Se conjuga como *amar* (modelo n.° 1).

memoria 1) Capacidad que tienen las

MEJILLA

MEJILLÓN

MELOCOTÓN
(el árbol se llama melocotonero)

personas para acordarse de las cosas: *Ahora me viene a la memoria todo lo que hice el día de mi cumpleaños el año pasado.* // 2) Escrito en el que se cuenta lo que se ha hecho en un tiempo determinado: *En mi colegio se publica todos los años la memoria del curso.* Recuerdo.
Sustantivo singular femenino; plural: *memorias.*

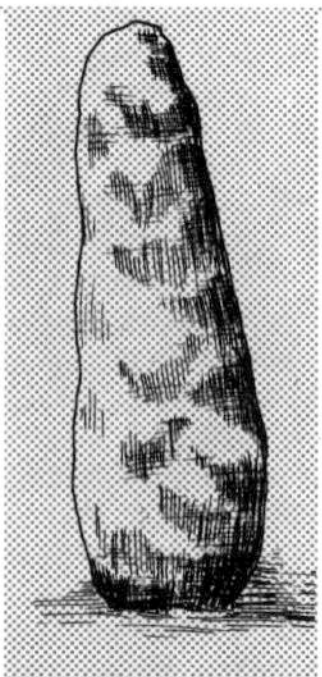

MENHIR
(monumento antiguo)

mencionar Nombrar: *Hoy te han mencionado en clase porque habías hecho un buen examen.* Nombrar, citar, sacar a colación. Silenciar.
Verbo en infinitivo. Se conjuga como *amar* (modelo n.° 1).

MENTA
(planta olorosa)

menor Más pequeño: *Un yate es menor que un transatlántico.* // 2) **El menor:** El más pequeño: *Andorra es el menor de los países europeos.*
Grado comparativo del adjetivo pequeño, en su forma singular; plural: *menores;* el femenino es igual.

mensaje Recado que una persona manda a otra por escrito o de palabra: *El piloto mandó un mensaje a tierra para avisar la llegada del avión.* Recado, carta, telegrama, orden, petición.
Sustantivo singular masculino; plural: *mensajes.*

mente Inteligencia para entender, imaginación para pensar y memoria para recordar: *Tengo en la mente tantas cosas que no sé por cuál empezar a hacerlas.* Inteligencia, memoria, intelecto.
Sustantivo singular femenino; plural: *mentes.*

mentira Lo que no es verdad*. ⊜ Trola, embuste, engaño. ◐ Verdad.
◖ Sustantivo singular femenino; plural: *mentiras.*

menudo Pequeño: *A la salida del metro había un hombre menudo y mal vestido que pedía limosna.* ⊜ Diminuto, pequeño, bajito. ◐ Grande.
◖ Adjetivo singular masculino; femenino: *menuda;* plural: *menudos, menudas.*

mercado Lugar en el que se venden cosas, sobre todo carne, pescado, fruta y otros alimentos: *Cada vez que mi madre va al mercado yo le pido que me traiga zanahorias.* ⊜ Plaza.
◖ Sustantivo singular masculino; plural: *mercados.*

merecer Ganar un premio o un castigo: *Mañana haremos cine pero sólo podrán ir los que se lo merezcan por su comportamiento.* ⊜ Ganar, alcanzar, obtener. ◐ No ser digno.
◖ Verbo en infinitivo. Se conjuga como *nacer* (modelo n.° 16).

mes Cada una de las 12 partes en que se divide el año. Enero, marzo, mayo, julio, agosto, octubre y diciembre tienen 31 días; abril, junio, septiembre y noviembre tienen 30 y febrero tiene 29 los años bisiestos y 28 los demás años. ⊩ Mensual, mensualidad.
◖ Sustantivo singular masculino; plural: *meses.*

meter 1) Poner una persona o cosa dentro de algo: *Mete los zapatos dentro de*

MERIDIANOS

MESA

MESA
de billar

MÉTRICA
(cinta que se usa
para medir)

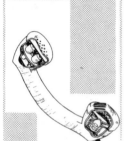

MICRÓFONO
de un aparato telefónico

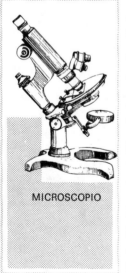

MICROSCOPIO

la caja y déjalos recogidos. // 2) Incluir a una persona dentro de un grupo o darle trabajo en un sitio: *Mi padre me ha dicho que si no apruebo me mete a trabajar con él.* ◗ Introducir, hacer entrar, incluir.

◖ Verbo en infinitivo. Se conjuga como *temer* (modelo n.º 2).

metro 1) Varilla o cinta que sirve para medir: *Conozco a una modista que siempre lleva el metro colgado alrededor del cuello.* // 2) Unidad de medida que se usa en casi todo el mundo; el modelo para todas las demás es una varilla que se guarda en el Museo de Pesas y Medidas de París. // 3) Tren que va por debajo de las ciudades llevando a la gente de un lado a otro. ◗ 1) Cinta métrica.

◖ Sustantivo singular masculino; plural: *metros.*

mezclar Juntar cosas distintas: *Hemos mezclado agua con arena y cemento para pegar ladrillos y hacer una tapia.* ◗ Unir, juntar. ◮ Separar. ◖ Mezcla, mezcolanza.

◖ Verbo en infinitivo. Se conjuga como *amar* (modelo n.º 1).

miel Alimento muy dulce, de color dorado, que, hacen las abejas. ◖ Mielero.

◖ Sustantivo singular femenino; plural: *mieles.*

miembro 1) Parte de una cosa que se puede separar aunque no sea del todo: *Los brazos son miembros del cuerpo humano.* // 2) Persona que pertenece a un grupo o asociación: *Mi padre es miembro de la Sociedad Nacional de Pescadores.* ⮌ Extremidad, parte. // 2) Individuo, socio.

⮌ Sustantivo singular masculino; plural: *miembros.*

mientras Entre tanto, en ese momento: *Mientras tu preparas la comida, yo pongo la mesa.*

⮌ Adverbio de tiempo.

miércoles Tercer día de la semana. Va después del martes y antes del jueves.

⮌ Sustantivo masculino; invariable en número.

militar 1) Persona que tiene por oficio prepararse para cuando haya guerra: *El padre de José Manuel es militar.* // 2) Pertenecer a un equipo deportivo o a un grupo de cualquier cosa: *Mi primo milita en las filas del equipo de fútbol de mi pueblo.* ⮌ 2) Formar parte, participar, figurar.

⮌ 1) Sustantivo singular masculino; plural: *militares.* // 2) Verbo en infinitivo. Se conjuga como *amar* (modelo n.° 1).

milla Unidad de medida que equivale a 1.852 metros (es decir, casi 2 kilómetros). La usan mucho los marinos para decir las distancias que hay de un sitio a otro por mar.

⮌ Sustantivo singular femenino; plural: *millas.*

ministro Persona que forma parte del gobierno de un país y se encarga, sobre todo, de un tipo de asuntos: *Ministro de*

MILANO

MILITAR
(húsar: soldado húngaro)

MINA

MIRLO

MISIL

MITAD
de una naranja

MITÓN
(tipo de guante)

Marina, del Aire, de Comercio, etc. ☞ Ministerio, ministrable.

✎ Sustantivo singular masculino; plural: *ministros.*

minuto Una de las 60 partes en que se divide la hora. El minuto tiene 60 segundos.

✎ Sustantivo singular masculino; plural: *minutos.*

mirada 1) Forma de mirar que tiene una persona: *En su mirada noté que estaba triste.* // 2) **Echar una mirada:** Ojear algo. ☞ 2) Vistazo, ojeo. ☞ Mirar, miramientos.

✎ Sustantivo singular femenino; plural: *miradas.* También puede ser adjetivo: *mirado, mirada, mirados, miradas.*

mirar 1) Poner la vista sobre una cosa. // 2) Pensar bien algo: *Antes de decidirte a comprarlo, mira bien si te interesa o no.* ☞ 1) Ojear, ver. // 2) Cavilar, observar. ☞ Mirada, mira.

✎ Verbo en infinitivo. Se conjuga como *amar* (modelo n.° 1).

misericordia Compasión y buenos senmientos hacia alguien que le pasa algo malo. ☞ Compasión, pena, caridad. ☞ Desprecio. ☞ Misericordioso.

✎ Sustantivo singular femenino; plural: *misericordiosos,* se usa poco.

mitad 1) Cada una de las partes que tenemos cuando dividimos algo en dos: *La mitad del viaje la hicimos en coche.* // 2) Centro de una cosa: *En mitad de la plaza hay una fuente con una estatua.* // 3)

Sitio por el que una cosa se parte en dos iguales: *¿Podría cortarme esta tabla por la mitad?* **⬿** 1) Medio. // 2) Medio, centro. // 3) Medio. **⬿** Lado, perímetro.

⬿ Sustantivo singular femenino. // 1) plural: *mitades*

modelo 1) Cosa que se hace para luego sacar copias de ella. // 2) Persona o cosa que se pone en una clase de dibujo o escultura a la vista de todos para copiarla. // 3) Hecho digno de seguirse: *El comportamiento de Guillermo es un modelo de conducta.* **⬿** 1) Muestra, ejemplo, figurín. **⬿** Modelar, modelado.

⬿ Sustantivo singular masculino; plural: *modelos.*

moderno 1) Que está hecho con el gusto de ahora: *A mí me gustan mucho los muebles modernos.* // 2) Nuevo: *En mi pueblo hay dos carreteras; la vieja pasa por el medio y la moderna lo rodea.* **⬿** Actual, de moda, reciente. **⬿** Antiguo, pasado. **⬿** Modernismo, modernizar, modernizamiento.

⬿ Adjetivo singular masculino; femenino: *moderna;* plural: *modernos, modernas.*

mojar Echar agua o cualquier otro líquido sobre algo: *Se derramó el vino y a José se le mojaron los pantalones.* **⬿** Humedecer, empapar. **⬿** Secar. **⬿** Mojado, mojada.

⬿ Verbo en infinitivo. Se conjuga como *amar* (modelo n.º 1).

moler Partir algo en trozos muy pequeños o hacerlo polvo: *Moliendo el trigo se*

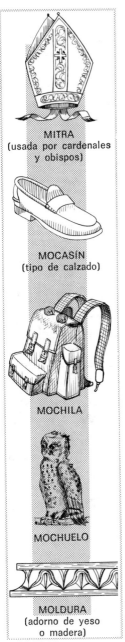

MITRA
(usada por cardenales y obispos)

MOCASÍN
(tipo de calzado)

MOCHILA

MOCHUELO

MOLDURA
(adorno de yeso o madera)

MOLINILLO
de café

MOLINO
de aceite

MONEDA
antigua

MONO

hace harina. ⬗ Triturar, pulverizar. ☛ Molino, molinero, molienda, molinillo.

◖ Verbo en infinitivo. Se conjuga como *mover* (modelo n.° 10).

molino Edificio en el que hay maquinaria para moler* grandes cantidades de algo: *A la salida de mi pueblo hay un molino de trigo.*

◖ Sustantivo singular masculino; plural: *molinos.*

momento Espacio de tiempo muy pequeño: *Espere un momento, por favor, en seguida le atiendo.* ⬗ Instante, minuto. ☛ Momentáneo.

◖ Sustantivo singular masculino; plural: *momentos.*

moneda 1) Clase de dinero que se usa en un país: *La peseta es la moneda española, el sol la peruana, el peso la argentina...* 2) Dinero, hecho con metal, casi siempre de forma redonda: *El duro es una moneda que vale 5 pesetas.* ☛ Monedero, monetario.

◖ Sustantivo singular femenino; plural: *monedas.*

mono Animal muy parecido al hombre que sabe ponerse en pie y utiliza las manos para coger las cosas. ⬗ Simio.

◖ Sustantivo singular masculino; femenino: *mona;* plural: *monos, monas.*

montar 1) Armar algo que está desarmado: *Tengo un reloj de plástico que se puede montar y desmontar.* // **Montar o montarse:** Subirse encima de algo, sobre todo si es encima de un animal: *A mí me gusta mucho montar a caballo.* ⬤ 1) Armar, componer, instalar. // 2) Cabalgar, subir. ⬤ 1) Desmontar.

⬤ Verbo en infinitivo. Se conjuga como *amar* (modelo n.° 1).

montón 1) Conjunto de cosas puestas por encima de otras: *En el almacén había muchos montones de cartón para hacer cajas.* // 2) Mucho de algo: *Tengo un montón de lapiceros.* ⬤ Pila, cantidad. ⬤ Amontonar.

⬤ Sustantivo singular masculino; plural: *montones.*

moral 1) Ley que aconseja hacer el bien y evitar el mal. // 2) Árbol que da moras y tiene unas hojas que le gustan a los gusanos de seda. ⬤ 1) Ética, honradez.

⬤ 1) Sustantivo singular femenino. // 2) Sustantivo singular masculino; plural: *morales.*

morder Clavar los dientes en algo: *A los perros les gusta mucho morder huesos.*

⬤ Verbo en infinitivo. Se conjuga como *mover* (modelo n.° 10).

morir Dejar de existir o de vivir. ⬤ Fallecer, finar, fenecer. ⬤ Vivir, resucitar. ⬤ Muerte, moribundo.

⬤ Verbo en infinitivo. Se conjuga como *dormir* (modelo n.° 12).

mostrador Especie de mesa que hay en las tiendas para poner sobre ella las cosas que se enseñan a los que van a comprar.

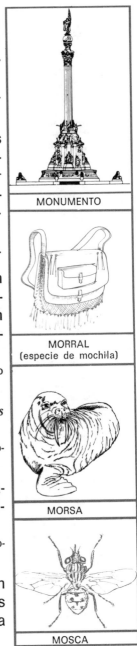

MONUMENTO

MORRAL
(especie de mochila)

MORSA

MOSCA

MOS

MOTORISTA

● Sustantivo singular masculino; plural: *mostradores.*

mostrar 1) Enseñar una cosa a alguien: *Si vienes a mi casa te muestro mis regalos de cumpleaños.* 2) Señalar algo: *Me mostró el camino apuntando con el bastón.* ● Enseñar, dejar ver. // 2) Indicar, orientar, señalar, apuntar. ♦ 1) Guardar, tapar.
● Verbo en infinitivo. Se conjuga como *contar* (modelo n.º 8).

motivo Lo que hace que una persona piense o haga algo: *El motivo de que hoy me quede en cama es que tengo mucha fiebre.* ● Causa, razón.
● Sustantivo singular masculino; plural: *motivos.*

motor Parte de cualquier máquina que hace que ésta funcione: *Gracias a su motor los coches se mueven.* ☛ Motorizar.
● Sustantivo singular masculino; plural: *motores.*

MOTOR
de coche

motora Barca con motor.
● Sustantivo singular femenino; plural: *motoras.*

mover Cambiar de posición o de sitio una cosa: *En mi casa cada poco tiempo movemos los muebles para variar.* ● Trasladar, llevar de un sitio a otro, cambiar de sitio, empujar, transportar. ♦ Dejar quieto. ☛ Movimiento, movilidad, móvil, automóvil.
● Verbo en infinitivo. Modelo n.º 10.

mozo 1) Joven: *Los mozos del pueblo hicieron una fiesta para despedir a los que se iban al servicio militar.* // 2) Persona que ayuda a llevar las maletas a los viajeros en las estaciones, aeropuertos, etc. // 3) **Buen mozo:** Alto: *Carlos es muy buen mozo.* ⬅ 1) Joven, quinto. // 2) Maletero. // 3) Alto, fuerte

☙ Sustantivo singular masculino; femenino: *moza;* plural: *mozos, mozas.*

muchacho Joven, chico, mozo*.

☙ Sustantivo singular masculino; femenino: *muchacha;* plural: *muchachos, muchachas.*

mucho Bastante cantidad de algo: *Éste ha sido un año de mucha fruta.* 2) Más de lo que hace falta, o de lo que se había pensado, etc.: *Hoy he dormido mucho.*

☙ 1) Adjetivo singular masculino; femenino: *mucha;* plural: *muchos, muchas.* // Adverbio de cantidad.

muelle 1) Alambre de acero o hierro muy duro, doblado en forma de espiral, que cuando se aprieta se encoge y al soltarlo vuelve él solo a ponerse como estaba. // 2) Sitio de un puerto de mar donde se cargan y descargan los barcos. // 3) En las fábricas y en las estaciones de tren, sitio más alto que el suelo, hecho especialmente para que quede a la altura del piso de los trenes o de los camiones y sea más fácil cargar y descargar. ⬅ 1) Espiral, resorte.

☙ Sustantivo singular masculino; plural: *muelles.*

mundial 1) Que le importa a todo el mundo: *La llegada a la luna de los astronautas fue un acontecimiento mundial.* // 2) Que participa gente de todo el mundo:

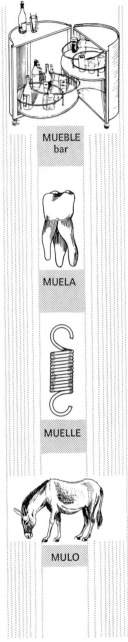

MUEBLE
bar

MUELA

MUELLE

MULO

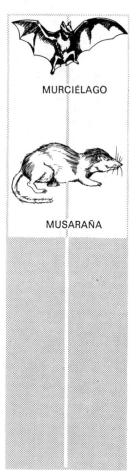

MURCIÉLAGO

MUSARAÑA

Las olimpíadas son una reunión mundial.
1) Universal, general.

Adjetivo singular masculino o femenino; no varía en género; plural: *mundiales.*

mundo 1) La Tierra con todas las personas, animales y cosas que hay en ella: *El mundo fue creado por Dios.* // 2) Mucha gente: *A la fiesta del otro día fue todo el mundo.* 1) Nuestro planeta, la Naturaleza. // 2) La mayor parte, la mayoría, gentío.

Sustantivo singular masculino; plural: *mundos.*

muñeca Parte del cuerpo humano en la que se juntan el brazo y la mano: *Los relojes de pulsera se ponen en la muñeca.* Muñequera.

Sustantivo singular femenino; plural: *muñecas.* No confundir con *muñeco, muñeca, muñecos, muñecas* que tienen distinto significado.

museo Sitio en el que se guardan cosas curiosas, de valor para la ciencia o para las artes, como cuadros, esculturas, trajes de países, minerales, etc.

Sustantivo singular masculino; plural: *museos.*

nacer 1) Venir al mundo un niño. // 2) Salir una planta de la tierra o una hoja o una flor de una planta: *En el jardín han nacido dos rosales.* // 3) Brotar el agua de la tierra: *En el huerto hay un pozo del que nace mucha agua.* 🖝 2) Brotar, salir, despuntar. // 3) Manar, brotar, salir. 🖝 1) Morir. // 2) Secarse, mustiarse, caer. 🖝 Nacimiento, naciente.

🖝 Verbo en infinitivo. Modelo n.° 16.

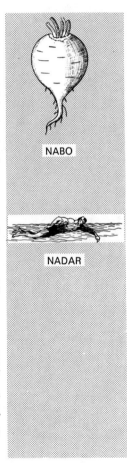

NABO

NADAR

nación Tierras y hombres que tienen un mismo gobierno: *Argentina, Chile, España, Francia, Bolivia, etc., son naciones.* 🖝 País, estado. 🖝 Nacional, nacionalizar, nacionalizado.

🖝 Sustantivo femenino; plural: *naciones.*

nadar 1) Mantenerse flotando en el agua y avanzar: *Crucé el río nadando.* // 2) **Nadar en la abundancia:** Tener mucho de todo. 🖝 1) Flotar, bracear, bañarse. // 2) Estar holgado, vivir a todo tren. 🖝 Nadador, natación.

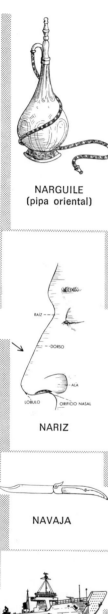

NARGUILE
(pipa oriental)

NARIZ

NAVAJA

NAVÍO

◖ Verbo en infinitivo. Se conjuga como *amar* (modelo n.º 1).

nariz Parte de la cara con la que nos damos cuenta del olor de las cosas. ☞ Narigudo. narigón.

◖ Sustantivo singular femenino; plural: *narices*.

natural Que está producido por la naturaleza, y no artificialmente como las cosas que hace el hombre: *Las flores de plástico son bonitas, pero son muchísimo más bonitas las naturales.* ☞ De verdad. ☞ Artificial. ☞ Naturalidad, naturaleza, naturalismo.

◖ Adjetivo singular, para los dos géneros; plural: *naturales*.

navío Buque grande de guerra o para transportar mercancías. ☞ Barco, buque, embarcación. ☞ Naviero, navíos.

◖ Sustantivo singular masculino; plural: *navíos*.

necesario Que hace falta: *En una casa de muchos pisos es necesario un ascensor.* ☞ Útil, importante, imprescindible, preciso. ☞ Innecesario, inútil. ☞ Necesitar, necesidad, necesitado.

necesitar Estar sin algo que hace falta: *Necesito un diccionario de francés-español y mi padre me ha dado dinero para comprarlo esta tarde.* ☞ Hacer falta, precisar. ☞ Prescindir. ☞ Necesidad, necesario, necesitado.

◖ Verbo en infintivo. Se conjuga como *amar* (modelo n.º 1).

néctar 1) Líquido muy dulce que tienen algunas flores y las abejas lo sacan a veces para hacer la miel. // 2) Cualquier licor que sea muy agradable de beber. ⬆ Esencia, licor, jugo, elixir.
⬅ Sustantivo singular masculino; plural: *néctares*.

NECESER

negar 1) Decir que no: *San Pedro negó que conocía a Cristo.* // 2) **Negarse:** No querer hacer una cosa: *Luis se negó a jugar con nuestro equipo.* ⬆ Contradecir. // 2) Desentenderse, inhibirse, evitar. ⬅ 1) Afirmar. // 2) Ofrecerse, colaborar, participar. ⬅ Negación.
⬅ Verbo en infinitivo. Se conjuga como *acertar* (modelo n.º 4).

negocio Tienda, fábrica o cualquier empresa o trato que se hace para ganar dinero: *Mi padre tiene un negocio de compra y venta de coches.* ⬆ Asunto, empresa, ocupación, trabajo. ⬅ Negociar, negociable, negociante, negociado.
⬅ Sustantivo singular masculino; plural: *negocios*.

individuo de raza
NEGRA

negro Color del carbón. Es el más oscuro de todos.
⬅ Sustantivo o adjetivo singular masculino; femenino: *negra;* plural: *negros, negras*.

nene Niño. ⬆ Pequeño, niño.
⬅ Sustantivo singular masculino; femenino: *nena;* plural: *nenes, nenas*.

nevera Aparato que mantiene frías las cosas que se meten en él. ⬆ Frigorífico, cámara. ⬅ Calentador, termo.

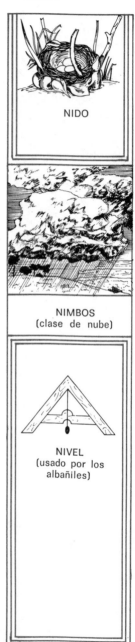

NIDO

NIMBOS
(clase de nube)

NIVEL
(usado por los
albañiles)

Sustantivo singular femenino; plural: *neveras.*

nieve Gotitas de agua helada que caen cuando nieva y se llaman copos: *La nieve cubría por completo las calles de la ciudad a la media hora de empezar a caer.* Sustantivo singular femenino; plural: *nieves.*

noble 1) Que hace las cosas con honradez: *Es noble perdonar a quien nos ha ofendido.* // 2) Persona a la que el rey le concede un título de conde, marqués, duque, etc.: *En la boda del Príncipe estuvieron presentes todos los nobles del país.* Caballeroso, leal, honrado, limpio. // 2) Aristócrata, grande. 1) Sinvergüenza, desleal. Nobleza, innoble, ennoblecer.

1) Adjetivo. // 2) Sustantivo singular masculino; plural: *nobles.*

nocturno Todo lo que tiene algo que ver con la noche: *La mayor parte de los robos son nocturnos.* Diurno. Noche, noctámbulo, nocturnidad.

Adjetivo singular masculino; femenino: *nocturna;* plural: *nocturnos, noeturnas.*

noche Tiempo que va desde que el sol se pone hasta que vuelve a salir: *Me gusta dar un paseo por la noche antes de dormir.* Vigilia. Día. Anochecer, anochecido, nocturno, noctámbulo.

Sustantivo singular femenino: plural: *noches.*

nombrar 1) Hablar de una persona o cosa o decir su nombre: *¿Me ha nombra-*

do el profesor en clase? // 2) Elegir a alguien para que se encargue de algo: *Tenemos que nombrar árbitro para el próximo partido.* ⬤ 1) Mencionar, citar, llamar. // 2) Designar, elegir, encargar. ⬤ 1) Silenciar. // 2) Destituir. ⬤ Nombramiento, nombradía, nombrado, nombre.
⬤ Verbo en infinitivo. Se conjuga como *amar* (modelo n.° 1).

NORIA

nombre Palabra que sirve para llamar a una persona o cosa: *¿Cuál es el nombre de un animal gris, muy grande, con trompa, colmillos y orejas enormes?* ⬤ Denominación, apelativo, apodo, seudónimo, mote. ⬤ Renombre, nombradía, nombramiento.
⬤ Sustantivo singular masculino; plural: *nombres.*

NOMBRE

COMÚN: El que se aplica a todos los seres de una misma clase: silla, mesa, libro.

PROPIO: El que se aplica a una persona, animal o cosa para diferenciarlo de los otros: Pedro, Barcelona, Ebro.

nota 1) Escrito que se le da o se le manda a alguien para advertirle o recordarle algo: *Sobre tu mesa te he dejado una nota para recordarte todo lo que tienes que hacer hoy.* // 2) Calificación que le dan a uno en una asignatura: *He tenido muy buena nota en Matemáticas.* // 3) Signo musical: *El "do" es la primera nota.* ⬤ 1) Escrito, mensaje, tarjeta, papel, advertencia. // 2) Calificación. // 3) Figura. ⬤ Anotar, anotación.
⬤ Sustantivo singular femenino; plural: *notas.*

notable 1) Muy conocido o importante: *Asistieron al acto notables personalidades.* // 2) Mejor de lo normal: *Su comportamiento esta tarde ha sido notable.* ⬤ 1) Destacado, conocido, famoso, relevante, digno de señalar. // 2) Destacable, bueno. 🅐 Desconocido.

🅒 Adjetivo singular masculino; plural: *notables*.

notar Darse cuenta: *Noté que venías porque oí los pasos.* 🅢 Enterarse, ver, percibir, captar. 🅐 Pasar desapercibido.

🅒 Verbo en infinitivo. Se conjuga como *amar* (modelo n.° 1).

noticia Algo que ha sucedido y se cuenta por la radio, por los periódicos o de unas personas a otras: *A todo el mundo alegró la noticia de que se firmaba la paz.* 🅢 Suceso, comunicación, novedad, información, anuncio. 🅕 Noticiario, noticioso, noticiero, noticias.

🅒 Sustantivo singular femenino; plural: *noticias*.

noveno El que va después del octavo y antes del décimo.

🅒 Sustantivo o adjetivo singular masculino; femenino: *novena;* plural: *novenos, novenas*.

noviembre Onceavo mes del año.

🅒 Sustantivo singular masculino; plural: *noviembres,* poco usado.

nublarse Oscurecerse el cielo. 🅢 Ennegrecerse, ponerse gris, oscurecerse, encapotarse. 🅐 Resplandecer, aclararse. 🅕 Nublado, nubloso.

🅒 Verbo en infinitivo con pronombre *se*. Se conjuga como *amar* (modelo n.° 1).

nuevamente Otra vez: *Estamos aquí nuevamente porque se nos olvidó decirte una cosa.*

NUBES

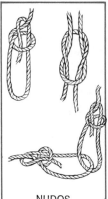

NUDOS

◆ De nuevo, otra vez, una vez más. ◆
Nuevo, novedad, novedoso.

◆ Adverbio de tiempo.

nuevo 1) Que está sin estrenar* o que
hace muy poco tiempo que se tiene. //
2) Que está muy bien cuidado: *Este
coche está nuevo. ¿Cuánto tiempo hace que
lo tienes?* ◆ Recién comprado, sin estrenar. ◆ Viejo. ◆ Novedad, novato, no-
vísimo.

◆ Adjetivo singular masculino; femenino: *nueva;* plural: *nuevos, nuevas.*

numeroso Que está formado por muchas personas o muchas cosas: *En la
plaza había un grupo muy numeroso de gente
que hablaba de fútbol.* ◆ Abundante, nu-
trido, enorme. ◆ Escaso. ◆ Numerar,
número, numérico.

◆ Adjetivo singular masculino; plural: *numerosos.*

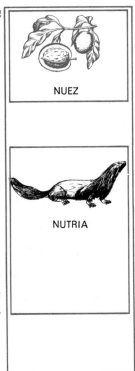

NUEZ

NUTRIA

o O

OASIS

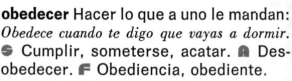

OBELISCO

obedecer Hacer lo que a uno le mandan: *Obedece cuando te digo que vayas a dormir.* ⬤ Cumplir, someterse, acatar. ⬤ Desobedecer. ⬤ Obediencia, obediente.

⬤ Verbo en infintivo. Se conjuga como *nacer* (modelo n.° 16).

objeto 1) Cualquier cosa: *Necesito un objeto que pese para que no se me vuelen los papeles de la mesa.* // 2) Lo que se quiere conseguir: *El objeto de estudiar es aprender.* ⬤ 1) Cosa, instrumento, trasto. // 2) Fin, finalidad, propósito. ⬤ Objetivo.

⬤ Sustantivo masculino; plural: *objetos.*

obligar Forzar a una persona a que haga algo: *A algunos niños hay que obligarlos para que vayan al colegio.* ⬤ Imponer, exigir, empujar a. ⬤ Obligación.

⬤ Verbo en infinitivo. Se conjuga como *amar* (modelo n.° 1). Cuando a la *g* le sigue una *e* se pone una *u* entre las dos: *obligué.*

obra 1) Edificio en construcción: *Ya falta poco para que acaben las obras de la casa de enfrente.* // 2) Trabajo de una o varias personas: *Lo que os proponéis hacer me parece una gran obra.* ⑤ Construcción. // 2) Realización, trabajo, producción. 🏳 Obrar, obrero.

🔹 Sustantivo singular femenino; plural: *obras.*

obrero Persona que trabaja en una fábrica, en una obra de construcción. ⑤ Empleado, trabajador, manual, jornalero, operario.

🔹 Sustantivo singular masculino; femenino: *obrera;* plural: *obreros, obreras.*

OBOE
(instrumento musical)

observar Mirar algo con detenimiento, fijándose en los detalles: *He estado observando cómo salen y entran los trenes en la estación.* ⑤ Mirar, ojear, contemplar, examinar. 🏳 Observatorio, observador.

🔹 Verbo en infinitivo. Se conjuga como *amar* (modelo n.° 1).

obtener Conseguir* algo: *Jesús ha obtenido muy buenas notas.* ⑤ Conseguir, sacar, tener.

🔹 Verbo en infinitivo. Se conjuga como *tener*.*

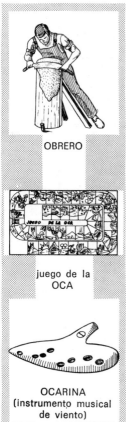

OBRERO

juego de la
OCA

obstáculo Problema con que nos encontramos cuando queremos hacer algo: *Para ver esa película hay un obstáculo: que mañana ya no la ponen y hoy tenemos que ir a clase.* ⑤ Impedimento, dificultad, problema. 🅰 Facilidad. 🏳 Obstaculizar.

🔹 Sustantivo singular masculino; plural: *obstáculos.*

ocasión Momento bueno para hacer una cosa: *Ha venido mi primo y he tenido ocasión de contarle lo de la carrera de sacos.*

OCARINA
(instrumento musical
de viento)

OCTAEDRO

OCÉANOS DEL GLOBO

O. Atlántico
O. Pacífico
O. Índico
O. Glacial Ártico
O. Glacial Antártico.

🖘 Oportunidad, buen momento, causa, motivo. 🡆 Ocasionar, ocasionado.

🖘 Sustantivo singular femenino; plural: *ocasiones.*

océano Mar muy grande que hay entre dos continentes: *Entre Europa y América está el Océano Atlántico.*

🖘 Sustantivo singular masculino; plural: *océanos.*

ocurrencia Lo que a uno se le ocurre pensar o decir y a los demás les resulta raro, oportuno o gracioso. 🖘 Idea, salida. 🡆 Ocurrirse, ocurrente.

🖘 Sustantivo singular femenino; plural: *ocurrencias.*

octavo Que está después del séptimo y antes que el noveno: *Agosto es el octavo mes del año.*

🖘 Sustantivo o adjetivo singular masculino; femenino: *octava;* plural: *octavos, octavas.*

octubre Décimo mes del año.

🖘 Sustantivo singular masculino; plural: *octubres.*

ocupación 1) Cosa que hay que hacer o que se está haciendo: *Hoy no puedo ir al cine porque tengo muchas ocupaciones.* // 2) Trabajo: *¿Qué ocupación tienes en esa tienda?* // 3) Invasión de un pueblo* por otro: *La ocupación de los árabes en España duró casi 800 años.* 🖘 1) Trabajo, obligaciones. // 2) Trabajo, oficio, categoría laboral. // 3) Invasión, conquista. 🔒 1) Ocio, desocupación. // 3) Retirada. 🡆 Ocupar, ocupado, ocupantes.

🖘 Sustantivo singular femenino; plural: *ocupaciones.*

ocupar 1) Llegar a un sitio y ponerse en él: *En el cine ocupé la butaca 2 de la fila 14.* // 2) Adueñarse de algo; sobre todo si son tierras: *Los franceses intentaron ocupar España en 1808.* // 3) Trabajar: *Ahora estoy muy ocupado con unos análisis, que venga luego.* ⬗ 2) Apropiarse, adueñarse, conquistar, llenar. // 3) Trabajar, atarearse. ⬗ 2) Abandonar. // 3) Estar libre. ⬗ Ocupación, ocupante, ocupado.

⬗ Verbo en infinitivo. Se conjuga como *amar* (modelo n.° 1).

ofensa Lo que hace o dice una persona y le molesta a otra: *El insulto es una ofensa de palabra.* ⬗ Agravio, insulto, injuria. ⬗ Defender, ofensivo, ofendido, ofensor.

⬗ Sustantivo singular femenino; plural: *ofensas.*

oficial 1) Establecido o autorizado por el Estado: *Mi padre tiene un cargo oficial.* // 2) Empleado que ya no es aprendiz del oficio, pero tampoco es maestro: *Mi primo Juan es oficial de sastrería.* // 3) Militar que es más que sargento y menos que comandante: *Ser teniente es ser oficial del ejército.* ⬗ 1) Estatal, público. ⬗ 1) Privado, particular. ⬗ 1) Oficio (comunicado oficial).

⬗ 1) Adjetivo singular para los dos géneros; plural: *oficiales.* // 2) Sustantivo singular masculino; femenino: *oficiala;* plural: *oficiales, oficialas.* // 3) Sustantivo singular masculino; plural: *oficiales.*

oficina 1) Sitio donde se llevan las

ODRE
(vasija de cuero)

PUNTOS CARDINALES		
NORTE	(Se abrevia)	N
SUR	»	S
ESTE	»	E
OESTE	»	W

OFIDIO
(tipo de reptil)

Diversos tipos de
OFICIOS

Encuadernador

Agricultor

Zapatero

cuentas y papeleo de una empresa. // 2) Sitio donde se hacen servicios al público: *En la oficina de correos me dijeron cuántos sellos tenía que ponerle a la carta.* ➤ Despacho, escritorio. ◆ Oficinista.
◆ Sustantivo singular femenino; plural: *oficinas*.

oficio 1) Trabajo que tiene una persona: *El oficio que más me gusta es el de aviador.* // 2) Escrito oficial a través del que se comunican las cosas en los centros estatales: *El Director del instituto recibió un oficio que decía que el 18 empezaban las vacaciones.* ➤ 1) Trabajo, ocupación, profesión, empleo, cargo. // 2) Comunicación, escrito.
◆ Sustantivo singular masculino; plural: *oficios*.

ofrecer 1) Decirle a alguien que si quiere una cosa que uno piensa darle, prestarle o venderle: *Guillermo me ha ofrecido su bicicleta para ir a dar una vuelta.* // 2) **Ofrecerse:** Decirle a alguien que uno está dispuesto a ayudarle en algo: *Mi hermana se ofreció para cuidar a mi hermano el pequeño, cuando mis padres fueran al cine.* ➤ 1) Proponer, brindar. // 2) Brindarse, darse, entregarse, estar dispuesto. ◆ Retirar, quitar. // 2) Desentenderse.
◆ Verbo en infinitivo. Se conjuga como *nacer* (modelo n.° 16).

oído 1) Órgano que sirve para oír*. // 2) Capacidad de oír y conocer los sonidos, que tienen los hombres y los animales: *Mi primo canta muy bien, tiene muy buen oído.* ● Oreja.

● Sustantivo singular masculino; plural: *oídos.*

oír 1) Enterarse de los ruidos o sonidos que llegan hasta uno: *Esta mañana oí la sirena de una fábrica.* // 2) Escuchar algo: *En casa de Mercedes he oído una canción muy bonita.* ● 1) Escuchar, aceptar, enterarse, sentir.

● Verbo en infinitivo. Su conjugación es irregular en los siguientes tiempos: **Indicativo: Presente:** *oigo, oyes, oye, oímos, oís, oyen.* // **Subjuntivo: Presente:** *oiga, oigas, oiga, oigamos, oigáis, oigan.* // **Imperativo:** *oye, oiga, oigamos, oíd, oigan.*

ojo Órgano que sirve para ver: *Los ojos están protegidos por los párpados, que se cierran para dormir, cuando hay demasiada luz, etc.*

● Sustantivo singular masculino; plural: *ojos.*

ola 1) Movimiento del agua del mar: *Es bonito ver como las olas llegan a la playa.* // 2) Gente que va junta a un sitio o que tiene algo que ver entre sí: *A la juventud se le llama "nueva ola".* ● 1) Onda, golpe de mar, embate. // 2) Generación, muchedumbre, gente. ● Oleaje, oleada.

● Sustantivo singular femenino; plural: *olas.*

olor Sensación que las cosas nos producen en el olfato: *Me gusta mucho el olor de las flores.* ● Fragancia, perfume, aroma, tufo. ● Oloroso, oler.

● Sustantivo singular masculino; plural: *olores.*

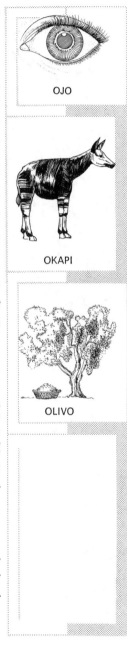

OJO

OKAPI

OLIVO

OLLA
a presión

olvidar No acordarse de algo: *Rafael tiene teléfono, pero he olvidado el número y no puedo llamarlo.* ● Dejar pasar. ● Recordar. ● Olvido, olvidadizo.

● Verbo en infinitivo. Se conjuga como *amar* (modelo n.° 1).

opinión Lo que uno piensa y dice sobre algo: *Mi opinión sobre este libro es que está muy bien escrito.* ● Juicio, concepto, idea, parecer, creencia. ● Opinar, opinable.

● Sustantivo singular femenino; plural: *opiniones.*

oportunidad Ocasión*.

● Sustantivo singular femenino; plural: *oportunidades.*

ORANGUTÁN

oración 1) Rezo dedicado a Dios o a algún santo. // 2) Frase*. ● 1) Plegaria, rogativa, súplica, rezo. // 2) Frase, proposición, juicio.

● Sustantivo singular femenino; plural: *oraciones.*

orar Rezar*

● Verbo en infinitivo. Se conjuga como *amar* (modelo n.° 1).

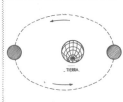

ÓRBITA
de la luna

ordenar 1) Colocar cada cosa en su sitio: *Antes de irte a la calle, ordena tu habitación.* // 2 Mandar*: *El guardia urbano me ordenó que, aunque no pasaran coches, esperara a que se pusiera verde el semáforo.* ● 1) Colocar, organizar, preparar, arreglar. // 2) Mandar disponer, obligar. ● 1) Desordenar. ● 1) Ordenado, ordenador, orden. // 2) Ordenado, ordenanza.

ORÉGANO
(planta olorosa)

🔒 Verbo en infinitivo. Se conjuga como *amar* (modelo n.º 1).

oreja Parte exterior del oído*, que sobresale de la cabeza.

🔒 Sustantivo singular femenino; plural: *orejas.*

organizar Preparar algo para que cada persona haga lo que le corresponde y cada cosa esté en su sitio y se utilice para lo que es: *Hemos organizado una fiesta y yo tengo que encargarme de poner los vasos.* 🔁 Ordenar, arreglar, establecer, preparar. 🔒 desorganizar.

🔒 Verbo en infinitivo. Se conjuga como *amar* (modelo n.º 1) Cambia *z* por *c* ante *-e: organicé.*

orgulloso 1) Que está contento con algo: *Luis está orgulloso de su cartera nueva.* // 2) Que se cree que es más que nadie: *Dice eso porque es un orgulloso.* 🔁 1) Satisfecho, contento, feliz. // 2) Altivo, soberbio, vanidoso, presumido. 🔒 1) Descontento. // 2) Modesto, humilde. 🔒 Orgullo.

🔒 Adjetivo singular masculino; femenino: *orgullosa;* plural: *orgullosos, orgullosas.*

orilla 1) Parte de la tierra que está al lado de un río, un lago, un mar, etc.: *Esta tarde hemos dado un paseo por la orilla del río.* // 2) Borde de algo: *No pongas ese vaso tan a la orilla de la mesa, porque se va a caer.* 🔁 Costa, ribera, playa. // 2) Borde, canto, límite, extremo. 🔒 Orillar, orillado.

🔒 Sustantivo singular femenino; plural: *orillas.*

OREJA

ORGANILLERO
(toca el organillo)

ÓRGANO

OSO

oro Metal amarillo, brillante, que pesa bastante y no se estropea nunca. Se utiliza para hacer anillos, relojes, pulseras, etc.

● Sustantivo singular masculino. El plural, *oros,* se usa muy poco.

OSTRA

orquesta Conjunto de músicos y de instrumentos que ensayan y dan conciertos: *Mi padre tiene discos de orquestas muy buenas.* ⌫ Orquestar, orquestación.

● Sustantivo singular femenino; plural: *orquestas.*

oscuro 1) Que tiene poca luz: *Las habitaciones que dan a un patio pequeño son muy oscuras.* // 2) Entre varios colores el que tira más al negro: *El azul marino es más oscuro que el azul cielo.* // 3) Que no se entiende bien: *Esa explicación es un poco oscura.* ➡ 1) Sombrío, lúgubre. // 3) Complicado, incomprensible. ▣ 1) Claro. // 3) Fácil, claro.

● Adjetivo singular masculino; femenino: *oscura;* plural: *oscuros, oscuras.*

OVILLO

oso Animal mamífero grande y peludo, con cola corta y que sabe ponerse de manos. El oso pardo vive en las montañas y el blanco en los mares del polo Norte.

● Sustantivo singular masculino; plural: *osos.*

pP

pabellón 1) Sala o parte de un edificio destinado a algo en especial: *En el ala derecha del hospital está el pabellón en que viven las enfermeras.* // 2) Bandera: *En los desfiles militares suele ir en primer lugar el que lleva el pabellón nacional.* ⬗ 2) Insignia, enseña.
⬗ Sustantivo singular masculino; plural: *pabellones.*

PABELLÓN
(bandera nacional)

pagar 1) Dar a alguien lo que se le debe: *Si me prestas para ir al cine, mañana te lo pago.* // 2) Dar dinero por algo que se compra. ⬗ 1) Devolver, dar. // 2) Comprar, invertir, abonar. ⬗ Deber.
⬗ Verbo en infinitivo. Se conjuga como *amar* (modelo n.° 1). Añade una *u* a la *g* cuando detrás va una *e: paguemos.*

PAGODA
(templo oriental)

página Cada una de las dos caras de una hoja de papel: *Un libro tiene el doble de páginas que de hojas.* ⬗ Cara, plana. ⬗ Paginación, paginar.
⬗ Sustantivo singular femenino; plural: *páginas.*

PAILEBOTE
(tipo de velero)

paisaje Trozo de tierra que se ve desde un sitio o que tenemos en un cua-

PÁJARO

PALAS

PALETA
de pintor

PALMERA

dro o fotografía: *Me gusta coleccionar postales de paisajes.* ● Panorama, panorámica. ◀ Paisajista.

◀ Sustantivo singular masculino; plural: *paisajes.*

paja 1) Tallo de los cereales* cuando ya se han secado: *Después de recoger el trigo del campo, hay que separar la paja del grano.* // 2) Que no tiene ninguna importancia: *Venga, hombre, cuéntamelo sin meter paja.*

◀ Sustantivo singular femenino; plural: *pajas.*

pájaro Animal con alas que le sirven para volar y que tiene el cuerpo cubierto de plumas y las patas muy delgadas. Hay muchas clases de pájaros y casi todos cantan: *Nos han regalado un pájaro muy bonito, que canta muy bien.* ● Ave, avecilla. ◀ Pajarero, pajarería.

◀ Sustantivo singular masculino; plural: *pájaros.*

palacio Edificio grande y muy lujoso hecho para que vivan reyes o personas muy importantes. ● Mansión, castillo, alcázar. ◀ Palaciego.

◀ Sustantivo singular masculino; plural: *palacios.*

palma 1) Hoja de la palmera. Es como si fueran muchas hojas alargadas que salen del tallo: *El domingo de Ramos los niños van con palmas a la procesión.* // 2) **Palma de la mano:** Parte de dentro de la mano, donde quedan las cosas que cogemos. ● 1) Árbol, datilera. ◀ 1) Palmeral, palmero.

🔹 Sustantivo singular femenino; plural: *palmas.*

pan Alimento que se hace amasando harina, con agua, poniéndole levadura y metiéndolo en el horno.
🔹 Sustantivo singular masculino; plural: *panes.*

pantalla 1) Sitio sobre el que se proyectan películas o diapositivas: *Las pantallas de los cines son muy grandes.* // 2) Parte de una lámpara que concentra la luz en un sitio. 🔹 2) Mampara, tulipa.
🔹 Sustantivo singular femenino; plural: *pantallas.*

paño Trozo de tela: *He limpiado el polvo de los muebles con un paño.* 🔹 Tela, lienzo, fieltro. 🔹 Pañería.
🔹 Sustantivo singular masculino; plural: *paños.*

papel 1) Pasta hecha con madera y trapos, muy fácil de romper que se usa para escribir en él, para envolver cosas, para forrar libros, para hacer cuadernos, etc. // 2) Trabajo de un actor en escena. 🔹 Papelera, empapelar. // 2) Personaje, representación.
🔹 Sustantivo singular masculino; plural: *papeles.*

paquete Una o varias cosas envueltas (v. envolver): *He hecho un paquete con mis cosas porque mañana nos vamos de vacaciones.* 🔹 Envoltorio, bulto, fajo, fardo. 🔹 Empaquetar, paquetería.
🔹 Sustantivo singular masculino; plural: *paquetes.*

par 1) Conjunto de dos personas o dos

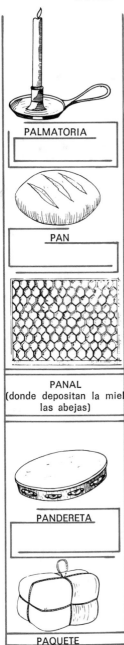

PALMATORIA

PAN

PANAL
(donde depositan la miel las abejas)

PANDERETA

PAQUETE

PARAGUAS

barras
PARALELAS

PARARRAYOS

cosas: *En cada pupitre hay un par de asientos.* ⬟ Pareja. ⬟ Parear.

⬤ Sustantivo singular masculino; plural: *pares.*

parada 1) Lo que hace uno cuando deja de moverse o andar: *Al venir del colegio, he hecho una parada para ver el escaparate de la tienda de juguetes.* // 2) Sitio en que paran los autobuses o los taxis para que la gente se suba: *Muy cerca de casa hay una parada de autobuses.* ⬟ 1) Alto, detención, pausa. // Estación, apeadero. ⬟ Parar*

⬤ Sustantivo singular femenino; plural: *paradas.*

parar 1) Hacer que alguien deje de andar: *Te he parado para preguntarte por tu hermano.* // 2) Hacer que algo deje de funcionar: *Para el motor de la moto, porque hace mucho ruido.* // 3) Dejar de hacer algo: *El conferenciante llevaba mucho rato hablando y tuvo que parar para beber agua.* // 4) **Pararse:** Detenerse: *Al ver que venías corriendo, nos paramos para esperarte.* ⬟ 1), 2) Detener, frenar, inmovilizar. // 3) Cesar, detenerse. // 4) Cesar de andar, detenerse. ⬤ 1), 2) Avanzar. // 3) Continuar. // 4) Seguir. ⬟ Parada, parador, paradero.

⬤ Verbo en infinitivo. Se conjuga como *amar* (modelo n.° 1).

parecer 1) Dar la impresión de algo: *Aquello que se ve allí parece una iglesia.* // 2) Creer que algo es de una manera pero no estar seguro: *Me parece que ma-*

ñana es fiesta. // 3) **Opinión:** *Mi parecer es que debes forrar los libros antes de que se estropeen.* // 4) **Parecerse:** Tener una cosa algo igual a otra: *Tu chaqueta se parece mucho a la mía.* ⬦ 1) Mostrarse, aparentar, simular. // 2) Opinar, pensar, creer, juzgar. // 3) Opinión, idea, creencia. // 4) Asemejarse. ⬦ 4) Distinguirse.

⬦ 1), 2) Verbo en infinitivo. Se conjuga como *nacer* (modelo n.° 16). // 3) Sustantivo singular masculino; plural: *pareceres.* // 4) Verbo en infinitivo con pronombre. Se conjuga como *nacer* (modelo n.° 16).

parecido 1) Que es casi igual: *Las flores de plástico son muy parecidas a las de verdad.* // 2) Lo que hace que dos cosas se parezcan: *El único parecido que tienen estas dos lámparas, es la bombilla.* ⬦ 1) Similar. // 2) Semejante, símil, similitud. ⬦ 1) Distinto, diferente. // 2) Diferencia*. ⬦ 1), 2) Parecerse.

⬦ 1) Adjetivo singular masculino; femenino: *parecida;* plural: *parecidos, parecidas.* // 2) Sustantivo singular masculino; plural: *parecidos.*

parque Sitio en el que hay jardines, árboles, bancos para que se siente la gente, etc. Si además hay animales metidos en jaulas o en sitios preparados especialmente para ellos, se llama **parque zoológico.** Los **parques infantiles** son los que tienen columpios, arena para que jueguen los niños, tobogán, etc. ⬦ Jardín, zona verde.

⬦ Sustantivo singular masculino; plural: *parques.*

juego de
PARCHÍS

PARRA

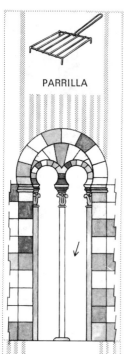

PARRILLA

PARTELUZ
(parte de una
ventana)

PARTESANA
(especie de lanza)

parte 1) Trozo de algo: *Ya he comido mi parte de tarta.* // 2) Cosa que unida a otras forma algo: *El respaldo es una parte de la silla.* // 3) Sitio: *He visto el balón en alguna parte, pero no sé dónde.* ➤ 1) Trozo, porción, pedazo. // 2) Lugar, Sitio, punto, lado.

● Sustantivo singular femenino; plural: *partes.*

participar 1) Intervenir en algo: *Voy a participar en la carrera de sacos.* // 2) Dar una noticia: *Te participo que ayer vino mi prima.* ➤ 1) Intervenir, tomar parte, colaborar. // 2) Comunicar, hacer saber, avisar, advertir. ▲ 1) Abstenerse, inhibirse. // 2) Callarse. ◄ Partícipe, participante.

● Verbo en infinitivo. Se conjuga como *amar* (modelo n.° 1).

particular Que pertenece sólo a una persona o a una cosa: *Esta finca es particular.* ➤ Individual, característico, singular. ▲ General, común. ◄ Particularizar.

● Adjetivo singular para los dos géneros; plural: *particulares.*

partir 1) Hacer de una cosa dos o más partes: *Hay que partir el pastel en 6 trozos.* // 2) Romper algo: *No partas ese papel, que lo necesito para envolver esto.* ➤ Dividir, repartir. // 2) Romper, quebrar. ▲ 1) Unir. // 2) Unir, pegar.

● Verbo en infinitivo. Modelo n.° 3.

pasar 1) Entrar*: *Pasa a la habitación de Carlos que él viene enseguida.* // 2) Estar: *He pasado 10 días en Madrid.* ☞ Pasaje, paso, pasadizo.

☜ Verbo en infinitivo. Se conjuga como *amar* (modelo n.° 1).

pasta 1) Mezcla blanda de algo en polvo con un líquido: *Mezclando harina y agua sale una pasta que se llama engrudo.* // Masa con la que están hechos los fideos, los tallarines, etc. // 3) Cubierta de un libro, una libreta, etc.: *En la pasta de los libros, pone el nombre del autor.* // 4) Dulce: *Mi madre hace unas pastas muy ricas.* ☞ 1) 2) Masa. // 3) Guardas, cubiertas. // 4) Dulce, golosina.

☜ Sustantivo singular femenino; plural: *pastas.*

pata 1) Pie y pierna de los animales: *Los caballos tienen 4 patas.* // 2) Trozos de madera, hierro, etc., en los que se apoyan algunos muebles.

☜ Sustantivo singular femenino; plural: *patas.*

patio Sitio rodeado de paredes pero sin tapar por arriba, que hay dentro de muchas casas, en los colegios, etc.

☜ Sustantivo singular masculino; plural: *patios.*

pato Ave de pico ancho y plano con el cuello corto, que puede vivir en el agua porque sabe nadar muy bien.

☜ Sustantivo singular masculino; plural: *patos.*

patria País donde uno ha nacido: *Mi pa-*

PATAS
de un perro

PATÍN

PATO

PATOS
o aletas de goma

PAVO
real

PEINETA
(para sujetar el pelo)

PELÍCANO

tria es España. ⬢ País, tierra, nación, suelo natal.

⬢ Sustantivo singular femenino; plural: *patrias.*

paz Tranquilidad. ⬢ Sosiego, quietud, calma. ⬢ Guerra.

⬢ Sustantivo singular femenino; plural: *paces.*

pedazo Parte* de algo.

⬢ Sustantivo singular masculino; plural: *pedazos.*

pedir Decirle a alguien que si quiere darnos una cosa o hacernos un favor: *He pedido a Julio que me arregle la bicicleta y dice que esta tarde lo hará.* ⬢ Rogar, solicitar. ⬢ Dar. ⬢ Petición, pedigüeño, pedido.

⬢ Verbo en infinitivo. Se conjuga como *servir* (modelo n.° 13).

pegar 1) Unir dos cosas poniéndole algo para que no se separen: *Ha pegado las pastas del libro con pegamento porque se habían soltado.* // 2) Juntar una cosa a otra: *Hemos pegado la mesa a la pared, para que la habitación quede más amplia.* // 3) Dar golpes: *No está bien pegar a los animales.* ⬢ 1) Encolar, unir, adherir. // 2) Juntar, arrimar. // 3) Golpear, maltratar. ⬢ 1) Despegar. // 2) Separar. // 3) Acariciar.

⬢ Verbo en infinitivo. Se conjuga como *amar* (modelo n.° 1). Añade una *u* a la *g,* cuando detrás viene una *-e: pegué.*

pelear Reñir o pegarse dos o más personas. ⬢ Reñir, pegarse, luchar, discutir, enfrentarse. ⊫ Pelea, peleador, peleón.

⊛ Verbo en infinitivo. Se conjuga como *amar* (modelo n.° 1).

película 1) Lámina* muy fina de cualquier materia: *Al enfriarse la leche caliente se forma en la parte de arriba una película de nata.* // 2) Cinta larga y transparente, de un material parecido al plástico, en la que hay unos dibujos o unas fotografías que se ven en la pantalla, cuando se pasa por una máquina de cine.

⊛ Sustantivo singular femenino; plural: *películas.*

peligro Posibilidad de que pase algo malo: *Si cruzas la calle sin mirar, hay peligro de que te pille un coche.* ⊜ Riesgo, amenaza. ⊕ Seguridad. ⊫ Peligroso, peligrar.

⊛ Sustantivo singular masculino; plural: *peligros.*

peligroso Que puede hacer daño: *Los niños pequeños no deben coger las tijeras porque son muy peligrosas* (v. peligro).

⊛ Adjetivo singular masculino; femenino: *peligrosa;* plural: *peligrosos, peligrosas.*

perder 1) No saber dónde está una cosa que teníamos: *Piedad ha perdido la muñeca que le trajeron los Reyes.* // 2) **Perder el tiempo:** Estar sin hacer nada cuando se tiene que hacer algo: *No pierdas el tiempo y estudia.* // 3) No ser el que gana en una lucha, un juego, etc.: *Hemos jugado al parchís y he perdido.* // 4) **Perderse:** Estar en un sitio que no se

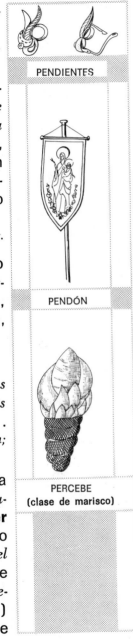

PENDIENTES

PENDÓN

PERCEBE
(clase de marisco)

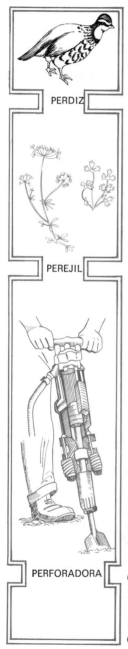

PERDIZ

PEREJIL

PERFORADORA

conoce y no saber por dónde hay que ir para llegar a donde se quiere: *Mi hermano el pequeño quiso venir solo de la escuela y se perdió.* ⬅ 1) Extraviar. // 2) Gandulear, malgastar. // 4) Extraviarse, despistarse, desorientarse. 🅰 1) Encontrar. // 2) Aprovechar.

🔹 Verbo en infinitivo. Se conjuga como *entender* (modelo n.º 5).

perdonar 1) No castigar a alguien que ha hecho una cosa mala u olvidar que la hizo: *El maestro me perdonó que no hiciera los deberes.* // 2) Dejar que alguien no haga una cosa que tendría que hacer: *Ayer me dolía la cabeza y mi madre me perdonó ir a clase.* ⬅ 1), 2) Transigir, hacer la vista gorda, eximir. 🅰 Castigar, tener en cuenta.

🔹 Verbo en infinitivo. Se conjuga como *amar* (modelo n.º 1).

peregrino Persona que va solo o en grupo a un santuario: *El 25 de julio, van muchos peregrinos a Santiago de Compostela.* ⬅ Romero.

🔹 Adjetivo singular masculino; plural: *peregrinos.*

perfecto Que está muy bien hecho: *El maestro me corrigió los deberes y dijo que estaban perfectos.* ⬅ Bien, completo, irreprochable. 🅰 Imperfecto, mal.

🔹 Adjetivo singular masculino; femenino: *perfecta;* plural: *perfectos, perfectas.*

perfume Olor* que tiene una cosa.

🔹 Sustantivo singular masculino; plural: *perfumes.*

periódico 1) Que pasa cada cierto tiempo: *Las estaciones del año son periódicas porque se repiten todos los años.* // 2) Noticiario que se publica todos o casi todos los días y, además de noticias, tiene anuncios, fotos, etc. ⮂ 1) Regular, sistemático. // 2) Revista, diario, boletín.

⮂ 1) Adjetivo singular masculino; femenino: *periódica;* plural: *periódicos, periódicas.* // 2) Sustantivo singular masculino; plural: *periódicos.*

periodo 1) Espacio de tiempo: *El período más largo de vacaciones, es el verano.* // 2) Tiempo que tarda en repetirse una cosa: *En esta parada, los autobuses tardan en pasar un período de 10 minutos.* ⮂ 1), 2) Etapa, espacio, ciclo. ☞ 2) Periódico, periodicidad.

⮂ Sustantivo singular masculino; plural: *períodos.*

permanecer Seguir en un sitio o de una manera: *La puerta de la escuela permanēce cerrada cuando nosotros estamos de vacaciones.* ⮂ Persistir, continuar, mantenerse. ☞ Permanencia.

⮂ Verbo en infinitivo. Se conjuga como *nacer* (modelo n.º 16).

permitir Dejar que alguien haga una cosa: *El guardia urbano nos ha permitido aparcar el coche sobre la acera.* ⮂ Autorizar, dejar, consentir, tolerar. ☞ Permiso.

⮂ Verbo en infinitivo. Se conjuga como *partir* (modelo n.º 3).

perseguir Ir detrás de alguien que se

PERICO

PERISCOPIO
(para mirar a la superficie desde un submarino)

PERRO

salto de
PÉRTIGA

escapa, para alcanzarlo: *Se ha escapado un mono del zoo y lo están persiguiendo.* ● Seguir, ir a la caza.

● Verbo en infinitivo. Se conjuga como *servir* (modelo n.° 13).

persona Hombre, mujer, niño o niña: *Mi padre, mi madre, mis hermanos y yo, somos personas.* ● Ser, hombre, individuo. ○ Personal, personarse.

● Sustantivo singular femenino; plural: *personas.*

PESABEBÉS

personal 1) Que es de una persona. // 2) Gente que trabaja en un sitio: *Aquí come todo el personal de la fábrica.* ● 1) Particular, propio, individual. // 2) Gente. ⬤ 1) Común, general.

● 1) Adjetivo singular para los dos géneros; plural: *personales.* // 2) Sustantivo singular masculino; el plural no se usa.

PESACARTAS

pertenecer 1) Ser de alguien: *Esa pelota me pertenece.* // 2) Tocar, hacer algo: *A Jesús le pertenece traer las bolas de Navidad para adornar el árbol del colegio.* ● 1) Ser propiedad de, ser de. // 2) Corresponder, tocar. ⬤ 1) Estar abandonado.

● Verbo en infinitivo. Se conjuga como *nacer* (modelo n.° 16).

PETACA

pesar 1) Tener peso: *Mi hermano el pequeño pesa 10 kilogramos.* // 2) Mirar a ver cuánto pesa una cosa: *Péseme estas naranjas, a ver si pasan de 1 kilo.* // 3) Arrepentimiento: *Tengo el pesar de no haber* *estudiado lo suficiente.* ➡ 3) Remordimiento, sentimiento, pena.

➡ 1), 2) Verbo en infinitivo. Se conjuga como *amar* (modelo n.° 1). // 3) Sustantivo singular masculino; plural: *pesares.*

pescado Peces sacados del agua para comerlos: *Conviene comer pescado porque tiene muchas vitaminas.* ➡ Pesca. ➡ Pescador, pescadora, pescadería, pesquero.

➡ Sustantivo singular masculino; plural: *pescados.*

pescador Persona que se dedica a pescar: *En los pueblos del lado del mar viven muchos pescadores.* ➡ Pescado, pescadería, pescadora, pesquero.

➡ Sustantivo o adjetivo singular masculino; femenino: *pescadora;* plural: *pescadores, pescadoras.*

pescar Sacar peces del mar, de un río, de un lago, etc.: *Muchos pescadores salen a pescar al amanecer.* ➡ Coger, atrapar, echar el anzuelo.

➡ Verbo en infinitivo. Se conjuga como *amar* modelo n.° 1). Cambia la *c* por *qu* cuando le sigue *-e: pesqué.*

pétalo Hoja de la flor.

➡ Sustantivo masculino; plural: *pétalos.*

pez Animal que vive dentro del agua: *Las sardinas son peces.*

➡ Sustantivo singular masculino; plural: *peces.*

pie 1) Parte en que se apoya el cuerpo: *Carlos es muy alto y tiene los pies muy grandes.* // 2) Base de una cosa. // 3) **Al pie:**

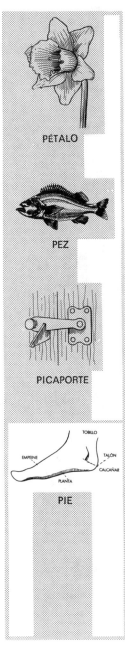

PÉTALO

PEZ

PICAPORTE

PIE

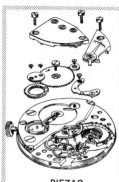

PIEZAS
de un reloj

PINCELES
de pintor

PINGÜINO

Al lado: *Mi casa está al pie de una iglesia.*
🖅 Sustantivo singular masculino; plural: *pies.*

piel Parte de fuera del cuerpo de los hombres, los animales y algunas plantas: *Pilar ha estado mucho tiempo al sol y la piel se le ha puesto roja.* 🖜 Corteza, cáscara (cuando es de plantas).
🖅 Sustantivo femenino singular; plural: *pieles.*

pieza 1) Cada una de las partes que forman una cosa: *En los relojes de pulsera, las piezas de la maquinaria son muy pequeñas.* // 2) Habitación: *En esta pieza da el sol toda la mañana.* 🖜 2) Sala, cuarto, dormitorio.
🖅 Sustantivo singular femenino; plural: *piezas.*

pila 1) Lugar donde se echa agua para lavar, fregar, etc.: *A la entrada de las iglesias hay una pila.* // 2) Montón: *Encima de la mesa del maestro hay una pila de libros de Gramática.* // 3) **Pila eléctrica:** Aparato que almacena electricidad y vale para que funcionen las linternas, los aparatos de radio, etc.
🖅 Sustantivo singular femenino; plural: *pilas.*

pintar 1) Darle color a una cosa: *He pintado las sillas de blanco.* // 2) Representar con colores personas o cosas: *A María le gusta mucho pintar y ahora está pintando una puesta de sol.* 🖜 1) Colorear, teñir. // 2) Representar.
🖅 Verbo en infinitivo. Se conjuga como *amar* (modelo n.° 1).

pintor Persona que se dedica a pintar: *Los pintores han pintado las paredes de la escuela.* ⬦ Paisajista, colorista, acuarelista.
🔹 Sustantivo singular masculino; femenino: *pintora;* plural: *pintores, pintoras.*

piso 1) Suelo: *El piso de la escuela es de mosaicos rojos.* // 2) Parte de abajo de los zapatos: *Tenía el piso de los zapatos muy gastado y me han puesto suelas nuevas.* // 3) Planta de un edificio: *En la casa donde yo vivo hay 10 pisos.* ⬦ 1) Pavimento, suelo. // 2) Suela. // 3) Vivienda, planta
🔹 Sustantivo singular masculino; plural: *pisos.*

pizarra Tablero pintado de un color oscuro y que se usa para escribir en él con tiza: *La pizarra de mi clase es muy grande.*
🔹 Sustantivo femenino; plural: *pizarras.*

placer 1) Gustar: *Me place mucho que hayas venido a verme.* // Gusto: *Es un placer bañarse en verano.* ⬦ 1) Agradar, satisfacer, gustar. ⬦ 1) Desagradar.
🔹 1) Verbo en infinitivo. Se conjuga como *nacer* (modelo n.° 16). // 2) Sustantivo singular masculino; plural: *placeres.*

plan Idea que se le ocurre a uno para hacer algo: *Tengo un plan estupendo para el domingo.* ⬦ Proyecto, idea. ⬦ Planear.
🔹 Sustantivo singular masculino; plural: *planes.*

plancha 1) Aparato que sirve para alisar la ropa. //2) Lámina: *La carrocería*

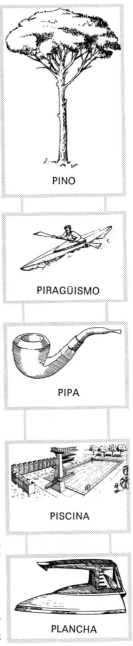

PINO

PIRAGÜISMO

PIPA

PISCINA

PLANCHA

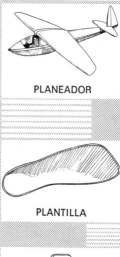

PLANEADOR

PLANTILLA

PLOMADA
(usada por el albañil)

de los coches se hace con planchas de chapa.
 Sustantivo singular femenino; plural: *planchas.*

playa Orilla del mar o de un río donde hay arena y va la gente a bañarse y a tomar el sol cuando hace buen tiempo.
 Sustantivo singular femenino; plural: *playas.*

plaza 1) Sitio ancho de una ciudad en el que, normalmente, se cruzan varias calles: *En la plaza mayor de mi pueblo está el ayuntamiento.* // 2) Sitio que tiene una persona: *Hemos reservado las plazas en el tren para ir de vacaciones.* 1) Glorieta. // 2) Puesto.
 Sustantivo singular femenino; plural: *plazas.*

población Conjunto de habitantes de un país, una región, una ciudad, etc.: *La población de España es de más de 30 millones de habitantes.*
 Sustantivo singular femenino; plural: *poblaciones.*

pobre Persona que no tiene lo necesario para vivir: *A la puerta de la iglesia había dos pobres pidiendo.* Necesitado, indigente, mendigo, pordiosero, vagabundo.
 Sustantivo o adjetivo singular masculino; plural: *pobres.*

poder 1) Ser capaz de hacer algo: *Los aviones pueden volar muy alto.* // 2) Tener posibilidad de hacer algo: *Los domingos puedo ir al cine, porque no tengo clase.* // 3) Facultad de mandar: *El poder está en manos de los gobernantes.* 1), 2) Ser posi-

PLUMA

ble, ser factible. 3) Dominio, autoridad, soberanía.

🖝 1), 2) Verbo en infinitivo. Es de conjugación muy irregular: **Indicativo: Presente:** *puedo, puedes, puede, podemos, podéis, pueden.* // **Imperfecto:** *podía, podías, podía, podíamos, podíais, podían.* // **Pretérito indefinido:** *pude, pudiste, pudo, pudimos, pudisteis, pudieron.* // **Futuro imperfecto:** *podré, podrás, podrá, podremos, podréis, podrán.* // **Potencial:** *podría, podrías, podría, podríamos, podríais, podrían.* // **Subjuntivo: Presente:** *pueda, puedas, pueda, podamos, podáis, puedan.* // **Imperfecto:** *pudiera, pudieras, pudiera, pudiéramos, pudierais, pudieran* o *pudiese, pudieses, pudiese, pudiésemos, pudieseis, pudiesen.* // **Futuro imperfecto:** *pudiere, pudieres, pudiere, pudiéremos, pudiereis, pudieren.* // **Imperativo:** *puede, pueda, podamos, poded, puedan.* // **Participio:** *podido.* // **Gerundio:** *pudiendo.* // 3) Sustantivo singular masculino; plural: *poderes.*

poderoso Que tiene poder: *Los reyes son muy poderosos.*

🖝 Adjetivo singular masculino; femenino: *poderosa;* plural: *poderosos, poderosas.*

poema Obra escrita en verso: *En clase de Literatura, el maestro nos ha leído un poema muy bonito.* ⬅ Poesía, composición.

🖝 Sustantivo masculino; plural: *poemas.*

poeta Persona que hace versos, poemas o poesías.

🖝 Sustantivo singular masculino; plural: *poetas.*

poner 1) Dejar algo en un sitio: *Pon este libro sobre la mesa.* // 2) Escribir: *El maestro puso en la pizarra los nombres de los colores del arco iris.* // 3) Darle a alguien un empleo: *Al Sr. Ramón lo han puesto de chófer de un camión.* // 4) Empezar uno a hacer algo: *Me voy a poner a estudiar porque*

POLAINA
(cubre parte de la pierna)

POLOS
geográficos (p. norte, p. sur)

POLLERA

PORRÓN

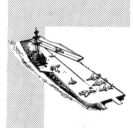

PORTAVIONES

PORTAMONEDAS

PORTAMANTAS

mañana tengo un examen. // 5) Darle un nombre a una cosa o a una persona: *Mi primo ha tenido una hermana y le van a poner Mónica.* ◗ 1) Dejar, depositar. // 2) Anotar, escribir. // 3) Colocar, ocupar, dar empleo. // 5) Llamar, denominar. // ■ 1) Quitar. // 2) Borrar. // 3) Echar.

◖ Verbo en infinitivo. Es de conjugación muy irregular. **Indicativo: Presente:** *pongo, pones, pone; ponemos, ponéis, ponen.* // **Imperfecto:** *ponía, ponías, ponía; poníamos, poníais, ponían.* // **Pretérito indefinido:** *puse, pusiste, puso; pusimos, pusisteis, pusieron.* // **Futuro imperfecto:** *pondré, pondrás, pondrá; pondremos, pondréis, pondrán.* // **Potencial:** *pondría, pondrías, pondría; pondríamos, pondríais, pondrían.* // **Subjuntivo: Presente:** *ponga, pongas, ponga; pongamos, pongáis, pongan.* // **Imperfecto:** *pusiera, pusieras, pusiera; pusiéramos, pusierais, pusieran* (o *pusiese, pusieses...*) // **Futuro imperfecto:** *pusiere, pusieres, pusiere; pusiéremos, pusiereis, pusieren.* // **Imperativo:** *pon, ponga; pongamos, poned pongan.* // **Participio:** *puesto.* // **Gerundio:** *poniendo.*

popular Que tiene algo que ver con el pueblo: *Esta mañana anunciaron las fiestas populares.* // 2) Que le gusta a la gente o lo conoce todo el mundo: *Ese cantante es muy popular.*

◖ Adjetivo singular masculino; plural: *populares.*

portar Llevar o traer algo.

◖ Verbo en infinitivo. Se conjuga como *amar* (modelo n.° 1).

poseer Tener una cosa: *El padre de Antonio posee una casa en las afueras de la ciudad.* ◗ Tener, ser dueño. ◀ Poseedor, poseído.

◖ Verbo en infinitivo. Se conjuga como *temer* (modelo n.° 2).

posible 1) Que puede ser: *Es posible que nos den las vacaciones el viernes.* // 2) Que se puede hacer: *No es posible ver la catedral desde aquí.* S 1) Probable, fácil. // 2) Factible, fácil. A Imposible.

G Adjetivo singular para los dos géneros; plural: *posibles.*

posición Manera de estar colocada una persona o una cosa: *La mejor posición para dormir es la de tumbado.* S Situación, colocación, estado, postura.

G Sustantivo singular femenino; plural: *posiciones.*

poste Palo o viga de hierro o madera que sirve para sujetar algo: *Los postes de teléfonos sujetan los cables.*

G Sustantivo singular masculino; plural: *postes.*

pozo Agujero hecho en la tierra del que sale agua: *En medio del huerto hay un pozo.*

G Sustantivo singular masculino; plural: *pozos.*

práctica 1) Ejercicio: *Hoy hemos hecho prácticas de cuentas de dividir.* // 2) **Poner en práctica:** Hacer una cosa que se había pensado: *He puesto en práctica mi propósito de hacer gimnasia todos los días al levantarme.* S 1) Experiencia, ejercicio, pruebas, ensayos. // 2) Realizar, llevar a cabo.

G 1) Sustantivo singular femenino; plural: *prácticas;* // 2) Locución.

precio Cantidad de dinero que vale una cosa: *¿Cuál es el precio de ese camión que*

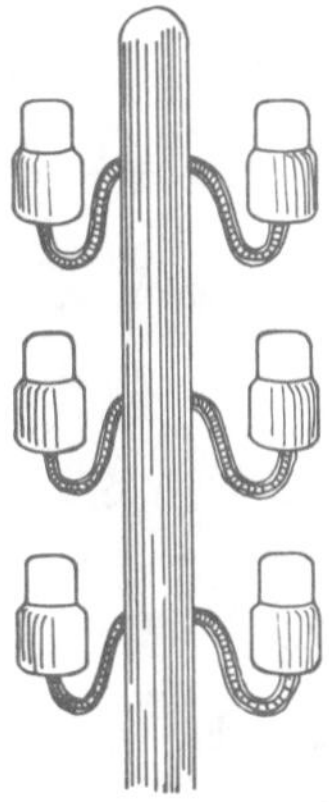
POSTE

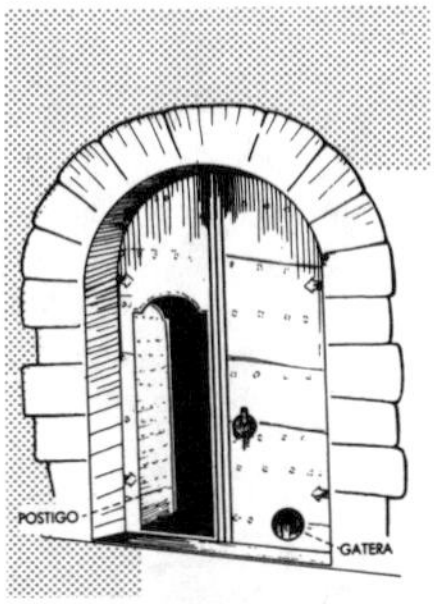

POSTIGO

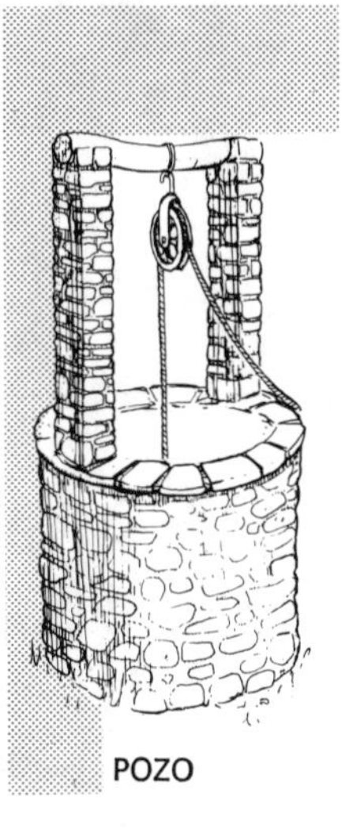
POZO

PRELADO

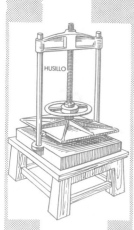

HUSILLO

PRENSA
de imprenta

hay en el escaparate? 🜄 Valoración. valor, costo.

🜊 Sustantivo singular masculino; plural: *precios.*

precioso Que es muy bonito: *Las puestas de sol son preciosas.* 🜄 Bonito, maravilloso, lindo. 🜊 Feo, horrible.

🜊 Adjetivo singular masculino; femenino: *preciosa,* plural: *preciosos, preciosas.*

preciso Exacto: *Es la hora precisa.*

🜊 Adjetivo singular masculino; femenino: *precisa;* plural: *precisos, precisas.*

preferir Gustar más o parecer mejor una cosa que otra: *Alejandro ha preferido quedarse en casa porque en la calle hace frío y tiene algo de catarro.* 🜄 Anteponer, distinguir. 🜊 Despreciar .

🜊 Verbo en infinitivo. Se conjuga como *adquirir* (modelo n.° 7)

pregunta Lo que le decimos a alguien cuando queremos que nos diga una cosa que no sabemos: *Por favor, una pregunta, ¿me dice Vd. la hora?*

🜊 Sustantivo singular femenino; plural: *preguntas.*

preguntar Hacer preguntas: *Ignacio me ha preguntado que si quiero ir a jugar a su casa y le he dicho que sí.* 🜄 Pedir, interrogar, consultar. 🜊 Responder.

🜊 Verbo en infinitivo. Se conjuga como *amar* (modelo n.° 1).

prensa 1) Aparato que sirve para aplastar: *Para hacer el vino, hay que meter las uvas en una prensa.* // 2) Periódicos: *En* *las ciudades hay muchos quioscos donde venden la prensa.*

🔹 Sustantivo singular femenino; el plural, *prensas,* sólo se usa en el significado 1).

preparar Hacer que una cosa esté a punto para algo: *Prepara la mesa, que vamos a comer.* 🔹 Arreglar, disponer, dejar listo. 🔹 Preparación, preparado.

🔹 Verbo en infinitivo. Se conjuga como *amar* (modelo n.° 1).

presencia 1) Asistencia de una persona a un sitio: *La presencia del Director dio seriedad al acto.* // 2) Aspecto que tiene una persona: *Es de muy buena presencia.* 🔹 1) Comparecencia, asistencia. // 2) Facha, talla, figura, aspecto. 🔹 1) Ausencia. 🔹 Presenciar, presente.

🔹 Sustantivo singular femenino; el plural, *presencias,* es muy poco usado.

presentar 1) Hacer que alguien vea una cosa: *Ya le he presentado al maestro el dibujo que me dijo que hiciera.* // 2) Hacer que dos personas se conozcan: *Enrique me ha presentado a su primo.* 🔹 1) Enseñar, entregar. 🔹 Presentación.

🔹 Verbo en infinitivo. Se conjuga como *amar* (modelo n.° 1).

presente 1) Que está en un sitio: *Yo estaba presente cuando le dijiste aquello a Luis.* // 2) Momento que vivimos: *Estamos viviendo el presente y preparando el futuro.* // 3) Actual: *Las presentes circunstancias nos obligan a retrasar el viaje.* // 4) Regalo:

PRESA
en las aguas de un río

PREPOSICIÓN
Relaciona dos palabras

A	ENTRE
ANTE	HACIA
BAJO	HASTA
CABE	PARA
CON	POR
CONTRA	SEGÚN
DE	SIN
DESDE	SOBRE
EN	TRAS

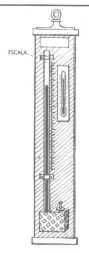

BARÓMETRO
(para medir la
PRESIÓN atmosférica)

PRIMATES
(orden de mamíferos)

Los reyes llevaron presentes a Jesús. ⊜ 1) Asistente, testigo. // 2) Ahora, en este momento. // 3) Actual, moderno, reciente. // 4) Obsequio, regalo. ⊕ 1) Ausente. // 2) Pasado, futuro.

⊜ 1), 3) Adjetivo singular para los dos géneros; plural: *presentes.* // 2), 4) Sustantivo singular masculino; el plural, *presentes,* no se usa con el significado 2).

presidente Persona que tiene el cargo más alto en una sociedad, país, etc.: *El presidente de la República se dirigió al pueblo a través de la Televisión.*

⊜ Sustantivo singular masculino; femenino: *presidenta;* plural: *presidentes, presidentas.*

prestar Dejar algo a una persona por un tiempo: *Se me olvidó el bolígrafo y Julio me prestó uno.* ⊜ Dejar, proporcionar, facilitar.

⊜ Verbo en infinitivo. Se conjuga como *amar* (modelo n.º 1).

primavera Parte del año en que no hace frío ni calor y florecen las plantas: *Me gusta la primavera porque hay muchas flores en todos los sitios y todo está muy bonito.*

⊜ Sustantivo singular femenino; plural: *primaveras.*

primero Que no hay ninguno delante de él.

⊜ Adjetivo singular masculino; femenino: *primera;* plural: *primeros, primeras.*

primo Que es hijo de un hermano o una hermana del padre o de la madre: *Ga-*

briel es mi primo porque su padre es hermano del mío.

◖ Sustantivo singular masculino; femenino: *prima;* plural: *primos, primas.*

principal Que es más importante que los demás: *Lo principal es que cuando lleguemos esté todo preparado.* ◗ Esencial, fundamental, muy importante. ◖ Accidental, poco importante. ◄ Principalmente.

◖ Adjetivo singular para lcs dos géneros; plural: *principales.*

principio 1) Primera parte de algo: *Mi casa está al principio de la calle.* // 2) Base sobre la que se establece algo: *El principio de la religión es la fe en Dios.* ◗ 1) Comienzo, inicio, arranque. // 2) Fundamento, base. ◖ 1) Final. ◄ Principiar.

◖ Sustantivo singular masculino; plural: *principios.*

prisa Necesidad de hacer algo con rapidez: *Tengo mucha prisa, porque quiero acabar esta carta antes de que cierren la oficina de correos.*

◖ Sustantivo singular femenino; plural: *prisas.*

probar 1) Comer o beber un poco de algo para ver qué tal sabe. // 2) Ponerse una prenda de vestir para saber qué tal queda: *Me he probado la chaqueta y me queda grande.* // 3) Ver si una cosa sirve para lo que queremos hacer: *Prueba con una silla a ver si alcanzas a poner la bombilla.* ◗ 1) Catar, tantear el gusto. //

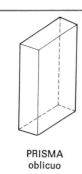

PRISMA
oblicuo

PRISMÁTICOS

PROA
de un buque

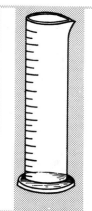

PROBETA

Productos DERIVADOS
del algodón

3) Experimentar, tantear, ensayar. ☛ Probador, prueba, probado.

☛ Verbo en infinitivo. Se conjuga como *contar* (modelo n.° 8).

problema 1) Dificultad con que nos encontramos al hacer algo: *Quería ir a esperar a mis primos, pero tengo el problema de que no sé si vienen en barco o en avión.* // **2)** Ejercicio en el que nos dicen unas cosas y tenemos que averiguar otra que es la solución: *En la clase de matemáticas siempre nos ponen tres problemas.* ☛ **1)** Dificultad, pega, obstáculo. // **2)** Prueba, examen.

☛ Sustantivo singular masculino; plural: *problemas.*

proceder 1) Manera de portarse: *El proceder de Amelia es siempre muy amable.* // **2)** Venir o ser de un sitio: *El canguro que hay en el zoo procede de Australia.* ☛ **1)** Comportamiento, trato, conducta. // **2)** Ser originario, venir de, descender de.

☛ **1)** Sustantivo singular masculino; plural: *procederes.* // **2)** Verbo en infinitivo. Se conjuga como *temer* (modelo n.° 2).

procurar Tratar de conseguir algo: *He procurado hacer bien el dibujo.* ☛ Pretender, intentar, probar.

☛ Verbo en infinitivo. Se conjuga como *amar* (modelo n.° 1).

producir 1) Dar fruto: *Esta huerta produce los mejores tomates de la provincia.* // **2)** Hacer o fabricar algo: *Es una fábrica que produce camisas de tergal.* // **3) Produ-**

cirse: Ocurrir: *Se ha producido un apagón de luz en toda la calle.* ➡ 1) Dar, criar. // 2) Fabricar, elaborar, hacer. // 3) Manifestarse, darse. 🅰 2) Destruir. ☞ Producto, producción.

🔹 Verbo en infinitivo. Se conjuga como *conducir* (modelo n.° 17).

profesión Oficio que tiene una persona: *La profesión de mi padre es la de maestro.* ➡ Oficio, carrera, trabajo, ocupación.

🔹 Sustantivo singular femenino; plural: *profesiones.*

profesor Maestro*.

🔹 Sustantivo singular masculino; femenino: *profesora;* plural: *profesores, profesoras.*

profundo Hondo*.

🔹 Sustantivo singular masculino; femenino: *profunda;* plural: *profundos, profundas.*

progresar Mejorar una cosa, adelantar en algo: *Los aviones han progresado mucho desde que se empezaron a hacer.* ➡ Prosperar, mejorar, ir a más. 🅰 Empeorar.

🔹 Verbo en infinitivo. Se conjuga como *amar* (modelo n.° 1).

prometer 1) Decirle a alguien que uno no dejará de hacer, decir o dar alguna cosa: *Mario nos ha prometido volver pronto.* // 2) **Prometerse en matrimonio:** Decidir casarse un hombre y una mujer. ➡ 1) Obligarse, dar palabra, comprometerse.

🔹 Verbo en infinitivo. Se conjuga como *temer* (modelo n.° 2).

PRONOMBRE PERSONAL

Yo, me, mi, conmigo:
Yo estudio
Ven **conmigo.**

Tú, te, ti, contigo:
Tú eres pequeño
Te lo compraré.

Él, ella, ello, lo, la, le:
Él llegará mañana
La verás después.

Nos, nosotros:
Nosotros no estamos solos
Nos informaron mal.

Vos, os, vosotros:
Vosotros seréis los primeros
Os volveré a ver.

Ellos, ellas:
Ellos tienen prisa.

PROTUBERANCIAS solares

TRINCHERA (para PROTEGER a los soldados)

pronto Dentro de poco tiempo: *Hay muchas nubes, va a llover pronto.*
◖ Adverbio de tiempo.

propiedad Lo que es de uno: *Este cuaderno es propiedad mía.* ◗ Pertenencia, posesión, dominio.
◖ Sustantivo singular femenino; plural: *propiedades.*

proponer 1) Explicar una cosa que se puede hacer, para que los demás digan qué les parece: *El profesor de Ciencias propuso ir al campo para estudiar plantas y a todos nos pareció muy bien.* // 2) **Proponerse:** Empeñarse en hacer algo: *Víctor se ha propuesto ser el primero de la clase.* ◗ 1) Exponer, opinar, sugerir. // 2) Empeñarse, procurar, intentar.
◖ Verbo en infinitivo. Se conjuga como *poner*.*

propósito Intención de hacer algo: *Me estoy arreglando con el propósito de ir a ver a mi primo.* ◗ Objeto, idea, intención, finalidad.
◖ Sustantivo singular masculino; plural: *propósitos.*

proteger 1) Evitar que algo se estropee: *He metido los libros en la cartera para protegerlos de la lluvia.* // 2) Cuidar de alguien o algo: *Los perros protegen las fincas.* ◗ Amparar, resguardar, defender.
◖ Verbo en infinitivo. Se conjuga como *temer* (modelo n.° 2). Cambia la g por j cuando le sigue una o o una a: *protejo, proteja.*

próximo Que está cerca: *Mi casa está pró-*

xima a la escuela. ✑ Cercano, inmediato, vecino.

🌰 Adjetivo singular masculino; femenino: *próxima;* plural: *próximos, próximas.*

proyectar 1) Planear algo: *Estamos proyectando una excursión para el próximo fin de semana.* // 2) Hacer que con un foco de luz aparezcan las imágenes de una película* en la pantalla: *El otro día en clase de Historia nos proyectaron una película sobre la Segunda Guerra Mundial.* ✑ 1) Tramar, fraguar, concebir, preparar, concertar. ⚑ 1) Proyección, proyecto, proyectado. // 2) Proyección, proyectado, proyector.

🌰 Verbo en infinitivo. Se conjuga como *amar* (modelo n.° 1).

proyecto 1) Propósito*. // 2) Dibujo que hacen los arquitectos antes de que se construya algo: *Mi padre ha visto el proyecto de la escuela nueva y dice que quedará muy bonita.* ✑ 2) Esbozo, apunte, diseño, croquis. ⚑ Proyectar*.

🌰 Sustantivo singular masculino; plural: *proyectos.*

público 1) Conjunto de personas que hay en un cine, un teatro, un circo, etc.: *Cuando acabó de actuar el payaso el público aplaudió mucho.* // 2) Que lo sabe, conoce o puede usar todo el mundo: *Los autobuses son públicos.* ✑ 1) Espectadores, auditorio, concurrencia, muchedumbre. // 2) Difundido, conocido, común. 🔴 2) Privado, desconocido.

PÚAS

PUERTA

PUERCO
espín

PUNTA

PUÑO

◖ 1) Sustantivo singular masculino; plural: *públicos*. // 2) Adjetivo singular masculino; femenino: *pública;* plural: *públicos, públicas.*

pueblo 1) Ciudad pequeña. // 2) Gente de una ciudad, una región o un país: *El pueblo vietnamita ha sufrido mucho con la guerra.* ◖ 1) Poblado, población, aldea, villa, lugar. // 2) Vecindario.
◖ Sustantivo singular masculino; plural: *pueblos.*

puerto 1) Sitio de la costa preparado para que los barcos puedan maniobrar, parar, cargar, descargar, etc.: *Barcelona tiene uno de los puertos más importantes de Europa.* // 2) Parte más alta de una carretera que va por la montaña: *En invierno, muchos puertos están cerrados por la nieve.*
◖ Sustantivo singular masculino; plural: *puertos.*

punta 1) Clavo: *Para colgar este cuadro, he tenido que clavar dos puntas en la pared.* // 2) Extremo afilado de una cosa: *Las agujas, las tijeras y los alfileres, acaban en punta.* // 3) Extremo de algo: *En cada punta del campo de fútbol hay una portería.*
◖ Sustantivo singular femenino; plural: *puntas.*

pupitre Mesa para una o dos personas que tiene el tablero inclinado y se suele utilizar en las escuelas, institutos, colegios, etc.
◖ Sustantivo singular masculino; plural: *pupitres.*

q Q

quebrar 1) Romper algo: *Por echarle agua muy caliente, la jarra se quebró.* // 2) Hundirse un negocio: *La fábrica de lanas ha quebrado porque vendía muy poco.* ⬟ 1) Romper, tronchar, despedazar. // 2) Hundirse, irse a pique. ⬟ 1) Quebrantar, quebrado. // 2) Quiebra.
⬟ Verbo en infinitivo. Se conjuga como *acertar* (modelo n.° 4).

QUEPIS
(gorro militar)

quedar 1) Ponerse de acuerdo en algo: *Hemos quedado en vernos a las 6.* // 2) **Quedarse:** Pararse en un sitio para estar un tiempo o para siempre: *Durante el viaje, nos quedamos a dormir en Toledo. Mis primos se quedan a vivir en Guadalajara.* // 3) No devolver algo: *Le dejé unos libros y se ha quedado con ellos.* ⬟ 2) Detenerse, permanecer.
⬟ Verbo en infinitivo. Se conjuga como *amar* (modelo n.° 1).

QUETZALES
(ave del paraíso)

QUEVEDOS
(anteojos)

quieto 1) Que no se mueve: *Estáte quieto un momento que quiero ver qué tal te queda el jersey.* // 2) Tranquilo: *Las aguas de este*

QUI

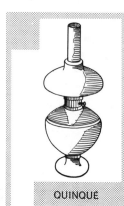

QUINQUÉ

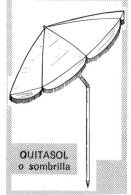

QUITASOL
o sombrilla

río son muy quietas. ● 1) Inmóvil, inactivo. // 2) Tranquilo, sosegado, calmo,
manso, pacífico. ▲ 2) Revuelto, inquieto. ⬦ Quietud.

● Adjetivo masculino; femenino: *quieta;* plural: *quie-
tos, quietas.*

quinto Que va detrás del cuarto y antes
aue el sexto: *El quinto mes del año es Mayo.*
● Adjetivo numeral ordinal masculino; femenino:
quinta; plural: *quintos, quintas.*

quitar 1) Separar algo o alguien de un
sitio: *Quita el pie de la silla, que la ensu-
cias.* // 2) Coger una cosa que tiene
otro: *Mi hermano me ha quitado la pelota,
pero en cuanto se descuide, la escondo.* ● 2)
Tomar, coger, birlar, apoderarse. ▲
Dejar.

● Verbo en infinitivo. Se conjuga como *amar* (modelo n.º 1).

r R

raíz 1) Parte de las plantas que está debajo de la tierra. // 2) Principio de una cosa: *La raíz de tu cansancio está en lo poco que has dormido esta noche.* ⬲ 2) Principio, origen, base, fundamento, causa.

⬲ Sustantivo singular femenino; plural: *raíces.*

RAÍZ
de un árbol

rama 1) Lo que sale del tronco o el tallo de las plantas: *En otoño, las ramas de los árboles se quedan sin hojas.* // 2) Cosa que está dentro de otra más importante: *El cálculo es una rama de las Matemáticas.* ⬲ 2) Subdivisión, ramificación, bifurcación. ⬲ Ramal, ramificar, ramificación.

⬲ Sustantivo singular femenino; plural: *ramas.*

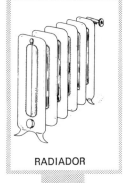

RADIADOR

rana Animal con cabeza grande, ojos muy salientes y piel muy lisa. Tiene las patas de atrás muy largas para poder saltar, y vive cerca del agua. Las ranas recién nacidas se llaman renacuajos y están siempre metidas en el

RANA

RAQUETA

RASCACIELOS

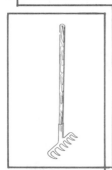

RASTRILLO

agua: *En una piedra que había en el río, estaba cantando una rana.*
🔵 Sustantivo singular femenino; plural: *ranas.*

rapidez Velocidad: *Tengo que hacer los deberes con mucha rapidez porque quiero salir a jugar pronto.* 🔵 Velocidad, ligereza, prontitud, apresuramiento, brevedad. 🔴 Lentitud, calma. 🟥 Rápido, rápidamente.
🔵 Sustantivo femenino singular.

rápido Que hace las cosas muy de prisa: *Los aviones son muy rápidos.* 🟥 Veloz, apresurado, precipitado, raudo, acelerado. 🔴 Lento, pausado. 🟥 Rapidez*.
🔵 Adjetivo singular masculino; femenino: *rápida;* plural: *rápidos, rápidas.*

raro Que no es corriente: *Es muy raro que, con el frío que hace, no esté nevando.* 🔵 Extraño*. 🔴 Corriente, normal. 🟥 Rareza, enrarecer.
🔵 Adjetivo singular masculino; femenino: *rara;* plural: *raros, raras.*

rato Espacio de tiempo: *Hace rato que estoy esperándote.* 🔵 Momento, lapso.
🔵 Sustantivo singular masculino; plural: *ratos.*

razón 1) Verdad en la que nos apoyamos para decir algo o defender una opinión: *Opino que no debes salir de viaje y la razón que te doy es que está nevada la carretera.* 2) Inteligencia. 🔵 1) Fundamento, base, argumento, prueba. // 2)

Raciocinio, entendimiento. ☞ Razonar, raciocinio, razonado.
🖝 Sustantivo singular femenino; plural: *razones*.

RATA

rayo 1) Chispa eléctrica que se produce cuando hay tormenta. // 2) Franja de luz que sale de un foco.
🖝 Sustantivo singular masculino; plural: *rayos*.

raza Cada uno de los grupos que se hacen al clasificar a los hombres por el color de su piel: *La mayor parte de los europeos son de raza blanca, los africanos de raza negra, los chinos de raza amarilla, etc.*
🖝 Sustantivo singular femenino; plural: *razas*.

RAYA

real 1) Que es o ha pasado de verdad: *Es un hecho real que los aviones vuelan.* // 2) Que tiene algo que ver con el rey: *El rey vive en el palacio real.* ☞ 1) Cierto, verídico, auténtico, verdadero. 🖝 1) Irreal, ideal, falso. ☞ Realeza, realmente.
🖝 Adjetivo invariable en género; plural: *reales*.

realidad 1) Todo lo que se puede ver, tocar, oír, etc.: *Este libro es una realidad que tengo entre las manos.* // 2) Verdad: *La realidad es que tendría que ir a llevar este paquete, pero me da pereza salir porque hace mucho frío.* ☞ Real*.
🖝 Sustantivo singular femenino; plural: *realidades*.

RAYO

realizar Hacer lo que se había pensado: *He realizado mi propósito de forrar los libros.*

RECIARIO
(gladiador o luchador)

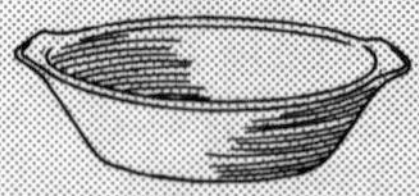
RECIPIENTE

S Verificar, efectuar, ejecutar, llevar a cabo. F Realizable.

G Verbo en infinitivo. Se conjuga como *amar* (modelo n.° 1). Cambia la *z* por *c* cuando le sigue *-e: realicé.*

recibir 1) Coger lo que llega por correo, lo que mandan de una tienda, etc.: *Ya he recibido el paquete que me mandó María Victoria.* // 2) Ir a encontrarse con alguien que viene de fuera: *Hemos ido a la estación a recibir a mis tíos.* S 1) Tomar, coger, aceptar. // 2) Esperar, encontrar. F 1) Recibo, recibido. // 2) Recibimiento, recibido, recibidor.

G Verbo en infinitivo. Se conjuga como *partir* (modelo n.° 3).

reciente Que está hecho o que ha pasado hace poco: *En la panadería venden pan reciente todos los días.* S Fresco, nuevo, actual. A Pasado, seco. F Recientemente.

G Adjetivo invariable en género; plural: *recientes.*

recitar Decir en voz alta un verso, lección, discurso, etc., que ha hecho otra persona: *En las fiestas del colegio siempre hay alguien que recita una poesía.* S Decir, declarar. F Recital, recitación, recitable.

G Verbo en infinitivo. Se conjuga como *amar* (modelo n.° 1).

recoger 1) Ordenar*. // 2) Guardar: *Cuando empezó a llover, recogí la ropa que estaba tendida.* F Recogida.

● Verbo en infinitivo. Se conjuga como *temer* (modelo n.° 2). Cambia la *g* por *j* cuando le sigue *o, a*: *recojo, recoja.*

reconocer 1) Ver a una persona o una cosa y darse uno cuenta de que ya la había visto otra vez: *He reconocido enseguida a tu hermano.* // 2) Darse cuenta de que lo que otro dice es verdad: *Reconozco que tienes razón.* // 3) Examinar: *El médico me ha reconocido y me ha dicho que estoy muy sano.* ● 2) Declarar, aceptar. // 3) Examinar, inspeccionar, registrar, sondear, explorar. ⬤ Reconocimiento, reconocido.
● Verbo en infinitivo. Se conjuga como *nacer* (modelo n.° 16).

RECLAMOS
para la caza

RECOGEDOR

recordar 1) Acordarse de algo: *Recuerdo que el día de mi cumpleaños fuimos al campo.* // 2) Hacer que alguien se acuerde de algo: *Te recuerdo que tienes que escribir a tu primo.* ● 1) Rememorar, evocar, acordarse. // 2) Avisar. ⬤ 1) Olvidar. ⬤ Recuerdo, recordatorio.
● Verbo en infinitivo. Se conjuga como *contar* (modelo n.° 8).

recrear Distraer: *Mi padre ha trabajado toda la tarde y ha ido al cine para recrearse un rato.* ● Entretener, distraer, divertir. ⬤ Recreación, recreativo, recreo.
● Verbo en infinitivo. Se conjuga como *amar* (modelo n.° 1).

recto 1) Que no está torcido: *He pintado una raya y me ha salido muy recta.* // 2)

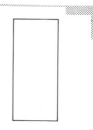

RECTÁNGULO

Corto: *El camino más recto para ir a la escuela, es ir por la plaza mayor.* // 3) Honrado: *Manolo es un hombre muy recto.* ◓ 1) Derecho. // 2) Directo, corto, rápido, derecho. // 3) Honrado*, justo*. ◓ 2) Largo. // 3) Tramposo. ◲ 1) Rectilíneo. // 3) Rectitud.

◓ Adjetivo singular masculino; femenino: *recta;* plural, *rectos, rectas.*

objeto
REDONDO

recuerdo 1) Lo que hace pensar en algo o en alguien: *Este jarrón es un recuerdo de cuando fuimos a Toledo.* // 2) Regalo: *A Jesús y Nieves les trajimos un recuerdo de Portugal.* // 3) Saludo que se envía a una persona por medio de otra: *Dale recuerdos a tu hermana.* ◲ Recordar*.

◓ Sustantivo singular masculino; plural: *recuerdos.*

redondo Que tiene forma de círculo o de esfera: *La luna llena es redonda. La Tierra es redonda.* ◲ Redondel, redondear, redondeado.

◓ Adjetivo masculino singular; femenino: *redonda;* plural: *redondos, redondas.*

REDOMA
(vasija de laboratorio)

reducir Hacer más pequeño algo: *Tengo que reducir esta redacción porque me ha salido demasiado larga.* ◓ Disminuir, aminorar, acortar, achicar, abreviar, resumir. ◓ Ampliar, aumentar. ◲ Reducción, reductor, reducido.

◓ Verbo en infinitivo. Se conjuga como *conducir* (modelo n.° 17).

REDUCTO

referir 1) Contar algo: *Nos ha referido lo que vieron en el viaje.* // 2) **Referirse:**

Decir una cosa de algo: *Al decir que no me gusta, me refiero a la película que vi ayer.* ◒ 1) Relatar, contar, narrar, explicar. // 2) Aludir. ◖ Referencia.

◖ Verbo en infinitivo. Se conjuga como *hervir* (modelo n.° 11).

refresco 1) Bebida que se toma cuando se tiene sed o hace mucho calor: *En el verano, la leche fría es un buen refresco.* ◖ Refrescar.

◖ Sustantivo singular masculino; plural: *refrescos.*

REDECILLA

regalar 1) Darle algo a una persona, sin pedir nada a cambio: *Te regalo esta goma, porque yo tengo dos.* ◒ Dar, obsequiar. ◖ Regalo.

◖ Verbo en infinitivo. Se conjuga como *amar* (modelo n.° 1).

REFLECTOR
(para proyectar la luz)

regar 1) Echarle agua a las plantas para que crezcan bien. // 2) Echar agua en la calle, en un patio, etc., para que el calor se note menos. // 3) Pasar un río o un canal por un sitio: *El río Duero riega la provincia de Zamora.* // 4) Repartir algo por un sitio: *Cuando viene mi hermano el mayor, riega la casa de libros.* ◒ 2) Mojar. // 4) Llenar, esparcir. ◖ 1), 2), 3) Regadío, regadera. // 4) Reguero.

◖ Verbo en infinitivo. Se conjuga como *acertar* (modelo n.° 4). Cuando a la *g* le sigue una *e* se pone entre las dos una *u*: *regué.*

REGADERA

región Extensión de tierra en la que las plantas, los árboles, el clima, las cosechas, la gente, etc., son muy pa-

REGLA

RELOJ
de pulsera

RENACUAJO

REJONEADOR

recidos. ● Zona, comarca, territorio. ⊏ Regional.
◔ Sustantivo singular femenino; plural: *regiones*.

regla 1) Instrumento que sirve para trazar líneas rectas: *A clase de dibujo tenemos que llevar regla.* // 2) Ley*.
◔ Sustantivo femenino singular; plural: *reglas*.

regresar Volver a un sitio: *Al regresar del colegio a casa, me encontré con Manolo.* ● Volver, retornar. ⊏ Regreso.
◔ Verbo en infinitivo. Se conjuga como *amar* (modelo n.° 1).

regular 1) Que no es o está ni bueno, ni malo, ni feo, ni bonito, etc.: *Hoy hemos hecho un examen, y me ha salido regular.* // 2) Conseguir que una máquina trabaje siempre a la misma velocidad, hacer siempre el mismo horario: *Tengo que regular el cuentakilómetros porque no marca bien.* // 3) Allanar un terreno: *En "La Cabaña" hemos tenido que regular el suelo para hacer una pista de tenis.* ⊏ Regularizar, regulación, regulamiento.
◔ 1) Adjetivo invariable en género; plural: *regulares*. // 2), 3) Verbo en infinitivo. Se conjuga como *amar* (modelo n.° 1).

reino 1) Territorio que gobierna un rey. // 2) Provincia que antes tenía rey: *El reino de León.*
◔ Sustantivo singular masculino; plural: *reinos*.

relación 1) Trato entre las personas: *José Miguel y Luis tienen mucha relación.* //

2) Lo que tiene que ver una cosa con otra: *Las nubes tienen relación con la lluvia.* ⬤ 1) Conexión, trato. // 2) Correspondencia. ☞ Relacionar, relacionado.

⬤ Sustantivo singular femenino; plural: *relaciones.*

rendir 1) Cansar mucho: *Hacer gimnasia me rinde.* // 2) Sacar utilidad de algo: *He estudiado poco rato, pero he rendido mucho.* // 3) **Rendirse:** Entregarse: *La ciudad se rindió al enemigo.* ⬤ 1) Fatigar, cansar. // 2) Producir, aprovechar. // 3) Entregarse, capitular. ☞ 1), 2) Rendimiento. // 3) Rendición.

⬤ Verbo en infinitivo. Se conjuga como *servir* (modelo n.° 13).

repartir Dar una parte de algo a cada persona o cosa de un grupo: *Como era el cumpleaños del maestro, llevó a la escuela un kilo de caramelos y lo repartió entre todos.* ⬤ Distribuir. ☞ Reparto, repartición, repartido.

⬤ Verbo en infinitivo. Se conjuga como *partir* (modelo n.° 3).

repetir 1) Hacer o decir algo, más de una vez: *Deja de repetir eso, que ya te hemos oído.* // 2) Venir a la boca el sabor de lo que se ha comido o bebido: *Las sardinas en aceite, y la cebolla repiten mucho.* ⬤ 1) Reiterar, insistir, reincidir, volver a. ☞ Repetición, repetido.

⬤ Verbo en infinitivo. Se conjuga como *servir* (modelo n.° 13).

representar 1) Ir o estar en el sitio de

RELIGIOSA

RENO

REPOSTERO

CAIMÁN

BOA

CORAL

CAMALEÓN

TORTUGA MARINA

REPTILES

RESBALAR por la pendiente con tobogán

alguien: *Como mi padre no ha podido venir, lo represento yo.* // 2) Hacer una obra de teatro, un personaje de una película, etc.: *En la fiesta del colegio, los mayores representaron una comedia.* // 3) Dibujar, pintar, hacer una escultura, etc.: *En este cuadro voy a representar un jarrón.* 🔹 1) Sustituir, reemplazar, relevar, hacer las veces de. // 2) Interpretar. // 3) Imitar, reproducir, simbolizar. 🔹 Representación, representado, representante.

🔹 Verbo en infinitivo. Se conjuga como *amar* (modelo n.° 1).

república Estado en que el jefe es elegido por el pueblo y gobierna sólo durante un tiempo: *La Argentina es una república.*

🔹 Sustantivo singular femenino; plural: *repúblicas.*

residencia 1) Casa o ciudad en la que vive uno: *Mi residencia es Zamora aunque siempre ando de viaje.* // 2) Especie de hotel en el que vive gente que no tiene casa en esa ciudad. 🔹 1) Morada, domicilio. 🔹 Residencial, residir.

🔹 Sustantivo singular femenino; plural: *residencias.*

resolver 1) Solucionar un problema: *En la clase de Matemáticas salió un problema que nadie sabía resolver.* // 2) Decidir lo que hay que hacer en un momento de duda: *Como parecía que iba a llover, resolvimos quedarnos en casa en vez de ir a la playa.* 🔹 1) Solucionar. // 2) Decidir, determinar. 🔹 Resolución, resuelto.

@ Verbo en infinitivo. Se conjuga como *mover* (modelo n.º 10), pero el participio es *resuelto*.

respetar Tratar bien a las personas y a las cosas: *En los parques suele haber un letrero que dice "respetad las plantas".* ☞ Respeto, respetable, respetado, respetuoso.

@ Verbo en infinitivo. Se conjuga como *amar* (modelo n.º 1).

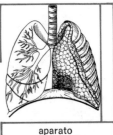

aparato
RESPIRATORIO

respirar Coger aire por la boca o por las narices para llenar los pulmones y luego expulsarlo otra vez. ☞ Respiración, respiratorio.

@ Verbo en infinitivo. Se conjuga como *amar* (modelo n.º 1).

responder 1) Contestar* a una pregunta, a una carta que nos han escrito, etcétera: *Ayer recibí carta de un amigo y mañana le responderé.* // 2) Hacer una cosa tal como los demás esperan que se haga: *Felipe responde muy bien en su trabajo.* ☞ Respuesta.

@ Verbo en infinitivo. Se conjuga como *temer* (modelo n.º 2).

resto 1) Lo que queda de algo: *De las 100 Ptas. que tengo, 50 las gastaré en cosas para el colegio, 25 para ir al cine y el resto lo ahorraré.* // 2) Lo que sobra de algo y no sirve para nada: *Antes de lavar los platos hay que echar a la basura los restos de comida.* ◗ 1) Diferencia, restante, sobrante. // 2) Desperdicio, sobras, resíduos. ☞ Restar.

RES

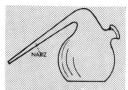

RETORTA
(vasija de laboratorio)

RETRATO

RETROVISOR
de un coche

◖ 1) Sustantivo masculino; se usa sobre todo en singular. // 2) Sustantivo masculino; se usa sobre todo en plural.

resultado 1) Lo que se saca de un trabajo: *El resultado de mis esfuerzos ha sido aprobar el curso y aprender muchas cosas.* // 2) Solución de un problema o de una cuenta: *El resultado de esta suma es 1.646.* ◖ 1) Efecto, consecuencia, fruto, producto. // 2) Solución. ◖ Resultado.
◖ Sustantivo singular masculino; plural: *resultados.*

retirar 1) Quitar algo de un sitio: *Retira ese mueble que vamos a poner ahí este otro.* // 2) **Retirarse:** Irse: *Como estábamos muy cansados, al acabar de cenar nos retiramos a dormir.* ◖ 1) Alejar, separar, apartar, desviar, quitar. // 2) Marchar*. ◖ 1) Acercar. // 2) Quedarse. ◖ Retiro, retirada.
◖ Verbo en infinitivo. Se conjuga como *amar* (modelo n.° 1).

retratar 1) Dibujar, fotografiar o pintar a una persona. // 2) Decir con palabras o por escrito cómo es una persona. ◖ 1) Imitar, copiar, representar, fotografiar. // 2) Describir, detallar. ◖ Retrato.
◖ Verbo en infinitivo. Se conjuga como *amar* (modelo n.° 1).

reunir Juntar en un sitio varias personas, animales o cosas: *El director del colegio nos reunió a todos para decirnos lo que había que hacer el día de la fiesta.* ◖

Juntar, congregar, agrupar, convocar. **A** Dispersar, separar. **F** Reunión, reunido.

e Verbo en infinitivo. Se conjuga como *partir* (modelo n.º 3).

revelar Decir a los demás algo que no saben: *Al salir de la reunión, el ministro reveló a los periodistas algunas cosas de las que en ella se habían tratado.* **S** Descubrir, manifestar, declarar. **A** Ocultar. **F** Revelación, revelador, revelado.

e Verbo en infinitivo. Se conjuga como *amar* (modelo n.º 1).

revista 1) Especie de periódico, pero de tamaño más pequeño y con las hojas grapadas, que normalmente tiene anuncios y fotografías en color. // 2) **Pasar revista:** Examinar*. **F** 2) Revisar, revisado, revisión.

e Sustantivo singular femenino; plural: *revistas.*

rezar Hablar a Dios con una oración. **S** Orar. **F** Rezo.

e Verbo en infinitivo. Se conjuga como *amar* (modelo n.º 1). Cambia z por c ante *-e: recé.*

rico 1) Que tiene mucho dinero: *Para tener un avión particular, hace falta ser muy rico.* // 2) Que sabe muy bien: *Hoy hemos comido un postre muy rico.* // 3) Que tiene mucho de algo: *La fruta es rica en vitaminas.* **S** 1) Acaudalado, adinerado, pudiente. // 2) Sabroso, gustoso, apetitoso. // 3) Abundante, copioso.

REVÓLVER

REYEZUELO
(pájaro cantor)

RICINO
(planta medicinal)

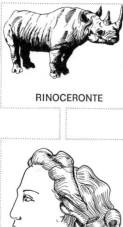

RINOCERONTE

RIZOS

RODETE
(rosca de trenza)

🅐 1) Pobre. // 3) Pobre. 🅵 Riqueza, enriquecer, ricachón.

🅔 Adjetivo singular masculino; femenino: *rica;* plural: *ricos, ricas.*

riesgo Peligro de que ocurra algo malo: *Ir a mucha velocidad es un gran riesgo.* 🅢 Peligro, exposición, aventura. 🅵 Arriesgar, arriesgado.

🅔 Sustantivo masculino; plural: *riesgos.*

riqueza Abundancia, mucho de algo: *Estas tierras tienen mucha riqueza de minerales.* 🅢 Abundancia, opulencia, profusión, fortuna. 🅐 Pobreza. 🅵 Rico.

🅔 Sustantivo singular femenino; plural: *riquezas.*

rizo Pelos que están doblados en forma de anillo. 🅢 Caracol, bucle. 🅵 Rizar, rizado, rizoso.

🅔 Sustantivo singular masculino; plural: *rizos.*

robar Quitarle a alguien algo que es suyo: *La policía detuvo a unos ladrones que querían robar un coche.* 🅢 Hurtar, afanar, despojar, sisar. 🅵 Robo, robado.

🅔 Verbo en infinitivo. Se conjuga como *amar* (modelo n.° 1).

rodear 1) Poner algo alrededor de una cosa: *Rodeamos el huerto con una tapia.* // 2) Ponerse alrededor de una persona o cosa: *Los aficionados rodearon al torero para sacarlo en hombros.* // 3) Dar una vuelta para no pasar por un sitio: *Fuimos rodeando por la carretera para cruzar el río*

por el puente nuevo. 🖘 1), 2) Cercar. //
3) Dar la vuelta. 🖝 Rodeo.

🖝 Verbo en infinitivo. Se conjuga como *amar* (modelo n.° 1).

rogar Pedir algo por favor: *Nos rogó que le habláramos en voz alta porque era muy sordo.* 🖘 Pedir, explicar, exhortar. 🖝 Ruego, rogativa.

🖝 Verbo en infinitivo. Se conjuga como *jugar* (modelo n.° 9).

RODILLO
(para apretar la tierra)

rojo Colorado*. 🖝 Rojizo.

romano De Roma.

🖝 Sustantivo o adjetivo singular masculino; femenino: *romana;* plural: *romanos, romanas.*

ROPA

romper Partir algo en dos o más trozos: *Si tiras tan fuerte se romperá la cuerda.* 🖘 Quebrar*, cascar, destrozar, fracturar. 🖝 Roto, rotura, ruptura.

🖝 Verbo en infinitivo. Se conjuga como *temer* (modelo n.° 2).

ROSA

ropa Prendas de vestir, manteles, toallas, sábanas, etc.: *Por favor, guarda la ropa en el armario.* 🖝 Ropero.

🖝 Sustantivo singular femenino; plural: *ropas.*

ropero Armario especial para guardar ropa.

🖝 Sustantivo singular masculino; plural: *roperos.*

rosa 1) Flor de color rojo, amarillo, blanco, rosa o anaranjado que tiene muchos pétalos, unos dentro de otros y huele muy bien. // 2) Color que sale de mez-

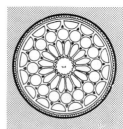

ROSETÓN
(ventana de iglesia)

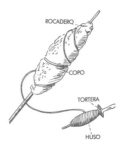

RUECA
(instrumento para hilar)

RUEDAS

clar el rojo con el blanco. ☞ 1) Rosal, rosaleda. // 2) Rosado.

● 1) Sustantivo singular femenino; plural: *rosas.* // 2) Sustantivo singular masculino *(el rosa pálido me gusta mucho)* o adjetivo singular invariable en género *(tengo un vestido rosa);* plural: *rosas.*

rostro Cara de una persona: *Los verdugos se cubrían el rostro con una capucha.* ☞ Cara, faz, semblante.

● Sustantivo singular masculino; plural: *rostros.*

roto 1) Partido, que le falta algún trozo para estar completo: *Esta silla tiene roto el asiento.* // 2) Agujero o raja hecho sin querer en una tela, un papel, etc.: *Tengo un roto en el calcetín.* ☞ 1) Partido, quebrado. // 2) Siete, tomate. ▲ 1) Entero. ☞ Romper*.

● 1) Adjetivo singular masculino; femenino: *rota*; plural: *rotos, rotas.* // 2) Sustantivo singular masculino; plural: *rotos.*

rozar Pasar una cosa tan cerca de otra que se toquen un poco: *Los aviones, a veces, parece que rozan las montañas.* ☞ Roce, rozado, rozadura.

● Verbo en infinitivo. Se conjuga como *amar* (modelo n.º 1). Cambia la z por c ante -e: *rocé.*

rueda 1) Parte de un vehículo que se apoya sobre el suelo y lo hace avanzar al dar vueltas: *Ayer vi un camión enorme que tenía 16 ruedas.* // 2) Pieza redonda de cualquier máquina. Si tiene picos alrededor se llama **piñón** o **rueda dentada.** ☞ Rodar, rodado.

● Sustantivo singular femenino; plural: *ruedas.*

ruido Jaleo de voces o de sonidos: *Mientras arreglaban la calle teníamos que cerrar todas las ventanas para no oír el ruido que hacían las máquinas.* ☞ Ruidoso.

🖙 Sustantivo singular masculino; plural: *ruidos.*

RUISEÑOR
(pájaro cantor)

ruiseñor Pájaro que se ha hecho muy famoso por lo bien que canta.

🖙 Sustantivo singular masculino; plural: *ruiseñores.*

s S

sábado Sexto día de la semana. Está entre el viernes y el domingo: *Los sábados no tenemos clase.*
◖ Sustantivo singular masculino; plural: *sábados.*

saber 1) Estar enterado de algo: *Maribel sabe muchas Matemáticas.* // 2) Cantidad de conocimientos que tiene una persona: *El saber de los científicos es muy grande.* ◖ 1) Conocer, dominar, estar al corriente. // 2) Sabiduría, ilustración, ciencia, cultura. ◖ 1) Desconocer. ◖ Sabiduría, sabido, sabedor.

◖ 1) Verbo en infinitivo. Su conjugación es muy irregular. **Indicativo: Presente:** *sé, sabes, sabe, sabemos, sabéis, saben.* // **Imperfecto:** *sabía, sabías, sabía, sabíamos, sabíais, sabían.* // **Pretérito indefinido:** *supe, supiste, supo, supimos, supisteis, supieron.* // **Futuro imperfecto:** *sabré, sabrás, sabrá, sabremos, sabréis, sabrán.* // **Potencial:** *sabría, sabrías, sabría, sabríamos, sabríais, sabrían.* // **Subjuntivo: Presente:** *sepa, sepas, sepa, sepamos, sepáis, sepan.* // **Imperfecto:** *supiera, supieras, supiera, supiéramos, supierais, supieran* o *supiese, supieses, supiese, supiésemos, supieseis, supiesen.* // **Futuro imperfecto:** *supiere, supieres, supiere, supiéremos, supiereis, supieren.* // **Imperativo:** *sabe, sepa, sepamos, sabed, sepan.* // **Gerundio:** *sabiendo.* // **Participio:** *sabido.*
// 2) Sustantivo singular masculino; plural: *saberes.*

SABLE

sabio Persona que sabe mucho más de lo normal: *Einstein ha sido uno de los hombres más sabios del siglo XX.*
Sustantivo o adjetivo singular masculino; femenino: *sabia;* plural: *sabios, sabias.*

sabroso 1) Cosa que gusta mucho al comerla: *Mi abuela cocina un conejo muy sabroso.* // 2) Obra de teatro, película, conversación, etc., muy interesante: *Ayer nos acostamos muy tarde porque teníamos una conversación muy sabrosa y nadie quería cortarla.* 1) Rico*. // 2) Interesante, agradable. 2) Sin importancia.
Adjetivo singular masculino; femenino: *sabrosa;* plural: *sabrosos, sabrosas.*

sacar 1) Coger una cosa que está dentro de algo y ponerla fuera: *Para hacer la rifa, metimos todos los números en una bolsa y sacamos uno.* // 2) Solucionar un problema o aclarar una duda: *Ya hemos sacado quien fue el que puso aquello en el encerado.* 1) Extraer, separar. // 2) Resolver, solucionar, lograr, deducir. 1) Meter.
Verbo en infinitivo. Se conjuga como *amar* (modelo n.° 1). Cambia *c* por *qu* ante *-e: saquemos.*

sacrificio Lo que se hace por ayudar a otro, por ser uno mejor o por conseguir algo que cuesta trabajo: *Si no se estudia todo el año, al final de curso cuesta muchos sacrificios aprobar.* Renuncia, privación. Sacrificar, sacrificarse, sacrificado.
Sustantivo singular masculino; plural: *sacrificios.*

SACACORCHOS

SACOS

SALABRE
(red para pescar)

SALAMANDRA
(tipo de estufa)

SALMÓN

sagrado Dedicado a Dios: *La Iglesia es un lugar sagrado.*

● Adjetivo singular masculino; femenino: *sagrada;* plural: *sagrados, sagradas.*

sala Habitación de una casa, si es en la que se recibe a la gente se llama **sala de visitas.**

● Sustantivo singular femenino; plural: *salas.*

salchicha Embutido que se hace con una tripa delgada y no se come crudo, sino frito, asado, etc. Hay un tipo especial que se llama Franckfurt.

● Sustantivo singular femenino; plural: *salchichas.*

salida 1) Parte por la que se sale de un sitio: *A la salida. de las estaciones siempre hay taxis parados.* // 2) Momento en que se sale de un sitio: *Por la tarde, la salida de clase es a las 6.* // 3) Contestación poco corriente de una persona: *Me gusta hablar con José porque tiene unas salidas muy graciosas.* // 4) Solución que se le ocurre a uno para un problema que tiene: *La única salida que veo para que no haya atascos en este cruce de calles es que pongan un guardia.* ● 1) Abertura, puerta. // 3) Ocurrencia, agudeza. // 4) Escapatoria, recurso, medio, solución. ● 1), 2) Entrada. ● Salir.

● Sustantivo singular femenino; plural: *salidas.*

salir 1) Irse de un sitio: *Pedro salió hace un rato a comprar tabaco.* // 2) Librarse de un accidente, de un apuro, etc.: *El* *tren descarriló, pero gracias a Dios, salimos todos con vida.* 🗣 1) Partir, marcharse, irse, ausentarse, ponerse en camino. // 2) Librarse. 🅰 1) Entrar.

🗣 Verbo en infinitivo. Su conjugación es muy irregular: **Indicativo: Presente:** *salgo, sales, sale, salimos, salís, salen.* //**Pretérito imperfecto:** *salía, salías, salía, salíamos, salíais, salían.* // **Pretérito indefinido:** *salí, saliste, salió, salimos, salisteis, salieron.* // **Futuro imperfecto:** *saldré, saldrás, saldrá, saldremos, saldréis, saldrán.* // **Potencial:** *saldría, saldrías, saldría, saldríamos, saldríais, saldrían.* // **Subjuntivo: Presente:** *salga, salgas, salga, salgamos, salgáis, salgan.* // **Imperfecto:** *saliera, salieras, saliera, saliéramos, salierais, salieran* o *saliese, salieses, saliese, saliésemos, salieseis, saliesen.* // **Futuro imperfecto:** *saliere, salieres, saliere, saliéremos, saliereis, salieren.* // **Imperativo:** *sal, salga, salgamos, salid, salgan.* // **Participio:** *salido.* // **Gerundio:** *saliendo.*

SALTAMONTES

SALTO
de valla

salsa Especie de caldo que se prepara con muchas cosas y se le echa a las comidas para darle gusto. 🗣 Jugo.

🗣 Sustantivo singular femenino; plural: *salsas.*

saltar 1) Hacer fuerza con las piernas para levantar todo el cuerpo del suelo. A veces se salta varias veces sobre el mismo sitio, como para saltar a la comba. Otras veces se salta para pasar un obstáculo y se cae al otro lado: *A ver quién salta esta zanja.* Y otras veces se salta de un sitio alto hacia otro más bajo. // 2) **Saltarse:** No decir o hacer algo: *Al estudiar, me salté una hoja sin darme cuenta.* 🗣 1) Brincar, botar, atravesar, lanzarse. // 2) Omitir, olvidar, dejar, pasar. 🇫 1) Salto, saltarín. // 2) Salto, saltado.

SALUDO
militar

animal
SALVAJE
(chacal)

SANDALIA

SAPO

SARCÓFAGO

<emoji> Verbo en infinitivo. Se conjuga como *amar* (modelo n.° 1).

salud Estado del que se encuentra bien y no tiene ninguna enfermedad. ☛ Saludable.

<emoji> Sustantivo singular femenino. No se usa en plural.

saludable 1) Que se encuentra bien de salud y no tiene normalmente enfermedades: *Felipe es un hombre muy saludable.* // 2) También se puede decir que es saludable una ciudad o un clima: *Los climas fríos de montaña son saludables.* ☛ 1) Sano. // 2) Sano, beneficioso, conveniente. ⛔ Enfermizo. // 2) Perjudicial, malo.

<emoji> Adjetivo singular invariable en género; plural: *saludables.*

saludar 1) Dar la mano a alguien o decirle algunas palabras preguntándole qué tal está. // 2) Hacer una seña o decirle adiós, hola, etc., cuando encontramos a una persona que conocemos. ☛ Saludo, salutación.

<emoji> Verbo en infinitivo. Se conjuga como *amar* (modelo n.° 1).

salvaje 1) Animal que no es doméstico y vive en el monte, en la selva o en una jaula. // 2) Persona que es muy bruta con los demás. ☛ 2) Incívico, brutal, cruel, insociable, inculto. ☛ Salvajada, salvajismo.

<emoji> Adjetivo singular invariable en género; plural: *salvajes.*

salvar Librar de un peligro a una persona, animal o cosa: *La medicina ha salvado de la muerte a muchas personas.* ⬤ Librar, proteger, sacar, evitar. ⬤ Salvación, salvador, salvado.
⬤ Verbo en infinitivo. Se conjuga como *amar* (modelo n.° 1).

sano 1) Saludable*. // 2) Fruta que no está estropeada. ⬤ Sanar, saneamiento.
⬤ Adjetivo singular invariable en género; plural: *sanos.*

sapo Animal que puede vivir lo mismo en el agua que en la tierra, es muy parecido a la rana, pero mucho más feo.
⬤ Sustantivo singular masculino; plural: *sapos.*

satisfecho Que está conforme con lo que tiene o con lo que ha hecho: *Ayer hicimos un examen de Lengua y yo salí satisfecho.* ⬤ Contento, ufano, complacido. ⬤ Insatisfecho, disgustado. ⬤ Satisfacer, satisfacción, satisfactorio.
⬤ Adjetivo singular masculino; femenino: *satisfecha;* plural: *satisfechos, satisfechas.*

secar Quitarle el agua o la humedad a algo: *En las peluquerías hay unos aparatos para secar el pelo.* ⬤ Mojar, empapar, humedecer. ⬤ Seco, secado.
⬤ Verbo en infinitivo. Se conjuga como *amar* (modelo n.° 1). Cambia la *c* por *qu* cuando le sigue *-e: sequé.*

secretario 1) Persona que ayuda a otra en su trabajo y hace lo que el otro le

SARTÉN

SATÉLITE
artificial

SECADORA
para la ropa

SAXOFÓN
(instrumento musical)

gusano de
SEDA

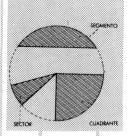

SECTOR

manda. // 2) Persona que se encarga de llevar todo el papeleo de una sociedad, de escribir las cartas, etc. ⊨ Secretaría, secretariado.

● Sustantivo singular masculino; femenino: *secretaria;* plural: *secretarios, secretarias.*

secreto 1) Algo que uno no quiere que sepan los demás: *Lo que te voy a decir es un secreto, no se lo digas a nadie.* // 2) Que no lo conoce casi nadie: *Tengo un sitio secreto para guardar mis cosas.* ⊜ 2) Oculto, escondido, ignorado.

● 1) Sustantivo singular masculino; plural: *secretos.* // 2) Adjetivo singular masculino; femenino: *secreta;* plural: *secretos, secretas.*

secuestrar 1) Coger a una persona y pedir a su familia que dé dinero para devolvérsela. // Obligar a un avión, un barco, etc., a cambiar el rumbo que lleva. ⊜ Raptar. ⊨ Secuestro, secuestrado, secuestrador.

● Verbo en infinitivo. Se conjuga como *amar* (modelo n.° 1).

sed Ganas o necesidad de beber: *Las comidas muy saladas dan sed.* ⊨ Sediento.

● Sustantivo singular femenino. El plural no se usa.

seda Hilo que fabrica el gusano de seda y que se utiliza luego para hacer una tela muy suave y brillante; también hay seda artificial: *Mi padre tiene una corbata de seda.* ⊨ Sedoso.

● Sustantivo singular femenino; plural: *sedas.*

seguir 1) Continuar haciendo lo mismo

que antes o estando en el mismo sitio: *Yo sigo aquí hasta que me manden a otro sitio.* // 2) Ir detrás de otro: *Como yo no sé el camino, vete delante y yo te sigo.* ⊆ 1) Continuar*. // 2) Perseguir, pisar los talones, escoltar, acompañar. ⊧ 1) Seguido, seguidamente.

⊄ Verbo en infinitivo. Se conjuga como *servir* (modelo n.° 13).

segundo El que va después del primero y antes del tercero.

⊄ Adjetivo numeral ordinal masculino; femenino: *segunda;* plural: *segundos, segundas.*

seguridad Confianza en una persona o cosa: *Puedes tener la seguridad de que haré todo lo que me has pedido.* ⊆ Certeza, confianza, certidumbre. ⊕ Duda, desconfianza. ⊧ Seguro, asegurar, seguramente.

⊄ Sustantivo singular femenino; el plural, *seguridades,* casi no se usa.

seguro 1) Firme, bien basado: *Esta casa tiene unos cimientos muy seguros.* // 2) Cierto, verdadero: *Lo que te he dicho es seguro.* ⊆ 2) Indudable, cierto, inequívoco. ⊕ Dudoso, incierto. ⊧ Seguridad.

⊄ Adjetivo singular masculino; femenino: *segura;* plural: *seguros, seguras.*

sello 1) Papelito que se compra y se pone en las cartas como pago del servicio que hace correos llevándolas hasta sus destinatarios. // 2) Marca que se pone en algunos sitios para saber de quién es, de dónde viene, etc.: *En mi*

SELLO
chino

SEMÁFORO
marino
(señales ópticas)

SELLO

ALMÁCIGA

SEMBRADORA
de patatas

SEMBRADORA
de carretilla

SIEMBRA
a chorrillo

SEMBRAR

casa hay un reloj de pared y en la parte de atrás tiene el sello del fabricante. // 3) Medicina que tiene forma de pastilla y es como una cajá muy pequeña de oblea con un polvillo dentro. ◗ 1) Timbre. // 2) Marca, señal. ▰ Sellar, sellado.

◖ Sustantivo singular masculino; plural: *sellos.*

semana Parte del mes que tiene siete días: *Lunes, martes, miércoles, jueves, viernes, sábado y domingo son los siete días de la semana.*

◖ Sustantivo singular femenino; plural: *semanas.*

sembrar Echar semillas para que crezca una planta y dé frutos. También se puede sembrar una planta más o menos crecida: *En los montes de España se siembran muchos pinos.* ▰ Sembrado, siembra, sembrador.

◖ Verbo en infinitivo. Se conjuga como *acertar* (modelo n.° 4).

semejante Parecido*: *Un libro y un cuaderno son semejantes, pero uno está escrito y el otro sirve para escribir.* ▰ Semejanza, semejarse, semejar, asemejarse.

◖ Adverbio de modo.

semilla Parte de una planta que se puede volver a sembrar para que nazca otra planta. ◗ Simiente, germen, grano.

◖ Sustantivo singular femenino; plural: *semillas.*

sencillo 1) Fácil: *Este problema es muy sencillo.* // 2) Que está formado por una sola pieza: *Hay puertas sencillas y de dos* *hojas.* // 3) Que no es lujoso o presumido: *Julián es un hombre sencillo a pesar de que tiene mucho dinero.* ➡ 1), 2) Simple, llano, humilde, natural. ⬛ Compuesto. // 3) Presumido, vanidoso. ◀ Sencillo, sencillamente.

◀ Adjetivo singular masculino; femenino: *sencilla;* plural: *sencillos, sencillas.*

sentar 1) Colocar a alguien en una silla, butaca, etc.: *Como el acomodador es amigo nuestro, siempre nos sienta en un buen sitio.* // 2) Caer bien o mal un alimento: *Beber demasiado vino siempre sienta mal.* // 3) Caer bien o mal algo que hace o dice una persona: *Me sentó muy mal que no vinieras ayer.* ➡ 1) Acomodar, dar asiento. // 2) Caer. // 3) Parecer. ◀ Asiento.

◀ Verbo en infinitivo. Se conjuga como *acertar* (modelo n.° 4).

sentimiento Lo que notamos por dentro cuando pasa algo bueno o malo: *La alegría, la tristeza, la amistad, el amor, etc., son sentimientos.* ◀ Sentir, sentimental, sentido.

◀ Sustantivo singular masculino; plural: *sentimientos.*

sentir 1) Tener un sentimiento: *Siento una gran alegría cada vez que te veo.* // 2) Darle a uno pena o tener remordimiento de algo: *Siento mucho haberte hecho esperar.* // 3) Notar algo: *A pesar de la calefacción, siento frío.* ➡ Experimentar. // 2) Lamentar, doler. // 3) Notar, percibir. ◀ 1), 2), 3) Sentimiento.

DE PROHIBICIÓN

P. DIRECCIÓN · P. COCHES Y MOTOS

VELOCIDAD LIMITADA · FIN DE PROHIBICIÓN

P. GIRAR A LA IZQUIERDA

DE PELIGRO

CRUCE CON PRIORIDAD · PASO A NIVEL CON BARRERAS

ESCUELA · SEMÁFORO

DOBLE CURVA · PELIGRO INDEFINIDO

DE OBLIGACIÓN

PRIORIDAD A LA DIRECCIÓN CONTRARIA · SENTIDO DE GIRO OBLIGATORIO

INFORMATIVAS

PUESTO DE SOCORRO · CAMPING

SEÑALES
de tráfico

SEPULCRO
antiguo

SERA
(cesta sin asas)

◄ Verbo en infinitivo. Se conjuga como *hervir* (modelo n.° 11).

señal 1) Marca que se le pone a una cosa para distinguirla de otras semejantes: *Le he puesto una señal a mi lapicero para saber que es el mío.* // 2) Cualquier cosa que avisa de otra: *Las nubes son señal de que va a llover.* // 3) Aviso que se da para hacer o no hacer algo: *Cuando el juez da la señal, los corredores salen.* // 4) Dibujo, piedra, etc., que significa algo: *Al principio de la calle hay una señal de dirección prohibida.* ◆ 1) Marca, distintivo. // 2) Seña, indicación. // 4) Indicación, signo. ⫎ Señalar, señalización, señalado, seña.

◄ Sustantivo singular femenino; plural: *señales.*

señas 1) Calle, número, piso y ciudad en que vive una persona: *Mis señas son calle Lepanto, n.° 335, 5.°, Barcelona.* // 2) Gestos o palabras que hace o dice una persona para indicar algo a otra: *Una señora muy amable nos dio las señas de dónde podíamos comprar una linterna.* ◆ 1) Dirección, domicilio. ⫎ Señalar, señalizar, señal.

◄ Sustantivo femenino plural; en singular tiene otro significado.

separar Alejar, poco o mucho, a una persona o cosa de otras personas o cosas: *El profesor separó a Luis y Agapito porque hablaban mucho en clase.* ◆ Aislar, alejar, despegar, distanciar, seleccionar. **A** Unir, juntar. **F** Separación, separable, separadamente, separado, separatista.

C Verbo en infinitivo. Se conjuga como *amar* (modelo n.° 1).

septiembre Noveno mes del año. Tiene 30 días y va después de agosto y antes de octubre.

C Sustantivo singular masculino; plural: *septiembres*.

sequía Época del año en la que llueve poco o nada y el campo necesita agua. **F** Secar, seco, sequedad.

C Sustantivo singular femenino; plural: *sequías*.

sereno 1) Guarda nocturno* de una fábrica, de un barrio, de un comercio, etc. // 2) Si se refiere a como es una persona, significa tranquilo. **S** 2) Tranquilo, sosegado, calmoso, apacible. **A** 2) Inquieto, intranquilo, revuelto. **F** 1) Serenata. // 2) Serenidad, serenar.

C 1) Sustantivo singular masculino; plural: *serenos*. // 2) Adjetivo singular masculino; femenino: *serena*; plural: *serenos, serenas*.

serie Grupo de cosas que van unas detrás de otras: *Después de la obra de teatro se repartió una serie de premios*. **S** Sucesión, encadenamiento, retahíla, colección.

C Sustantivo singular femenino; plural: *series*.

serio 1) Persona que le da mucha importancia a las cosas: *José Luis es muy serio en su trabajo*. // 2) Persona que se ríe muy poco: *Benito está siempre muy*

SERPENTARIO
(ave que come
serpientes)

SERPIENTE

SETA

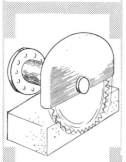

SIERRA

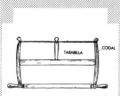

SIERRA
de ballesta

serio. // **3)** Cosa muy importante o difícil: *Estamos metidos en un asunto muy serio.* **1)** Formal, severo. // **2)** Circunspecto, tieso. // **3)** Importante, considerable. **2)** Alegre. // **3)** Poco importante. Seriedad.

Adjetivo singular masculino; femenino: *seria;* plural, *serios, serias.*

servicio 1) Trabajo que se hace en beneficio de alguien o de toda la sociedad: *Los basureros prestan un servicio extraordinario a la ciudad.* // **2)** Grupo de personas que están en una casa, hotel, pensión, etc., para atender a las que viven en él: *El servicio de este hotel es verdaderamente bueno.* // **3)** Utilidad de una cosa: *El coche, a pesar de sus inconvenientes, presta muchos servicios.* **1)** Ayuda, asistencia. // **2)** Personal. // **3)** Utilidad, provecho. Servicial, servidor, servido, servir, servidumbre, servilmente.

Sustantivo singular masculino; plural: *servicios.*

servir 1) Ser útil para algo: *Esta máquina sirve para subir cajas a los camiones.* // **2)** Atender y despachar en una tienda, almacén, cafetería, etc.: *Por favor, sírvame 10 cajas de queso porque estoy sin existencias.* // **3)** En la mesa, poner comida en los platos: *Hoy le toca servir a Mercedes.* **1)** Valer, interesar, ser útil, venir bien. // **2)** Atender, despachar. **1) 2)** Servicio*.

Verbo en infinitivo. Modelo n.° 13.

siembra Acto de sembrar: *Ahora nos estamos dedicando a la siembra de frutales.* ☞ Sembrador, sembrado.

🔹 Sustantivo singular femenino; plural: *siembras.*

siglo Tiempo que dura cien años: *Ahora estamos en el siglo XX.*

🔹 Sustantivo singular masculino; plural: *siglos.*

significado Lo que quiere decir una cosa: *El significado de amanecer es salir el sol.* ☞ Significar, significante, significación, signo.

🔹 Sustantivo singular masculino; plural: *significados.*

significar Querer decir: *Volver significa ir otra vez a un sitio.* ☞ Representar, indicar, expresar, designar. ☞ Significado*.

🔹 Verbo en infinitivo. Se conjuga como *amar* (modelo n.° 1). Cambia la *c* por *qu* ante *-e: signifiqué.*

siguiente Persona, animal o cosa que va después de otra, cuando están ordenadas de alguna manera: *En la cola para sacar entradas, el siguiente a mí era un soldado.* ☞ Posterior, sucesor. ☞ Anterior. ☞ Seguir, seguido.

🔹 Sustantivo singular, es masculino cuando va con el artículo *el* y femenino cuando va con *la: el siguiente, la siguiente;* plural: *los siguientes, las siguientes.* También puede ser adjetivo invariable en género *(al día siguiente nos levantamos tarde);* plural: *siguientes.*

silencio Que no hay ruidos: *A las 3 de la mañana, las ciudades están en silencio.* ☞ Silenciar, silencioso, silenciador.

🔹 Sustantivo singular masculino; plural: *silencios.*

SILO
(para guardar trigo)

SILUETA

SILLÓN

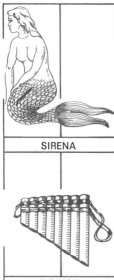

SIRENA

SIRINGA
(instrumento musical)

SOBRECIELO

silencioso 1) Que hace poco ruido o ninguno: *Hay coches muy silenciosos.* // 2) Que algo está en silencio: *Cuando todos dormimos, la casa está silenciosa.* ● 2) Callado. ▲ 1) Ruidoso, alborotador. ᖴ Silencio*.

● Adjetivo singular masculino; femenino: *silenciosa;* plural: *silenciosos, silenciosas.*

simpático 1) Persona agradable: *Tu amigo es muy simpático.* // 2) Animal o cosa graciosa: *Las ardillas son muy simpáticas.* ▲ Antipático. ᖴ Simpatía, simpatizar, simpatizante.

● Adjetivo singular masculino; femenino: *simpática;* plural: *simpáticos, simpáticas.*

situar 1) Poner o estar algo en un sitio: *España está situada al Suroeste de Europa.* // 2) **Situarse:** Ponerse en un sitio: *Me he situado aquí para ver mejor la televisión.* ● Colocar(se), poner(se), emplazar (se), acomodar(se). ▲ Quitar(se). ᖴ Situación, situado, sitio.

● Verbo en infinitivo. Se conjuga como *amar* (modelo n.° 1).

sobre 1) Encima de algo: *El florero está sobre la mesa.* // 2) Más arriba de algo: *El avión volaba sobre la ciudad.* 3) Aproximadamente, alrededor de: *Vendré sobre las 11.* // 4) Acerca de: *El maestro ha dado la clase sobre las flores.* // 5) Funda de papel en la que se meten las cartas para mandarlas por correo. ● 1) Encima. // 2) Por encima. // 3) Aproximadamente, más o menos, alrededor de, hacia. // 4) Acerca de, referente a, respecto a. **fi** 1) Debajo. // 2) Por debajo.

◄ 1), 2), 3), 4) Preposición propia. // 5) Sustantivo singular masculino; plural: *sobres*.

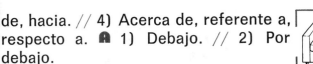

SOFÁ

sobrino Que es hijo de un hermano o hermana: *Mary Pili es mi sobrina porque yo soy hermano de su padre.*

◄ Sustantivo singular masculino; femenino: *sobrina;* plural: *sobrinos, sobrinas.*

social Que tiene algo que ver con la sociedad: *La Cruz Roja es una obra social.* **F** Sociedad, sociable, socio.

◄ Adjetivo singular invariable en género; plural: *sociales.*

soga Cuerda gruesa: *El tractor remolcó al camión, atándolo con una soga.* **S** Cuerda, maroma.

◄ Sustantivo singular femenino; plural: *sogas.*

SOGA
(cuerda gruesa)

solar 1) Sitio en el que se va a construir un edificio. // 2) Que se refiere al sol: *Los rayos solares dan mucho calor en verano.* **S** 1) Terreno.

◄ 1) Sustantivo singular masculino; plural: *solares.* // 2) Adjetivo invariable en género; plural: *solares.*

soler Tener por costumbre hacer algo: *En vacaciones de verano solemos ir a la playa.* **S** Acostumbrar a.

◄ Verbo en infinitivo. Se conjuga como *mover* (modelo n.° 10).

solicitar Pedir algo: *Los de la tienda de enfrente han solicitado al ayuntamiento permiso para pintar la fachada.* **S** Pedir, re-

SOMBRERERA
(para guardar
sombreros)

SOMBRILLA
o quitasol

SOMIER
(colchón de muelles)

SONAJERO
(juguete con sonajas)

querir, pretender, gestionar. ⚑ Solicitación, solicitud, solicitante.

🔹 Verbo en infinitivo. Se conjuga como *amar* (modelo n.° 1).

solo Que no hay nadie o nada más: *Cuando llegué a casa mi madre estaba sola.* ⚑ Soledad, solitario.

🔹 Adjetivo singular masculino; femenino: *sola;* plural: *solos, solas.*

sólo Solamente.
🔹 Adverbio.

soltar 1) Dejar algo que se tiene en la mano: *La leche estaba muy caliente y tuve que soltar el vaso porque me quemaba.* // 2) Desatar algo: *Teresa se ha soltado el pelo para lavarse la cabeza.* // 3) Dejar: *Hemos soltado al perro para que dé un paseo.* ⮐ 1) Desasir. // 2) Desatar, desunir, desligar. // 3) Liberar. ⛔ Coger. // 2) Atar, unir. ⚑ Suelto.

🔹 Verbo en infinitivo. Se conjuga como *contar* (modelo n.° 8).

sombrilla Utensilio que tiene la misma forma que el paraguas y sirve para quitar el sol: *En las playas suele haber sombrillas.* ⮐ Quitasol. ⚑ Sombra, sombrear, sombreado.

🔹 Sustantivo singular femenino; plural: *sombrillas.*

sonar 1) Hacer ruido una cosa: *Si das un golpe en la mesa con el bolígrafo, suena.* // 2) Resultar conocido algo, pero no saber exactamente qué es: *Esa canción* *me suena mucho, pero no sé de qué.* ◀ Soni-nido, sonajero, sonado, sonoro.

◀ Verbo en infinitivo. Se conjuga como *contar* (modelo n.° 8).

soñar 1) Imaginar, mientras se está dormido, que a uno le pasan cosas: *Esta noche he soñado que íbamos de pesca en una barca muy grande.* // 2) Tener muchas ganas de algo: *Ignacio sueña con ser marino.* // ◀ 2) Desear, codiciar, anhelar. // ◀ Sueño.

◀ Verbo en infinitivo. Se conjuga como *contar* (modelo n.° 8).

soplar Echar aire por la boca con los labios casi cerrados: *El día de mi cumpleaños soplé muy fuerte y apagué todas las velas de una vez.* ◀ Soplo, soplido.

◀ Verbo en infinitivo. Se conjuga como *amar* (modelo n.° 1).

sorprender 1) Coger a alguien desprevenido: *El maestro nos sorprendió armando mucho jaleo.* // 2) Extrañarle algo a uno: *Me sorprende que vengas tan pronto.* ◀ 1) Coger, descubrir, cazar. // 2) Asombrar, extrañar, admirar, chocar, pasmar. ◀ Sorpresa, sorprendente, sorprendido.

◀ Verbo en infinitivo. Se conjuga como *temer* (modelo n.° 2).

sorpresa Lo que pasa sin que uno lo espere: *Es una sorpresa verte por aquí.* ◀ Sorprender*.

◀ Sustantivo singular femenino; plural: *sorpresas*.

SONDA
(para medir
la profundidad)

SOPERA
(vasija en que se
sirve la sopa)

SOPLETE
(intrumento que emite
una intensa llama)

SOTABARBA

sacerdote con
SOTANA

sospechar Imaginar algo sin saber con seguridad si es así o no: *Sospecho que Juan no vendrá esta tarde.* ⊜ Conjeturar, imaginar, desconfiar, temer, presumir. ⊪ Sospecha, sospechoso.

⊛ Verbo en infinitivo. Se conjuga como *amar* (modelo n.° 1).

sostener 1) Hacer que algo no se caiga: *Las vigas sostienen el techo.* // 2) Dar a alguien lo necesario para que viva: *Mi padre nos sostiene a todos los hermanos.* // 3) **Sostenerse:** No caerse: *He hecho una torre muy alta de libros y se sostiene muy bien.* ⊜ 1) Sujetar, aguantar. // 2) Alimentar, sustentar. // 3) Sujetarse. ⊪ 1), 3) Sostén, sostenido.

⊛ Verbo en infinitivo. Se conjuga como *tener**.

suave 1) Que es agradable* tocarlo: *Los conejos tienen la piel muy suave.* // 2) Que gusta oírlo porque no hace mucho ruido: *A mi madre le gusta la música suave.* ⊜ Agradable, liso, blando. // 2) Agradable, tranquilo, sosegado, lento. ⊠ 1) Fuerte, áspero, duro. // 2) Fuerte, estridente, estrepitoso, movido. ⊪ Suavidad, suavemente, suavizar, suavizante.

⊛ Adjetivo singular invariable en género; plural: *suaves*.

subir 1) Pasar uno o llevar una cosa de un sitio a otro más alto: *Me gusta subirme a los árboles para ver el suelo desde arriba.* // 2) Hacerse más alta una cosa:

Esa casa se ve subir de día en día. // 3) Costar una cosa más o menos de lo que uno pensaba: *El recibo de la luz ha subido mucho este mes.* // 4) Aumentar: *El precio de la carne sube cada vez más.* // 5) Ir hacia arriba por un sitio inclinado: *Yo subo las escaleras de dos en dos.* ⬥ 1) Elevar, alzar. // 2) Crecer. // 3) Costar. // 4) Aumentar*. ⬥ 1) Bajar. // 2) Disminuir. // 4) Disminuir. ⬥ 1), 2), 3), 4) Subida, subido.

⬥ Verbo en infinitivo. Se conjuga como *partir* (modelo n.° 3).

suceder 1) Ocurrir. // 2) Venir después: *La noche sucede al día.* ⬥ 2) Sustituir, reemplazar. ⬥ 2) Anteceder. ⬥ Suceso, sucedido. // 2) Sucesor, sucesión, sucedido, sucesivo.

⬥ Verbo en infinitivo. Se conjuga como *temer* (modelo n.° 2).

sueldo Dinero que le dan a una persona por trabajar en un sitio. ⬥ Salario, estipendio, honorarios, mensualidad (sueldo de un mes), jornal (sueldo de un día).

⬥ Sustantivo singular masculino; plural: *sueldos.*

sueño 1) Ganas de dormir: *Después de cenar, siempre tengo sueño.* // 2) Lo que se sueña: *He tenido un sueño muy bonito.* // 3) Estado* del que está durmiendo: *Guillermo tiene un sueño muy profundo.* ⬥ Soñar, soñoliento, somnolencia.

⬥ Sustantivo singular masculino; el plural, *sueños,* sólo se usa con el significado 2).

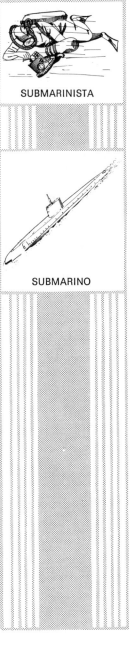

SUBMARINISTA

SUBMARINO

SULFATADOR
(instrumento para
rociar las plantas)

SUPERFICIE

suficiente Que no hace falta más: *Con estas pinturas tengo suficiente para pintar este dibujo.* ✪ Bastante. ✱ Suficientemente.
◗ Adverbio de cantidad.

sufrir 1) Pasar dolores o disgustos: *En las guerras se sufre mucho.* // 2) Soportar, aguantar: *No puedo sufrir verte tan despeinado.* ✪ 1) Padecer, penar. // 2) Soportar, aguantar, resistir, tolerar. ✱ Sufrimiento, sufrido.
◗ Verbo en infinitivo. Se conjuga como *partir* (modelo n.° 3).

sujetar 1) Agarrar algo para que no se mueva o no se caiga: *Sujeta el cuadro mientras yo pongo el clavo.* // 2) Atar, clavar, pegar, etc.: *Sujeta bien el tablero a la mesa para que no se mueva.* ✪ 1) Sostener, aguantar. // 2) Unir, juntar. ◖ 1) Soltar. // 2) Desatar, desclavar, despegar, soltar, separar. ✱ Sujeción, sujeto.
◗ Verbo en infintivo. Se conjuga como *amar* (modelo n.° 1).

superficie Parte de fuera de una cosa: *Los barcos que no son submarinos van por la superficie del mar.* ✪ Cara, exterior. ✱ Superficial, superficialmente, superficialidad.
◗ Sustantivo singular femenino; plural: *superficies.*

superior 1) Que está más arriba de algo: *Vivo en el piso superior al tuyo.* // 2) Que es mejor o más grande que otra persona o cosa: *El «Mercedes» es* *un coche superior al «Seiscientos».* // 3) Persona que manda: *El superior dio la orden de que nos reuniéramos en una clase.* // 4) Estupendo: *Este helado está superior.* ⬗ 2) Mejor. // 3) Jefe. // 4) Excelente, estupendo, fenomenal. ▣ 1) Inferior. // 2) Inferior, peor. // 3) Subordinado. // 4) Malísimo. ⬖ Superioridad, superiormente, superar.

◖ 1), 2, 4) Adjetivo singular invariable en género; plural: *superiores.* // 3) Sustantivo singular masculino; femenino: *superiora;* plural: *superiores, superioras.*

SURCO para sembrar

suponer Pensar que una cosa es de una manera, pero no estar seguro: *Supongo que hoy no me preguntarán en clase, porque ya me preguntaron ayer.* ⬗ Pensar, creer, opinar, imaginar, figurarse, sospechar. ⬖ Suposición, supuesto.

◖ Verbo en infinitivo. Se conjuga como *poner.*

surco Zanja muy poco honda y muy larga que hacen los labradores con el arado para remover la tierra y luego sembrarla. ⬖ Surcar, surcado.

◖ Sustantivo singular masculino; plural: *surcos.*

surgir Aparecer, salir: *Entre todos los alumnos surgió un voluntario.* ⬗ Aparecer, manifestarse, levantarse, brotar (las plantas, el agua). ▣ Desaparecer. ⬖ Resurgir, resurgimiento.

◖ Verbo en infinitivo. Se conjuga como *partir* (modelo n.° 3). Cambia la g por *j* cuando le sigue *-a, -o: surjo, surja.*

t T

TÁBANO
(insecto parecido
a la mosca)

TALLO

TANQUE

tabla 1) Trozo de madera plano y poco grueso: *He traído unas tablas para hacer una caja.* // 2) Pliegue en las prendas de vestir: *Mi hermana tiene una falda de tablas.* ● 1) Plancha, madera, tablilla, tablón, tablero. // 2) Pliegue. ◉ 1) Tablilla, tablón, tablero, tablado. // 2) Tableado, tablear.

◉ Sustantivo singular femenino; plural: *tablas.*

tallo Parte de las plantas de la que salen las hojas y las flores..

◉ Sustantivo singular masculino; plural: *tallos.*

tamaño Lo grande o pequeña que es una cosa: *El perro es de mayor tamaño que el ratón.* ● Dimensión, magnitud, capacidad*, volumen, proporciones.

◉ Sustantivo singular masculino; plural: *tamaños.*

tapar 1) Cerrar: *Tapa la botella para que no se vaya el gas.* // 2) Abrigar: *Tapa bien al niño que hace mucho frío.* ● 1) Cerrar, cubrir, obturar, obstruir, taponar. // 2) Abrigar, arropar. ◉ 1) Destapar, abrir.

descubrir. // 2) Destapar. 📕 1) Tapón, tapadera, taponar, tapa.

🔹 Verbo en infinitivo. Se conjuga como *amar* (modelo n.º 1).

tardar Emplear tiempo en hacer algo: *He tardado muy poco en hacer los deberes.* 🔹 Durar, invertir, emplear. 📕 Tardanza, retardar.

🔹 Verbo en infintivo. Se conjuga como *amar* (modelo n.º 1).

tarde 1) Parte del día, que va desde después de comer hasta que se hace de noche. // 2) Después de la hora debida: *Llegué tarde y el tren ya se había ido.* 🔹 2) Con retraso, tardíamente. 🅰 2) Pronto, temprano. 📕 1) Atardecer. // 2) Tardar, tardanza, tardíamente.

🔹 1) Sustantivo singular femenino; plural: *tardes.* // 2) Adverbio de tiempo.

tarjeta 1) Trozo de cartulina. // 2) **Tarjeta de visita:** Cartulina en la que está escrito en imprenta el nombre y la dirección de una persona. // 3) **Tarjeta postal:** La que se usa para escribir a alguien, se manda por correo y no hace falta meterla en sobre. A veces tienen vistas de una ciudad.

🔹 Sustantivo singular femenino; plural: *tarjetas.*

teatro 1) Espectáculo en el que unas personas representan sobre un escenario una historia que ha escrito otro. Los que representan se llaman actores y el que ha escrito la obra se llama autor.

TAPÓN

TARTANA

ENTARUGADO

TEA

interior de un
TEATRO

TEJAS

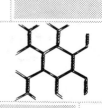

TELA
metálica

TELÉFONO

TELEVISOR

// 2) Edificio que tiene un escenario para representar las obras y muchas butacas para que la gente vea la representación. ◨ Teatral, teatralmente.

◔ Sustantivo singular femenino; plural: *teatros*.

teléfono Aparato que sirve para hablar con una persona que está en otro sitio. ◨ Telefonear, telefónico.

◔ Sustantivo singular masculino; plural: *teléfonos*.

tema Aquello de lo que trata una conversación, una canción, una película, una novela, etc.: *Los ríos de América del Sur han sido el tema de la clase de hoy.* ◔ Objeto, materia, asunto, argumento. ◨ Temario.

◔ Sustantivo singular masculino; plural: *temas*.

temer 1) Tener miedo: *De noche temo las tormentas porque hacen mucho ruido.* // 2) Sospechar*: *Me temo que si no te das mucha prisa, llegarás tarde a clase.* ◨ Temor, temerario, temido.

◔ Verbo en infinitivo. Modelo n.° 2.

temor Miedo: *Me da temor ver cómo corre ese chico con la moto.* ◨ Temer*.

◔ Sustantivo singular masculino; plural: *temores*.

templo Iglesia*.

◔ Sustantivo singular masculino; plural: *templos*.

temporada Espacio de tiempo en que pasa algo o se hace algo: *La primavera es la temporada en que las flores están más*

bonitas. ◕ Época, período, estación. ◤
Tiempo, temporalmente.
◔ Sustantivo singular femenino; plural: *temporadas.*

temprano 1) Pronto: *Ven temprano para
que nos dé tiempo a hacer muchas cosas.* //
2) En las primeras horas del día o de
la noche: *Hoy me levanté temprano porque
tenía que estudiar.* ◔ 1) Tarde. ◤ Tem-
pranamente.
◔ Adverbio de tiempo.

tener 1) Ser dueño de algo: *He puesto
aquí todos los libros que tengo.* // 2) Sujetar
algo: *Ten un momento al niño, que enseguida lo cojo yo.* // 3) Sentir: *Tengo mucha sed.* ◕ 1) Poseer. // 2) Asir, coger,
sujetar, sostener, aguantar. ◔ 2) Soltar.
◔ Verbo en infinitivo. Su conjugación es muy irregular: **Indicativo: Presente:** *tengo, tienes, tiene, tenemos, tenéis, tienen.* // **Imperfecto:** *tenía, tenías, tenía, teníamos, teníais, tenían.* // **Pretérito indefinido:**
tuve, tuviste, tuvo, tuvimos, tuvisteis, tuvieron. //
Futuro imperfecto: *tendré, tendrás, tendrá, tendre-
mos, tendréis, tendrán.* // **Potencial:** *tendría, ten-
drías, tendría, tendríamos, tendríais, tendrían.* //
Subjuntivo: Presente: *tenga, tengas, tenga, tengamos,
tengáis, tengan.* // **Imperfecto:** *tuviera, tuvieras,
tuviera, tuviéramos, tuvierais, tuvieran (o tuviese,
tuvieses...)* // **Futuro imperfecto:** *tuviere, tuvieres,
tuviere, tuviéremos, tuviereis, tuvieren.* // **Imperativo:** *ten, tenga, tengamos, tened, tengan.* // **Participio:** *tenido.* // **Gerundio:** *teniendo.*

tercero Que va después del segundo y
antes que el cuarto: *El piso tercero es
de mi padre.*
◔ Adjetivo numeral ordinal, masculino singular; femenino: *tercera;* plural: *terceros, terceras.* Cuando es
singular y va delante del nombre, se dice *tercer: El
tercer piso es de mi padre.*

TEMPLO
griego

TENAZA

TENTÁCULOS
de un pulpo

TERMITES
(especie de insecto)

TERMÓMETRO
(para medir
la temperatura)

TERMO
(para guardar líquidos
calientes)

terminar 1) Llegar al final de algo que se está haciendo: *Como he terminado de hacer dibujo, me voy a jugar.* // 2) Ser el final de una cosa: *Donde termina la cama, hay una alfombra.* ◐ 1), 2) Acabar, finalizar. ◢ 1), 2) Empezar. ◤ Terminación, terminado. // 2) Terminación, término.
◐ Verbo en infinitivo. Se conjuga como *amar* (modelo n.° 1).

término 1) Final: *Al término de las obras, se hará la inauguración.* // 2) Línea que separa las tierras de un pueblo de las de otro, las de una finca de las de otra, etc.: *En el término del pueblo hay una fuente.* // 3) Palabra: *Si me hablas en esos términos, no te entiendo.* // 4) **Término municipal:** Territorio que pertenece a un ayuntamiento. ◐ 1) Final, fin. // 2) Territorio, límite, linde. // 3) Palabra, vocablo. ◤ 1) Terminar*. // 2) Terminar, terminación. // 3) Terminología.
◐ Sustantivo singular masculino; plural: *términos.*

terreno 1) Espacio de tierra: *En este terreno van a hacer un jardín.* // 2) Tema o asignatura: *De Matemáticas, no discutas con Julio, porque está muy bien en ese terreno.* // 3) Que tiene algo que ver con la tierra: *La caza es un producto terreno y la pesca un producto marino.* // 4) **Ganar o perder terreno:** *En la carrera, el n.° 8 va perdiendo terreno.* ◐ 1) Solar. // 2) Campo. // 3) Terrenal. ◤ 1) Tierra, territorio. // 3) Terrenal.

1), 2), 4) Sustantivo singular masculino; plural: *te-rrenos.* // 3) Adjetivo singular masculino; femenino: *terrena;* plural: *terrenos, terrenas.*

terrible 1) Enorme: *Tengo un hambre te-rrible.* // 2) Espantoso, que da miedo: *Fue un accidente terrible.* 🔄 1) Enorme, tremendo. // 2) Espeluznante, horrible. 👉 2) Terror, terrorífico.

Adjetivo singular invariable en género; plural: *te-rribles.*

territorio Extensión de tierra que per-tenece a una nación, una provincia, una región, etc.: *El territorio español y el por-tugués están dentro de la península Ibérica.* 🔄 País, tierra. 👉 Tierra, terreno.

Sustantivo singular masculino; plural: *territorios.*

tienda 1) Lugar en que se venden cosas al público. // 2) **Tienda de campaña:** Caseta de lona que se monta y se des-monta. Se usa para vivir unos días en el campo. 🔄 1) Establecimiento, comer-cio. 👉 Tendero.

Sustantivo singular femenino; plural: *tiendas.*

tierno 1) Blando, delicado: *Esta planta hay que tratarla con cuidado porque tiene el tallo muy tierno.* // 2) Reciente*. 🔺 1) Duro, fuerte. 👉 1) Ternura, terneza. // 2) Terneza.

Adjetivo singular masculino; femenino: *tierna;* plu-ral: *tiernos, tiernas.*

tigre Fiera, algo más grande que el león, que vive en la selva y ataca al

TETERA
(vasija en que se sirve el té)

TIARA
(usada por el Papa)

TIENDA
de campaña

TIGRE

TINA

TIRABUZONES
(tipo de peinado)

TITÍ
(especie de mono)

TOCA
de una monja

hombre y a los animales, tiene el pelo amarillento y muy suave.

⊜ Sustantivo singular masculino; femenino: *tigresa*; plural: *tigres, tigresas*.

tío Hermano del padre o de la madre. La mujer de un tío y el marido de una tía, son también tíos: *Rosario es mi tía porque es hermana de mi padre.*

⊜ Sustantivo singular masculino; femenino: *tía*; plural: *tíos, tías*.

tipo Clase*.

⊜ Sustantivo singular masculino; plural: *tipos*.

tirar Hacer fuerza para acercar una cosa a uno o llevarla detrás: *Esta mañana vi a un caballo tirando de un carro.* // 2) Disparar un arma. // 3) Echar una cosa en un sitio o contra algo: *Tira esta caja a la papelera.* ⊜ 1) Empujar, arrastrar. // 2) Disparar. // 3) Arrojar, lanzar. ⊕ ⊏ 1) Tirante, tirador. // 2) Tiro, tirador. // 3) Tirado.

⊜ Verbo en infinitivo. Se conjuga como *amar* (modelo n.° 1).

título 1) Nombre de una película, un libro, una canción, etc.: *He visto una película muy bonita, pero no me acuerdo del título.* // 2) Documento en el que se dice que una persona ha acabado una carrera, ha hecho unos estudios, etc. ⊏ Titular, titulado, titulación.

⊜ Sustantivo singular masculino; plural: *títulos*.

tiza Yeso para escribir en las pizarras: *Coge una tiza y pon tu nombre.*

@ Sustantivo singular femenino; plural: *tizas.*

tocino Grasa que tienen los cerdos debajo de la piel: *Me gusta mucho el cocido que tiene tocino.*

@ Sustantivo singular masculino; plural: *tocinos.*

tomar 1) Beber o comer algo: *Antes de cenar tengo que tomar una medicina.* // 2) Coger algo: *Toma este paquete y llévalo a casa de Enrique.* // 3) Entender algo de una manera: *No te lo tomes tan en serio, que es una broma.* // 4) Ir por un sitio: *Para ir al parque hay que tomar la calle de la izquierda.* // 5) Conquistar: *Los Reyes Católicos tomaron Granada en 1492.* ➡ 2) Coger, asir, agarrar. // 3) Entender, mirar, recibir. // 4) Coger, ir por. // 5) Conquistar, ganar. 🏰 5) Perder.

@ Verbo en infinitivo. Se conjuga como *amar* (modelo n.° 1).

tormenta Mal tiempo en que llueve, nieva o graniza, hace mucho viento y casi siempre hay relámpagos y rayos. Si es en el mar hay olas muy grandes y se llama tempestad. ➡ Temporal, tempestad. ⟶ Tormentoso.

@ Sustantivo singular femenino; plural: *tormentas.*

torneo Combate entre dos personas o dos equipos: *En las fiestas de mi pueblo siempre se hace un torneo de ajedrez.* ➡ Lucha.

@ Sustantivo singular masculino; plural: *torneos.*

TOCADOR

TOGA
(usada por los abogados)

TOLDO

TORO

TORRE

TÓRTOLA
(ave parecida
a la paloma)

TOSTADOR
de café

torre 1) Construcción de piedra, ladrillo, hierro o cualquier otro metal que tiene mucha altura. A veces forman parte de un edificio, como las torres de los castillos. Otras veces están aisladas, como las torres de los pozos de petróleo, las de los cables eléctricos, la torre Eiffel de París, etc. // 2) Montón de algo: *Pon en la mesa esta torre de platos.* ⬤ Montón, pila. ☞ 1) Torreón.

⬤ Sustantivo singular femenino; plural: *torres.*

total 1) Suma de algo: *El total de los que estamos aquí es 20.* // 2) Resultado de una operación o un problema: *Este total está mal.* // 3) **En total:** Resumen de algo: *En total que a las 10 estaremos todos aquí.* ⬤ 1) Suma, conjunto. // 2) Resultado, solución. // 3) En resumen, resumiendo, para terminar. ☞ 1), 2) Totalidad, totalizar, totalmente.

⬤ 1), 2) Sustantivo singular masculino; plural: *totales.* // 3) Frase adverbial.

trabajador 1) Que se toma muy en serio cualquier trabajo que tiene que hacer: *José Manuel siempre saca las mejores notas, pero se las merece por lo trabajador que es.* // 2) Obrero*. *Los trabajadores de la fábrica han pedido aumento de sueldo.* ⬤ 1) Laborioso, tenaz, constante. ⬤ Vago. ☞ 1) 2) Trabajar, trabajo, trabajoso.

⬤ 1) Adjetivo singular masculino; femenino: *trabajadora;* plural: *trabajadores, trabajadoras.* // 2) Sustantivo singular masculino; femenino: *trabajadora;* plural: *trabajadores, trabajadoras.*

trabajar 1) Dedicar el tiempo a hacer cosas: *Mi madre es incansable, está todo el día trabajando.* // 2) Hacer algo para ganar dinero y vivir: *El padre de Juan trabaja de carpintero en una fábrica de muebles.* ☞ Trabajador.

🔹 Verbo en infinitivo. Se conjuga como *amar* (modelo n.º 1).

TRACTOR
(tipo de vehículo)

traer 1) Transportar algo desde donde se halla hasta donde estamos nosotros: *Camarero, tráigame una cucharilla, por favor.* // 2) Llevar puesto algo de vestir: *El forastero traía pantalones tejanos, camisa a cuadros y sombrero de ala ancha.* ➥ 1) Acercar, portar. // 2) Llevar puesto, lucir. 🔺 1) Llevar, alejar. ☞ 1) Traído.

🔹 Verbo en infinitivo. Su conjugación es muy irregular: **Indicativo: Presente:** *traigo, traes, trae, traemos, traéis, traen.* // **Imperfecto:** *traía, traías, traía, traíamos, traíais, traían.* // **Pretérito indefinido:** *traje, trajiste, trajo, trajimos, trajisteis, trajeron.* // **Futuro imperfecto:** *traeré, traerás, traerá, traeremos, traeréis, traeràn.* // **Subjuntivo: Presente:** *traiga, traigas, traiga, traigamos, traigáis, traigan.* // **Imperfecto:** *trajera, trajeras, trajera, trajéramos, trajerais, trajeran (o trajese, trajeses...).* // **Futuro imperfecto:** *trajere, trajeres, trajere, trajéremos, trajereis, trajeren.* // **Imperativo:** *trae, traiga, traigamos, traed, traigan.* // **Participio:** *traído.* // **Gerundio:** *trayendo.*

TRAJE
de luces

traje 1) Vestido formado por chaqueta y pantalón o falda: *Julia tenía un traje azul precioso.* // 2) **Traje típico:** Ropa que se suele usar en un sitio. // 3) **Traje de luces:** El que usan los toreros en las corridas. ➥ Vestido. ☞ Trajear.

🔹 Sustantivo singular masculino; plural: *trajes.*

TRAMPA
para cazar animales

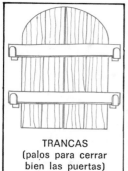

TRANCAS
(palos para cerrar
bien las puertas)

TRANSISTOR

TRANSPORTADOR
(instrumento para
medir)

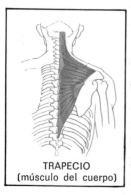

TRAPECIO
(músculo del cuerpo)

tranquilo 1) Que no hay jaleo ni ruidos: *Si queréis podemos ir a un sitio muy tranquilo que yo conozco.* // 2) Que no es nervioso ni le gusta la vida agitada: *Pedro es uno de los hombres más tranquilos que he visto.* // 3) Lento: *¡Vamos, muévete, no seas tranquilo!* ⮐ 1) Apacible. // 2) Sosegado, calmoso. // 3) Pesado. ⮐ 1) Movido, agitado. // 2) Nervioso. // 3) Activo, movido. ⮐ Tranquilidad, tranquilizar, tranquilizante, tranquilizado, tranquilamente.

⮐ Adjetivo singular masculino; femenino: *tranquila;* plural: *tranquilos, tranquilas.*

transatlántico Barco muy grande y preparado para hacer viajes muy largos con mucha gente: *Mi padre hizo un viaje de España a la Argentina en un transatlántico.*

⮐ Sustantivo singular masculino; plural: *transatlánticos.* Puede ser también adjetivo; femenino: *transatlántica;* plural: *transatlánticos, transatlánticas.*

transformar Convertir una cosa en otra: *La semilla sembrada se transforma en planta.* ⮐ Cambiar, modificar, mudar. ⮐ Transformación, transformado, formar, reformar.

⮐ Verbo en infinitivo. Se conjuga como *amar* (modelo n.° 1).

tratar 1) Ver con frecuencia a una persona y charlar, pasear, estudiar, etc., con ella: *Yo me trato mucho con Luis.* // 2) Cuidar un médico a un enfermo: *¿Qué médico trata a tu abuelo?* // 3) **Tratar de:** Intentar algo: *Aunque me va a ser muy difí-*

cil, trataré de venir esta tarde. 🖝 1) Rela-
cionarse. // 2) Cuidar, atender. // 3)
Intentar, hacer lo posible. 🖝 Trato, tratado, tratamiento.

🖝 Verbo en infinitivo. Se conjuga como *amar* (modelo n.° 1).

trayecto Camino: *El trayecto entre tu
casa y la mía es muy corto.* 🖝 Camino, recorrido, espacio. 🖝 Trayectoria.

🖝 Sustantivo singular masculino; plural: *trayectos.*

rama del
TRÉBOL

tren 1) Vehículo formado por una locomotora y varios vagones que cami-
nan sobre raíles de hierro. Si se usa
para el transporte de personas se llama
T. de viajeros y si no, **T. de mercancías.**
Cuando unos vagones transportan personas y otras cosas o animales se dice
que es un **T. mixto.** // 2) **Tren de vida:**
Manera de vivir: *Tu tío lleva un tren de
vida muy agitado.* 🖝 1) Ferrocarril. // 2)
Ritmo de vida.

🖝 Sustantivo singular masculino; plural: *trenes.* El
significado 2) no tiene plural.

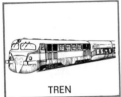

TREN

trenzar Coger dos trozos de cuerda o
separar el pelo largo de las chicas y
cruzarlo desde el principio hasta el final. 🖝 Liar. 🖝 Trenzado, trenza.

🖝 Verbo en infinitivo. Se conjuga como *amar* (modelo n.° 1). Cambia la *z* por *c* cuando le sigue *-e:
trencé.*

TRENZAS

trepar Subir por un sitio una persona o
un animal usando los pies, las piernas
y las manos para agarrarse bien y no

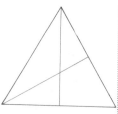

TRIÁNGULO

espiga de
TRIGO

TRINCHANTE
(parte y tritura
la comida)

TRINEO
(vehículo sin ruedas)

caerse. Los gatos usan también las uñas para trepar. Las plantas que suben por el tronco de un árbol o una pared, como las enredaderas, se dice también que trepan: *En el jardín de mi casa hay una parra de uvas que trepa por la pared hasta mi ventana.* ⬤ Subir, ascender.

⬤ Verbo en infinitivo. Se conjuga como *amar* (modelo n.° 1).

trigo Planta que se siembra en surcos y da unas espigas de las que se sacan unos granos con los que se hace la harina. ⬤ Trigal, trigueño.

⬤ Sustantivo singular masculino; plural: *trigos.*

trino Canto de los pájaros: *Es maravilloso oír al amanecer los trinos de los pájaros.*

⬤ Sustantivo singular masculino; plural: *trinos.*

triste 1) Que tiene pena por algo: *Estoy triste porque he sacado malas notas.* // 2) Que produce tristeza: *Las habitaciones sin ventanas son muy tristes.* ⬤ 1) Apenado, alicaído. // 2) Apagado, oscuro, sin vida. ⬤ 1) Alegre, contento, jubiloso, animado, eufórico. // 2) Alegre, bonito, agradable. ⬤ Tristeza, entristecer, entristecido.

⬤ Adjetivo singular invariable en género; plural: *tristes.*

tristeza Pena o dolor que se siente por algo (v. sentir): *Cada vez que hablan de guerras en el mundo me entra una tristeza* *tremenda.* 🔵 Decaimiento, pena. 🔴 Alegría, euforia. 🟦 Triste*.

🔵 Sustantivo singular femenino; plural: *tristezas.*

triunfar 1) Ganar una guerra, una partida, una pelea de boxeo, etc.: *Napoleón triunfó en casi todas las batallas que hizo.* // 2) Tener éxito en algo: *Has triunfado en tu carrera.* 🔵 1) Vencer, ganar, salir victorioso. 🔴 1) Perder. // 2) Fracasar, hundirse. 🟦 Triunfo, triunfalmente.

🔵 Verbo en infinitivo. Se conjuga como *amar* (modelo n.° 1).

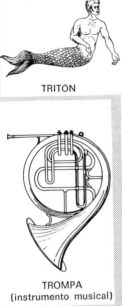

TRITÓN

tronco 1) Parte del árbol que sale de la tierra y acaba en las ramas. // 2) Parte del cuerpo humano que queda entre la cabeza, los brazos y las piernas.

🔵 Sustantivo singular masculino; plural: *troncos.*

TROMPA
(instrumento musical)

trueno Ruido que se oye después del relámpago, cuando hay tormenta. 🟦 Tronar.

🔵 Sustantivo singular masculino; plural: *truenos.*

tubo Pieza alargada y hueca, casi siempre redonda: *La manguera de regar es un tubo de goma.* 🟦 Tubular, entubar.

🔵 Sustantivo singular masculino; plural: *tubos.*

TRONO

tumbar 1) Poner una persona o cosa en posición horizontal. // 2) Hacer caer algo: *No inclines tanto la botella que vas a tumbarla.* // 3) **Tumbarse:** Acostarse*. 🔵 1) Echar, acostar. // 2) Tirar, derri-

TUBO
(manguera)

bar. ◖ Levantar(se), poner(se) de pie, incorporar(se). ◖ Tumbado, tumbante.

◖ Verbo en infinitivo. Se conjuga como *amar* (modelo n.° 1).

u U

último Que detrás de él ya no queda nada: *Este cigarrillo es el último del paquete.* 🅰 Primero.

🔹 Sustantivo o adjetivo singular masculino; femenino: *última;* plural: *últimos, últimas.*

UNICORNIO

único Que no hay más que uno: *Julio fue el único que vino ayer porque no sabía que era fiesta.* 🄵 Únicamente.

🔹 Sustantivo o adjetivo singular masculino; femenino: *única;* plural: *únicos, únicas.*

unir 1) Juntar dos o más cosas para que formen una sola: *Tuvimos que unir dos cables para llegar desde la lámpara al enchufe.* // 2) Mezclar varias cosas: *Uniendo un color azul con uno amarillo, sale uno verde.* // 3) **Unirse:** Juntarse varias personas para algo: *Nos hemos unido para formar un equipo.* 🔄 Juntar*. 🅰 Separar*. 🄵 Unión, reunir, reunión, desunión, unido, desunido.

🔹 Verbo en infinitivo. Se conjuga como *partir* (modelo n.° 3).

UNIFORME
militar

universidad Sitio en el que se estudian

URNA
(para depositar votos)

UROGALLO
(especie de gallina)

URRACA

las carreras de medicina, filosofía y letras, derecho, física, etc. La universidad está dividida en facultades. ☞ Universitario.

☜ Sustantivo singular masculino; plural: *universidades.*

universitario 1) Estudiante de la universidad. // 2) Persona que ha estudiado en la universidad. // 3) Que tiene algo que ver con la universidad: *En el jardín universitario siempre hay gente leyendo.*

☜ 1), 2) Sustantivo o adjetivo singular masculino; femenino: *universitaria;* plural: *universitarios, universitarias.* // 3) Adjetivo singular masculino; femenino: *universitaria;* plural: *universitarios, universitarias.*

usar Utilizar. ☞ Usanza, usado, uso.

☜ Verbo en infinitivo. Se conjuga como *amar* (modelo n.° 1).

uso Utilidad* que tiene algo. ☞ Usar*.

☜ Sustantivo singular masculino; plural: *usos.*

útil 1) Que interesa o sirve para algo: *La lavadora es un aparato muy útil.* // 2) Aparato o utensilio hecho para un fin determinado: *Cuando hagas la maleta, no olvides meter los útiles de aseo.* ☜ 1) Práctico, provechoso. // 2) Material, utensilio. ♠ Inútil. ☞ 1), 2) Utilidad, utilizar, utilizable, útilmente, utilizado.

☜ 1) Adjetivo singular invariable en género; plural: *útiles.* // 2) Sustantivo singular masculino; plural: *útiles.*

utilidad Valor que tienen las cosas que

sirven para algo: *El bolígrafo es un invento de gran utilidad.* 🡲 Provecho. 🅰 Inutilidad. 🡲 Útil*.

🡲 Sustantivo singular femenino; plural: *utilidades.*

utilizar Emplear para algo a una persona, animal o cosa: *Los vasos se utilizan para servir bebidas.* 🡲 Usar, emplear, hacer servir. 🡲 Útil*.

🡲 Verbo en infinitivo. Se conjuga como *amar* (modelo n.° 1). Cambia *z* por *c* cuando le sigue *-e: utilicé.*

racimo de
UVA

vaca Animal hembra del toro. ☞ Vaquería, vaquero, vacuno.

🖝 Sustantivo singular femenino; plural: *vacas*.

vacío 1) Que no tiene nada dentro: *Esta caja está vacía.* // 2) Lugar sin cosas o sin gente: *Por las noches las calles están vacías.* // 3) Sitio, butaca, etc., que no está ocupado por nadie: *Siéntate a mi lado que está vacío.* ☞ 1) Desocupado. // 2) Desierto. // 3) Libre, desocupado. ⬛ 1) Ocupado, lleno. // 2) Lleno. // 3) Ocupado. ☞ Vaciar, vaciado.

🖝 Adjetivo singular masculino; femenino: *vacía;* plural, *vacíos, vacías*.

VAGÓN
de ferrocarril

valentía Cualidad que tiene el que es valiente*. ☞ Valor. ⬛ Cobardía. ☞ Valiente.

🖝 Sustantivo singular femenino; plural: *valentías*.

VAINA

VAINILLA
(planta aromática)

valer 1) Servir*: *El hacha vale para cortar leña.* // 2) Tener cualidades: *Este muchacho vale mucho.* // 3) Costar: *¿Cuánto vale este sombrero?* ☞ Valor, valorar, valoración, valía.

⚫ Verbo en infinitivo. Su conjugación es muy irregular: **Indicativo: Presente:** *valgo, vales, vale, valemos, valéis, valen.* // **Imperfecto:** *valía, valías, valía, valíamos, valíais, valían.* // **Pretérito indefinido:** *valí, valiste, valió, valimos, valisteis, valieron.* // **Futuro imperfecto:** *valdré, valdrás, valdrá, valdremos, valdréis, valdrán.* // **Potencial:** *valdría, valdrías, valdría, valdríamos, valdríais, valdrían.* // **Subjuntivo: Presente:** *valga, valgas, valga, valgamos, valgáis, valgan.* // **Imperfecto:** *valiera, valieras, valiera, valiéramos, valierais, valieran* (o *valiese, valieses...*). // **Futuro imperfecto:** *valiere, valieres, valiere, valiéremos, valiereis, valieren.* // **Imperativo:** *vale, valga, valgamos, valed, valgan.* // **Participio:** *valido.* // **Gerundio:** *valiendo.*

VALIJA
(saco de cuero)

valiente Que no tiene miedo cuando hay que hacer algo difícil: *Sultán era un perro muy valiente.* ⬢ Valeroso, osado, intrépido. ⬟ Cobarde*. ☛ Valor, valentía, valeroso.

⚫ Adjetivo singular invariable en género; plural: *valientes.*

VAMPIRO

valor 1) Cualidades que tiene una persona, animal o cosa para ser apreciadas por los demás: *Estos muebles son de mucho valor.* // 2) **Precio:** *Por favor, dígame el valor de este disco.* // 3) Cualidad que tiene el que es valiente*. ☛ Valentía.

⚫ Sustantivo singular masculino; plural: *valores.*

vapor 1) Especie de humo que sale cuando hierve el agua. // 2) Barco de vapor: *Mi abuelo se fue a América en un vapor.* ☛ Vaporizar, vaporizado.

⚫ Sustantivo singular masculino; plural: *vapores.*

vaquero Persona que cuida vacas. ⬢ Ganadero. ☛ Vaca*.

VEGETAL

VEHÍCULO

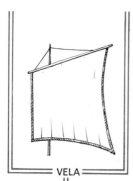

VELA

◖ Sustantivo o adjetivo singular masculino; femenino: *vaquera;* plural: *vaqueros, vaqueras.*

vara Palo largo y delgado. ◖ Varilla, varear.

◖ Sustantivo singular femenino; plural: *varas.*

variar Cambiar algo de sitio, de forma, etc.: *En mi casa hemos variado la colocación de los muebles y ha quedado más bonita que antes.* ◖ Cambiar, alterar, mudar, transformar. ◖ Variación, variedad, variado.

◖ Verbo en infinitivo. Se conjuga como *amar* (modelo n.° 1).

vecino 1) Persona que vive cerca de otra: *Julio es vecino de Pedro.* // 2) Habitante de un pueblo o ciudad: *Lisardo es vecino de Barcelona.* // 3) Sitio que está cerca de otro: *En el pueblo vecino mañana hay toros.* ◖ 2) Habitante*. // 3) Cercano, próximo. ◖ 3) Alejado.

◖ 1), 3) Sustantivo o adjetivo singular masculino; femenino: *vecina;* plural: *vecinos, vecinas.* // 2) Sustantivo singular masculino; femenino: *vecina;* plural: *vecinos, vecinas.*

vegetal Planta. ◖ Vegetación, vegetar.

◖ Sustantivo singular masculino; plural: *vegetales.*

vehículo Cualquier máquina inventada para trasladarse de un lugar a otro: *La bicicleta, el coche, el avión, el barco, etc., son vehículos.*

◖ Sustantivo singular masculino; plural: *vehículos.*

vejez Parte de la vida en que uno ya

es viejo: *La niñez es la primera etapa de la vida y la vejez la última.* ⬒ Senectud, senilidad. ⬒ Juventud, niñez. ⬒ Viejo*.
⬒ Sustantivo singular femenino.

vela 1) Mecha rodeada de cera que sirve para alumbrar: *Me gusta bajar a la bodega, porque, como no hay luz, tenemos que encender velas.* // 2) Tela que llevan los barcos para moverse cuando sopla el viento. ⬒ 1) Cirio. ⬒ 2) Velamen.
⬒ Sustantivo singular femenino: plural: *velas.*

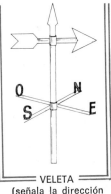
VELETA
(señala la dirección
del viento)

velar 1) Pasar la noche sin dormir. // 2) Hacer que los demás no se enteren de algo: *Velar la verdad es lo mismo que engañar.* ⬒ 2) Ocultar, omitir, callar. ⬒ Enseñar, exponer, mostrar, descubrir, revelar.
⬒ Verbo en infinitivo. Se conjuga como *amar* (modelo n.° 1).

vencer 1) Ganar una batalla, un partido, una pelea, un juego, etc.: *Guillermo y yo vencimos tres veces seguidas a David y a Mónica jugando al parchís.* // 2) Acabarse algo: *Mañana vence el mes.* ⬒ 1) Ganar*. // 2) Acabar*. ⬒ 1) Perder. // 2) Empezar. ⬒ 1) Vencer, vencido. // 2) Vencimiento.
⬒ Verbo en infinitivo. Se conjuga como *temer* (modelo n.° 2). Cambia la *c* por *z* cuando le sigue *-a, -o: venzamos, venzo.*

VELÓN
(lámpara de aceite)

VENCEJO
(pájaro parecido
a la golondrina)

vender 1) Dar una cosa a cambio de dinero: *¿Por cuánto me vende este reloj?* // 2) **Venderse:** Hacer por dinero algo

VENTANA

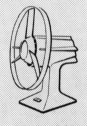

VENTILADOR

que no se debe hacer: *El guardia se vendió y nos quitó la multa porque le dimos una propina.* ⬛ Vendedor, vendido, venta.

◖ Verbo en infinitivo. Se conjuga como *temer* (modelo n.° 2).

venta 1) Lo que se vende: *Acabo de hacer una venta muy buena.* // 2) Especie de parador que había en los caminos para que los que iban de viaje pudieran comer, dormir y dejar descansar a las caballerías. ⬛ 1) Vender*.

◖ Sustantivo singular femenino; plural: *ventas.*

ventaja 1) Distancia que hay entre uno que va delante o que sabe más y otro que va detrás: *El primer corredor le llevaba cinco minutos de ventaja al segundo.* ⬛ Avance, adelanto. ⬛ Desventaja. ⬛ Aventajar, aventajado, desventaja.

◖ Sustantivo singular femenino; plural: *ventajas.*

ver 1) Tener el sentido de la vista: *Los ciegos no ven.* // 2) Darse cuenta de lo que pasa o puede pasar alrededor de uno: *No ves que si nos metemos allí pueden hacernos una emboscada.* // 3) Estar presente en un sitio cuando pasa algo: *¿Quién vio el juego?* // 4) Hacer una visita a alguien: *Esta tarde iré a hacer una visita a mis abuelos.* ⬛ 2) Darse cuenta, comprender, percatarse. // 3) Divisar. // 4) Visitar. ⬛ 1), 2), 3) Vista, visión, visibilidad, visible, invisible.

◖ Verbo en infinitivo. Es de conjugación muy irregular: **Indicativo: Presente:** *veo, ves, ve, vemos, veis,* *ven.* // **Imperfecto:** *veía, veías, veía, veíamos, veíais, veían.* // **Pretérito indefinido:** *vi, viste, vio, vimos, visteis, vieron.* // **Futuro imperfecto:** *veré, verás, verá, veremos, veréis, verán.* // **Potencial:** *vería, verías, vería, veríamos, veríais, verían.* // **Subjuntivo: Presente:** *vea, veas, vea, veamos, veáis, vean.* // **Imperfecto:** *viera, vieras, viera, viéramos, vierais, vieran* (o *viese, vieses...*). // **Futuro imperfecto:** *viere, vieres, viere, viéremos, viereis, vieren.* // **Imperativo:** *ve, vea, veamos, ved, vean.* // **Participio:** *visto.* // **Gerundio:** *viendo.*

verano Una de las estaciones del año. Está entre la primavera y el otoño. 🔵 Estío. 🟥 Veranear, veraneo.

🔵 Sustantivo singular masculino; plural: *veranos.*

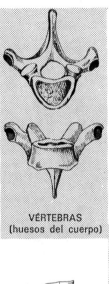

VÉRTEBRAS
(huesos del cuerpo)

verdad Cuando lo que se dice, lo que se piensa y lo que ha pasado es lo mismo: *Lo que dice Julio es verdad, yo también lo vi.* 🔵 Cierto, seguro. 🔴 Mentira. 🟥 Verdadero, verdaderamente.

🔵 Sustantivo singular femenino; plural: *verdades.*

verde 1) Color de casi todas las hojas de los árboles antes de secarse. // 2) Fruta que no está madura. 🟥 Verdoso, verdor.

🔵 1) Sustantivo singular masculino: *El verde es el color de las hojas de los árboles,* o adjetivo singular invariable en género: *Me gustan los coches verdes;* plural: *verdes.* // Adjetivo singular invariable en género; plural: *verdes.*

línea
VERTICAL

verja 1) Valla de hierro que tienen algunos jardines, algunas ventanas, etc. // 2) Puerta de hierro.

🔵 Sustantivo singular femenino; plural: *verjas.*

vertical 1) Posición que tiene una persona cuando está de pie. // 2) Posición

VER

POLISÓN

COLÁ

VESTIDO
antiguo

de cualquier cosa que va del suelo hacia arriba y es mucho más alto que ancho: *Los árboles, los postes de la luz, las columnas, etc., están en posición vertical.*

● Adjetivo singular invariable en género; plural: *verticales.*

verso 1) Cada uno de los renglones de una poesía. // 2) Poesía. // 3) Todo lo que está escrito en verso: *Toda la poesía es también un verso.* ● 2) Poema. ☞ 1), 2), 3) Versificar, versificado.

● Sustantivo singular masculino; plural: *versos.*

vestir Cubrir el cuerpo con ropas: *Todos los días, antes de vestirme, me ducho.* ☞ Vestido, vestimenta.

● Verbo en infinitivo. Se conjuga como *servir* (modelo n.° 13).

veterano Que lleva mucho tiempo en un sitio, haciendo un trabajo, practicando un deporte: *Mi tío es un cazador muy veterano.* ⬢ Joven, aprendiz. ☞ Veteranía.

● Adjetivo singular masculino; femenino: *veterana;* plural: *veteranos, veteranas.*

VÍA
férrea

vía 1) Raíles de hierro sobre los que circulan los trenes, el metro, el tranvía, etc.: *En muchas ciudades están quitando las vías de los tranvías porque ahora hay sólo autobuses.* // **Vía pública:** Calles y plazas de cualquier ciudad: *Durante las fiestas, hay mucha animación en la vía pública.*

● Sustantivo singular femenino; plural: *vías.*

viajar Ir de unos pueblos o ciudades a otros, sobre todo si se hace con frecuencia: *Mi padre viaja mucho últimamente por necesidades de su trabajo.* ᶠ Viaje, viajante, viajero.

ᶜ Verbo en infinitivo. Se conjuga como *amar* (modelo n.° 1).

victoria Triunfo que se tiene cuando se gana un partido, se vence en una guerra, etc. (v. triunfar). ᶠ Victorioso, victoriosamente.

ᶜ Sustantivo singular femenino; plural: *victorias.*

vidrio Cristal.

ᶜ Sustantivo singular masculino; plural: *vidrios.*

viejo 1) Anciano*: *En la plaza había un grupo de viejos charlando y tomando el sol.* // 2) Muy usado o estropeado: *Tengo que comprarme una cartera porque la que tengo está muy vieja.* ᶴ 2) Ajado, estropeado, usado. ᴬ 2) Nuevo. ᶠ 1) Vejez*, envejecer. // 2) Aviejado, aviejar.

ᶜ 1) Sustantivo o adjetivo singular masculino; femenino: *vieja;* plural: *viejos, viejas.* // 2) Adjetivo singular masculino; femenino: *vieja;* plural: *viejos, viejas.*

viento Corriente de aire. Si sopla muy fuerte se llama huracán. ᶠ Ventisca, vendaval.

ᶜ Sustantivo singular masculino; plural: *vientos.*

viernes Quinto día de la semana. Va después del jueves y antes del sábado.

ᶜ Sustantivo masculino singular o plural.

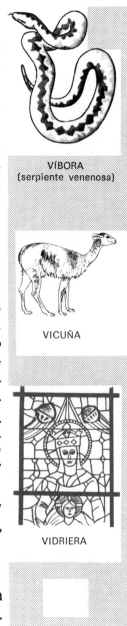

VÍBORA
(serpiente venenosa)

VICUÑA

VIDRIERA

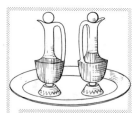

VINAJERAS
(usadas por el culto)

VIOLÍN
(instrumento musical)

VITRINA
(tipo de armario)

VIVIENDA

vino Licor que se saca de las uvas. Según su color se llama **tinto** (el más oscuro), **rosado** o **clarete** (de color rojo claro) y **blanco.** 🗲 Vinatero, vinagre.

🦪 Sustantivo singular masculino; plural: *vinos.*

visitar Ir a ver un sitio o a una persona: *El domingo pasado visitamos el parque zoológico.* 🗲 Visitar, visita, visiteo.

🦪 Verbo en infinitivo. Se conjuga como *amar* (modelo n.° 1).

vista 1) Facultad que tienen los hombres y los animales para ver lo que les rodea. // 2) Habilidad especial para darse cuenta de las cosas: *Si tienes vista, lo harás como yo te digo porque es lo mejor.* 🢤 1) Visión. // 2) Agudeza. 🅰 1) Ceguera. 🗲 Ver.

🦪 Sustantivo singular femenino; plural: *vistas.*

viudo Hombre al que se le ha muerto la mujer.

🦪 Sustantivo singular masculino; plural: *viudos.* El femenino: *viuda,* significa mujer a la que se le ha muerto el marido; plural: *viudas.*

vivienda 1) Lugar preparado para que vivan las personas. // 2) Piso: *En esa casa, hay 5 plantas y cada una tiene dos viviendas.* 🗲 Vivir*.

🦪 Sustantivo singular femenino; plural: *viviendas.*

vivir 1) Tener vida: *Los perros suelen vivir unos 15 años.* // 2) Tener un sitio donde comer, dormir, pasar ratos, etc.: *Vivo en aquella casa.* // 3) Manera de pasar

la vida: *Vive muy bien, pero trabaja mucho.*
🔵 1) Existir. // 2) Habitar, morar. 🔴
1) Morir. 🟦 Vivienda, vida, vivencia, vitalidad, vivo.
🔵 Verbo en infinitivo. Se conjuga como *partir* (modelo n.° 3).

vivo Que tiene vida: *A ese gato lo pilló el otro día un coche, pero todavía está vivo.*
🔴 Muerto. 🟦 Vivir.
🔵 Sustantivo o adjetivo singular masculino; femenino: *viva;* plural: *vivos, vivas.*

volar 1) Moverse en el aire: *He visto un pájaro que volaba muy alto.* // 2) Viajar en avión: *La azafata dijo que volaríamos de Barcelona a Madrid en tres cuartos de hora.* // 3) Desaparecer rápidamente: *Tenía aquí una goma de borrar y ha volado.* // 4) Hacer estallar una cosa: *Van a volar esa casa tan vieja para hacer una nueva.* 🟦 Vuelo, volado.
🔵 Verbo en infinitivo. Se conjuga como *contar* (modelo n.° 8).

voluntad Lo que hace que uno, después de haberlo pensado, haga o no haga una cosa: *Nadie me obliga a estudiar; depende de mi voluntad.* 🟦 Voluntario, voluntarioso, voluntariamente.
🔵 Sustantivo singular femenino; plural: *voluntades.*

volver 1) Ir otra vez a un sitio: *He vuelto porque se me olvidó el cuaderno.* // 2) Dar vuelta a una cosa: *Si vuelves esa hoja del libro, verás un dibujo muy bonito.* // 3) Cambiar el color o la forma de algo: *Si en un*

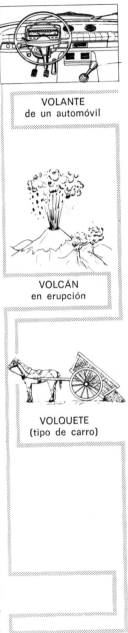

VOLANTE
de un automóvil

VOLCÁN
en erupción

VOLQUETE
(tipo de carro)

VUELO
de la falda
(amplitud de un
vestido)

vaso con anís echas agua, se vuelve blanco. // **4) Volver en sí:** Recobrar el conocimiento. ⬳ 1) Tornar. // 2) Voltear. // 3) Trasponer, cambiar, variar, permutar. ☛ Vuelta, voltear, vuelto.

⬳ Verbo en infinitivo. Se conjuga como *mover* (modelo n.° 10).

vuelta 1) Movimiento de una cosa o una persona alrededor de algo: *Sé un juego en el que hay que dar vueltas alrededor de un corro.* // 2) Parte contraria a la que estamos viendo: *¿A que no sabes qué dibujo hay a la vuelta de esta medalla?* // 3) Dinero que sobra cuando pagamos con una moneda o un billete que vale más que lo que hemos comprado: *Compré un cuaderno de 15 Ptas., y, como le di 5 duros, me dieron de vuelta 10 Ptas.* // **4) Dar una vuelta:** Dar un paseo. ⬳ 1) Giro. // 2) Cara, lado. // 3) Cambio. // 4) Pasear, andar. ☛ Volver*.

⬳ Sustantivo singular femenino; plural: *vueltas.*

yo Palabra que representa a la persona que está hablando.

🔹 Pronombre personal, en primera persona del singular. No tiene femenino ni plural.

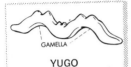

GAMELLA

YUGO
(instrumento para atar
una pareja de animales)

z Z

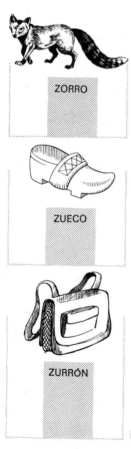

ZORRO

ZUECO

ZURRÓN

zanja Hoyo largo que se hace en la tierra para meter tuberías de agua, para regar, etc. ⬥ Cuneta, excavación.

⬥ Sustantivo singular femenino; plural: *zanjas.*

zoo Parque* en el que hay fieras y otros animales de muchos países del mundo: *El otro día estuvimos en el zoo y vimos a los monos trepando por los árboles.* ⬥ Zoológico. ⬥ Zoológico, zoología.

⬥ Sustantivo singular masculino; plural: *zoos.*

zoológico 1) Zoo*. // 2) Que tiene algo que ver con los animales: *Estudios zoológicos son los que tratan de los animales.*

⬥ 1) Sustantivo singular masculino; plural: *zoológicos.* // Adjetivo singular masculino; femenino: *zoológica;* plural: *zoológicos, zoológicas.*

zorro Animal parecido al lobo y al perro, pero con la cola muy larga. Tiene fama de muy listo y roba gallinas de los corrales.

⬥ Sustantivo singular masculino; femenino: *zorra;* plural: *zorros, zorras.*

MODELOS DE CONJUGACIÓN

INFINITIVO		am-*ar* n.º 1	tem-*er* n.º 2	part-*ir* n.º 3
INDICATIVO	PRESENTE	am-*o* am-*as* am-*a* am-*amos* am-*áis* am-*an*	tem-*o* tem-*es* tem-*e* tem-*emos* tem-*éis* tem-*en*	part-*o* part-*es* part-*e* part-*imos* part-*ís* part-*en*
	PRETÉRITO IMPERFECTO	am-*aba* am-*abas* am-*aba* am-*ábamos* am-*abais* am-*aban*	tem-*ía* tem-*ías* tem-*ía* tem-*íamos* tem-*íais* tem-*ían*	part-*ía* part-*ías* part-*ía* part-*íamos* part-*íais* part-*ían*
	PRETÉRITO INDEFINIDO	am-*é* am-*aste* am-*ó* am-*amos* am-*asteis* am-*aron*	tem-*í* tem-*iste* tem-*ió* tem-*imos* tem-*isteis* tem-*ieron*	part-*í* part-*iste* part-*ió* part-*imos* part-*isteis* part-*ieron*
	FUTURO IMPERFECTO	am-*aré* am-*arás* am-*ará* am-*aremos* am-*aréis* am-*arán*	tem-*eré* tem-*erás* tem-*erá* tem-*eremos* tem-*eréis* tem-*erán*	part-*iré* part-*irás* part-*irá* part-*iremos* part-*iréis* part-*irán*
POTENCIAL SIMPLE		am-*aría* am-*arías* am-*aría* am-*aríamos* am-*aríais* am-*arían*	tem-*ería* tem-*erías* tem-*ería* tem-*eríamos* tem-*eríais* tem-*erían*	part-*iría* part-*irías* part-*iría* part-*iríamos* part-*iríais* part-*irían*
SUBJUNTIVO	PRESENTE	am-*e* am-*es* am-*e* am-*emos* am-*éis* am-*en*	tem-*a* tem-*as* tem-*a* tem-*amos* tem-*áis* tem-*an*	part-*a* part-*as* part-*a* part-*amos* part-*áis* part-*an*
	PRETÉRITO IMPERFECTO	am-*ara* am-*aras* am-*ara* am-*áramos* am-*arais* am-*aran*	tem-*iera* tem-*ieras* tem-*iera* tem-*iéramos* tem-*ierais* tem-*ieran*	part-*iera* part-*ieras* part-*iera* part-*iéramos* part-*ierais* part-*ieran*
	FUTURO IMPERFECTO	am-*are* am-*ares* am-*are* am-*áremos* am-*areis* am-*aren*	tem-*iere* tem-*ieres* tem-*iere* tem-*iéremos* tem-*iereis* tem-*ieren*	part-*iere* part-*ieres* part-*iere* part-*iéremos* part-*iereis* part-*ieren*
IMPERATIVO		am-*a* am-*e* am-*emos* am-*ad* am-*en*	tem-*e* tem-*a* tem-*amos* tem-*ed* tem-*an*	part-*e* part-*a* part-*amos* part-*id* part-*an*
GERUNDIO		am-*ando*	tem-*iendo*	part-*iendo*
PARTICIPIO		am-*ado*	tem-*ido*	part-*ido*

INFINITIVO	haber amado		haber temido		haber partido	
PRETÉRITO **PERFECTO**	he has ha hemos habéis han	amado » » » » »	he has ha hemos habéis han	temido » » » » »	he has ha hemos habéis han	partido » » » » »
PRETÉRITO **PLUSCUAM-** **PERFECTO**	había habías había habíamos habíais habían	amado » » » » »	había habías había habíamos habíais habían	temido » » » » »	había habías había habíamos habíais habían	partido » » » » »
PRETÉRITO **ANTERIOR**	hube hubiste hubo hubimos hubisteis hubieron	amado » » » » »	hube hubiste hubo hubimos hubisteis hubieron	temido » » » » »	hube hubiste hubo hubimos hubisteis hubieron	partido » » » » »
FUTURO **PERFECTO**	habré habrás habrá habremos habréis habrán	amado » » » » »	habré habrás habrá habremos habréis habrán	temido » » » » »	habré habrás habrá habremos habréis habrán	partido » » » » »
POTENCIAL **COMPUESTO**	habría habrías habría habríamos habríais habrían	amado » » » » »	habría habrías habría habríamos habríais habrían	temido » » » » »	habría habrías habría habríamos habríais habrían	partido » » » » »
PRETÉRITO **PERFECTO**	haya hayas haya hayamos hayáis hayan	amado » » » » »	haya hayas haya hayamos hayáis hayan	temido » » » » »	haya hayas haya hayamos hayáis hayan	partido » » » » »
PRETÉRITO **PLUSCUAM-** **PERFECTO**	hubiera hubieras hubiera hubiéramos hubierais hubieran	amado » » » » »	hubiera hubieras hubiera hubiéramos hubierais hubieran	temido » » » » »	hubiera hubieras hubiera hubiéramos hubierais hubieran	partido » » » » »
FUTURO **PERFECTO**	hubiere hubieres hubiere hubiéremos hubiereis hubieren	amado » » » » »	hubiere hubieres hubiere hubiéremos hubiereis hubieren	temido » » » » »	hubiere hubieres hubiere hubiéremos hubiereis hubieren	partido » » » » »

(El IMPERATIVO no tiene COMPUESTO)

GERUNDIO	habiendo amado	habiendo temido	habiendo partido

(El PARTICIPIO no tiene COMPUESTO)

INFINITIVO		acert-ar n.º 4	entend-er n.º 5	discern-ir n.º 6
INDICATIVO	PRESENTE	aciert-o aciert-as aciert-a acert-amos acert-áis aciert-an	entiend-o entiend-es entiend-e entend-emos entend-éis entiend-en	disciern-o disciern-es disciern-e discern-imos discern-ís disciern-en
	PRETÉRITO IMPERFECTO	acert-aba acert-abas . . .	entend-ía entend-ías . . .	discern-ía discern-ías . . .
	PRETÉRITO INDEFINIDO	acert-é acert-aste . . .	entend-í entend-iste . . .	discern-í discern-iste . . .
	FUTURO IMPERFECTO	acert-aré acert-arás . . .	entend-eré entend-erás . . .	discern-iré discern-irás . . .
POTENCIAL SIMPLE		acert-aría acert-arías . .	entend-ería entend-erías . . .	discern-iría discern-irías . . .
SUBJUNTIVO	PRESENTE	aciert-e aciert-es aciert-e acert-emos acert-éis aciert-en	entiend-a entiend-as entiend-a entend-amos entend-áis entiend-an	disciern-a disciern-as disciern-a discern-amos discern-áis disciern-an
	PRETÉRITO IMPERFECTO	acert-ara acert-aras . . .	entend-iera entend-ieras . . .	discern-iera discer-ieras . . .
	FUTURO IMPERFECTO	acert-are acert-ares . . .	entend-iere entend-ieres . . .	discern-iere discern-ieres . . .
IMPERATIVO		aciert-a aciert-e acert-emos acert-ad aciert-en	entiend-e entiend-a entend-amos entend-ed entiend-an	disciern-e disciern-a discern-amos discern-id disciern-an
GERUNDIO		acert-ando	entend-iendo	discern-iendo
PARTICIPIO		acert-ado	entend-ido	discern-ido

(1) Téngase en cuenta que la variación entre -g- y -gu- es meramente ortográfica, pero responde a un mismo sonido.

adquir-ir n.º 7	cont-ar n.º 8	jug-ar n.º 9	mov-er n.º 10
adqui*er*-o	c*ue*nt-o	j*ue*g-o	m*ue*v-o
adqui*er*-es	c*ue*nt-as	j*ue*g-as	m*ue*v-es
adqui*er*-e	c*ue*nt-a	j*ue*g-a	m*ue*v-e
adquir-imos	cont-amos	jug-amos	mov-emos
adquir-ís	cont-áis	jug-áis	mov-éis
adqui*er*-en	c*ue*nt-an	j*ue*g-an	m*ue*v-en
adquir-ía	cont-aba	jug-aba	mov-ía
adquir-ías	cont-abas	jug-abas	mov-ías
. . .	. . .	. . .	. . .
adquir-í	cont-é	jugu-é	mov-í
adquir-iste	cont-aste	jug-aste	mov-iste
. . .	. . .	. . .	. . .
adquir-iré	cont-aré	jug-aré	mov-eré
adquir-irás	cont-arás	jug-arás	mov-erás
. . .	. . .	. . .	. . .
adquir-iría	cont-aría	jug-aría	mov-ería
adquir-irías	cont-arías	jug-arías	mov-erías
. . .	. . .	. . .	. . .
adqui*er*-a	c*ue*nt-e	jugu-e	m*ue*v-a
adqui*er*-as	c*ue*nt-es	jugu-es	m*ue*v-as
adqui*er*-a	c*ue*nt-e	jugu-e	m*ue*v-a
adquir-amos	cont-emos	jugu-emos	mov-amos
adquir-áis	cont-éis	jugu-éis	mov-áis
adqui*er*-an	c*ue*nt-en	jugu-en	m*ue*v-an
adquir-iera	cont-ara	jug-ara	mov-iera
adquir-ieras	cont-aras	jug-aras	mov-ieras
. . .	. . .	. . .	. . .
adquir-iere	cont-are	jug-are	mov-iere
adquir-ieres	cont-ares	jug-ares	mov-ieres
. . .	. . .	. . .	. . .
adqui*er*-e	c*ue*nt-a	j*ue*g-a	m*ue*v-e
adqui*er*-a	c*ue*nt-e	jugu-e (1)	m*ue*v-a
adquir-amos	cont-emos	jugu-emos	mov-amos
adquir-id	cont-ad	jug-ad	mov-ed
adqui*er*-an	c*ue*nt-en	jugu-en	m*ue*v-an
adquir-iendo	cont-ando	jug-ando	mov-iendo
adquir-ido	cont-ado	jug-ado	mov-ido

INFINITIVO		herv-ir n.º 11	dorm-ir n.º 12	serv-ir n.º 13
INDICATIVO	PRESENTE	hierv-o hierv-es hierv-e herv-imos herv-ís hierv-en	duerm-o duerm-es duerm-e dorm-imos dorm-ís duerm-en	sirv-o sirv-es sirv-e serv-imos serv-ís sirv-en
	PRETÉRITO IMPERFECTO	herv-ía herv-ías . . .	dorm-ía dorm-ías . . .	serv-ía serv-ías . . .
	PRETÉRITO INDEFINIDO	herv-í herv-iste hirv-ió herv-imos herv-isteis hirv-ieron	dorm-í dorm-iste durm-ió dorm-imos dorm-isteis durm-ieron	serv-í serv-iste sirv-ió serv-imos serv-isteis sirv-ieron
	FUTURO IMPERFECTO	herv-iré herv-irás . . .	dorm-iré dorm-irás . . .	serv-iré serv-irás . . .
POTENCIAL SIMPLE		herv-iría herv-irías . . .	dorm-iría dorm-irías . . .	serv-iría serv-irías . . .
SUBJUNTIVO	PRESENTE	hierv-a hierv-as hierv-a hirv-amos hirv-áis hierv-an	duerm-a duerm-as duerm-a durm-amos durm-áis duerm-an	sirv-a sirv-as sirv-a sirv-amos sirv-áis sirv-an
	PRETÉRITO IMPERFECTO	hirv-iera hirv-ieras hirv-iera hirv-iéramos hirv-ierais hirv-ieran	durm-iera durm-ieras durm-iera durm-iéramos durm-ierais durm-ieran	sirv-iera sirv-ieras sirv-iera sirv-iéramos sirv-ierais sirv-ieran
	FUTURO IMPERFECTO	hirv-iere hirv-ieres hirv-iere hirv-iéremos hirv-iereis hirv-ieren	durm-iere durm-ieres durm-iere durm-iéremos durm-iereis durm-ieren	sirv-iere sirv-ieres sirv-iere sirv-iéremos sirv-iereis sirv-ieren
IMPERATIVO		hierv-e hierv-a hirv-amos herv-id hierv-an	duerm-e duerm-a durm-amos dorm-id duerm-an	sirv-e sirv-a sirv-amos serv-id sirv-an
GERUNDIO		hirv-iendo	durm-iendo	sirv-iendo
PARTICIPIO		herv-ido	dorm-ido	serv-ido

re-ír n.º 14	ceñ-ir n.º 15	nac-er n.º 16	conduc-ir n.º 17	tañ-er n.º 18
rí-o	cíñ-o	nazc-o	conduzc-o	tañ-o
rí-es	cíñ-es	nac-es	conduc-es	tañ-es
rí-e	cíñ-e	nac-e	conduc-e	. . .
re-ímos	ceñ-imos	nac-emos	conduc-imos	
re-ís	ceñ-ís	nac-éis	conduc-ís	
rí-en	cíñ-en	nac-en	conduc-en	
re-ía	ceñ-ía	nac-ía	conduc-ía	tañ-ía
re-ías	ceñ-ías	nac-ías	conduc-ías	tañ-ías
. . .	. . .	. . .	. . .	. . .
re-í	ceñ-í	nac-í	conduj-e	tañ-í
re-íste	ceñ-iste	nac-iste	conduj-iste	tañ-iste
rí-ó	cíñ-ó	. . .	conduj-o	tañ-ó
re-ímos	ceñ-imos		conduj-imos	tañ-imos
re-ísteis	ceñ-isteis		conduj-isteis	tañ-isteis
rí-eron	cíñ-eron		conduj-eron	tañ-eron
re-iré	ceñ-iré	nac-eré	conduc-iré	tañ-eré
re-irás	ceñ-irás	nac-erás	conduc-irás	tañ-erás
. . .	. . .	. . .	. . .	. . .
re-iría	ceñ-iría	nac-ería	conduc-iría	tañ-ería
re-irías	ceñ-irías	nac-erías	conduc-irías	tañ-erías
. . .	. . .	. . .	. . .	. . .
rí-a	cíñ-a	nazc-a	conduzc-a	tañ-a
rí-as	cíñ-as	nazc-as	conduzc-as	tañ-as
rí-a	cíñ-a	nazc-a	conduzc-a	. . .
ri-amos	cíñ-amos	nazc-amos	conduzc-amos	
ri-áis	cíñ-áis	nazc-áis	conduzc-áis	
rí-an	cíñ-an	nazc-an	conduzc-an	
ri-era	cíñ-era	nac-iera	conduj-era	tañ-era
ri-eras	cíñ-eras	nac-ieras	conduj-eras	tañ-eras
ri-era	cíñ-era	. . .	conduj-era	tañ-era
ri-éramos	cíñ-éramos		conduj-éramos	tañ-éramos
ri-erais	cíñ-erais		conduj-erais	tañ-erais
ri-eran	cíñ-eran		conduj-eran	tañ-eran
ri-ere	cíñ-ere	nac-iere	conduj-ere	tañ-ere
ri-eres	cíñ-eres	nac-ieres	conduj-eres	tañ-eres
ri-ere	cíñ-ere	. . .	conduj-ere	tañ-ere
ri-éremos	cíñ-éremos		conduj-éremos	tañ-éremos
ri-eréis	cíñ-ereis		conduj-ereis	tañ-éremos
ri-eren	cíñ-eren		conduj-eren	tañ-eren
rí-e	cíñ-e	nac-e	conduc-e	tañ-e
rí-a	cíñ-a	nazc-a	conduzc-a	tañ-a
ri-amos	cíñ-amos	nazc-amos	conduzc-amos	tañ-amos
re-íd	ceñ-id	nac-ed	condu-cid	tañ-ed
rí-an	cíñ-an	nazc-an	conduzc-an	tañ-an
rí-endo	cíñ-endo	nac-iendo	conduc-iendo	tañ-endo
re-ído	ceñ-ido	nac-ido	conduc-ido	tañ-ido